シリーズ統合的認知 第**2**巻
横澤一彦［監修］

オブジェクト認知
Object perception

統 合 さ れ た 表 象 と 理 解

新美亮輔
上田彩子
横澤一彦

勁草書房

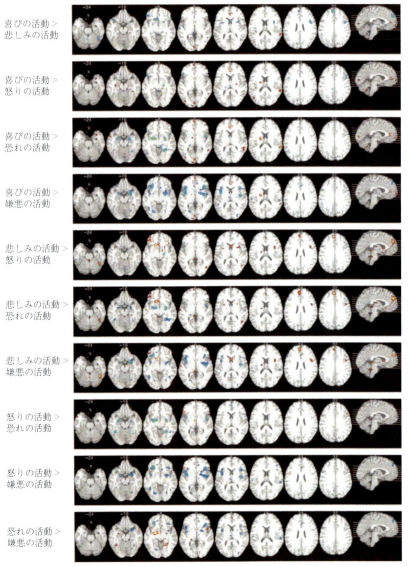

図 6-7 5つの基本情動（喜び，悲しみ，怒り，恐れ，嫌悪）に関係する脳領域の活動（Vytal & Hamann, 2010 を改変）。各情動に固有の活動領域がある。

シリーズ統合的認知

　五感と呼ばれる知覚情報処理過程によって，われわれは周囲環境もしくは外的世界についての豊富で詳細な特徴情報を得ることができる。このような，独立した各感覚器官による特徴抽出を踏まえて，様々な特徴や感覚を結び付ける過程がわれわれの行動にとって最も重要である。このシリーズでは，このような統合処理までの認知過程を総称して，「統合的認知」と呼ぶことにする。この統合的認知に至る過程が，単純な行動に限らず，思考や感情の形成にとっても重要であることは間違いないが，そもそも「認知」とは統合的なものであると考えるならば，わざわざ「統合的」という限定を加えることに，違和感を感じる方がいるに違いない。これは，認知過程を解明するために，旧来の脳科学や神経生理学で取組まれている要素還元的な脳機能の理解には限界があり，認知心理学的もしくは認知科学的なアプローチによって，人間の行動を統合的に理解することの必要性を強調しなければならないと感じていることによる（横澤，2010，2014）。たとえば，統合失調症における「統合」が，思考や感情がまとまることを指し示し，それらがまとまりにくくなる精神機能の多様な分裂，すなわち連合機能の緩みを統合失調症と呼ぶならば，統合的認知における「統合」と共通した位置づけとなる。統合失調症における明確な病因は確定されておらず，発病メカニズムが不明なのは，統合的認知という基本的な認知メカニズムが明らかでない状況と無縁ではないだろう。

　もちろん，要素還元的な脳機能の解明の重要性を否定しているわけではない。ただ，たとえば線分抽出に特化した受容野を持つ神経細胞が，線分抽出という特徴抽出過程において機能しているかどうかを知るためには，個別の神経細胞を取り出して分析するだけでは不十分であることは明白であろう。また，脳機能計測によって，特定の部位の賦活が捉えられたとしても，それがそのときの外的な刺激だけで誘発される可能性は必ずしも高くない。常に他の部位の賦活との関係も考慮しなければならず，その部位の機能を特定することは一般に難しいはずである。要素還元的な脳機能の理解だけが強調されれば，このような認知に関する実験データの基本的な捉え方さえ，忘れがちになることを指摘し

ておく。

　一方，わざわざ新たに「統合的認知」と呼ぶのであれば，これまで認知機能の解明を目指してきた，旧来の認知心理学もしくは認知科学的なアプローチと差別化を図らなければならないだろう。ただし，現状では明確な差別化ができているとは言いがたい。そもそも，認知心理学もしくは認知科学的なアプローチは，典型的な脳科学や神経生理学におけるアプローチに比べれば，いわゆるメタプロセスに相当する認知過程の解明を担ってきたはずであり，そのようなメタプロセスの解明に用いられてきた洗練された科学的実験手法は，「統合的認知」を扱う上でも必要不可欠である。すなわち，フェヒナー（Fechner）以降に，精神物理学，実験心理学，さらに認知心理学の中で確立されてきた手法は，人間の行動を科学的に分析する際には今後共欠かすことができない。まずは，このような手法を否定している訳ではなく，「統合的認知」においても前提となっていることを忘れてはならない。

　その上で，統合的認知に取り組む意義を示す必要があるだろう。そこでまず，認知心理学における典型的なアプローチを例にして説明を試みたい（横澤，2014）。ある機能なり，現象なりに，ＡとＢという２つの要因が関与しているかどうかを実験によって調べる場合に，ＡとＢという要因以外のアーティファクトを統制した実験計画によって得られた実験データが，統計的に主効果と交互作用が有意であるかどうかを検定する。もし２つの主効果がそれぞれ有意であれば，図１（a）のようなそれぞれのボックス，交互作用が有意であれば，図１（a）の矢印で示すような関係で表すことができる。すなわち，ボックスは，ＡもしくはＢという要因に関わる処理過程の存在，矢印は，２つの要因同士が影響し合っていることを示している（交互作用だけでは，矢印の向きは分からないので，ここでは模式的に因果関係を示しているに過ぎない）。このとき，検定で使用する統計的な有意水準は，多くの場合，被験者の分散によって設定される。すなわち，個人差による変動を差し引いた平均像のモデルの妥当性に関する検定であり，すべての被験者に当てはまるモデルであることを保証しているわけではない。このようなボックスモデルでも，脳科学や神経生理学における多くの先端的な研究を先導してきたことは明らかである。すなわち，図１（a）のボックスや矢印が，神経細胞やシナプス結合に置き換えられることが分かれば，脳の中の実体としての存在証明ができたことになるからである。極言すれば，行動との対応関係を示す認知心理学的実験データの存在があってはじめて，脳

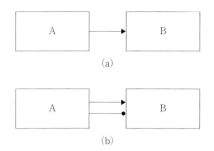

図1 2つの処理と接続関係（横澤，2014を改変）

科学や神経生理学の研究は科学的になりうる場合が少なくない。

　これに比較して説明することで、「統合的認知」のアプローチとして強調したい点を明らかにできると考えている。図1 (b) のように、2つの要因に関わる処理過程の間には、実は2種類の結合があると仮定してみる。両結合は逆作用を持ち、一般的な記法に従って、矢印は興奮性結合、丸印は抑制性結合を表しているとする。もし抑制性結合が弱ければ、現象として把握できるのは興奮性結合の存在であり、図1 (b) は図1 (a) と区別がつかないことになる。一方、興奮性結合と抑制性結合が拮抗していれば、お互いの作用が打ち消し合い、現象として矢印や丸印の存在、すなわち交互作用を確認することが難しくなり、AとBという両要因の独立性だけが確認されることになる。すなわち、交互作用の有無は、各要因に関わる処理過程間の接続関係の有無を証明している訳ではなく、興奮性結合と抑制性結合とのバランスの個人差を反映しているのに過ぎないかもしれないのである。これは、統計的検定結果を安易に拡大解釈することの危険性を指摘したい訳ではなく、単純な図式を前提とする典型的な認知心理学的アプローチでは見逃されやすい、隠れた接続関係や個人差にも着目することの重要性を、統合的認知では強調したいのである。

　図1 (b) から、ニューラルネットワーク研究（Rumelhart et al., 1987）との整合性を感じる方もいるに違いない。PDPといわれる並列分散処理アプローチの基本は、図1 (b) の関係を階層的な並列モデルで説明しようとしたが、残念ながら脳科学や神経生理学を先導した研究は多くないと思われる。もし、ランダムに接続されたネットワークが、興奮性結合と抑制性結合の加重を学習することにより、目的とする情報処理が実現できることを証明したとしても、そ

れは偶然の産物として局所解を得たに過ぎず，そこから脳科学や神経生理学全体を先導するような予測を生み出すことができるわけではなかったからなのかもしれない。統合的認知では，ランダムに接続されたネットワークから解を模索するのではなく，これまで進化の過程で蓄積された構造を基盤にしながら，明示的ではない要因や接続関係も考慮した総合的な理解を目指すことになる。たとえば，個人差に影響を及ぼす発達過程や文化なども考慮に入れた議論が必要になってくる。

　もう1つ，統合的認知の特徴に加えなければならないが，それは「行動」の定義が変わりつつある現状を反映している。たとえば，自分の体をできるだけ動かさないように，静止状態を保っていることを想像してほしい。このような体中微動だにしない状態は，一般には行動が観察できない状態ということになるだろう。もちろん，その場合でも基礎代謝があり，呼吸をし，心臓の鼓動で血液の循環が行われている。基礎代謝は一般には行動に含めないので，これまでの定義では観察できる行動がないことになる。しかし，脳機能計測の発展により微動だにしない体でも，脳活動という「行動」が精密に観察できるようになった。fMRIなどの脳機能計測は，基本的には体が微動だにしないように拘束することが前提で，脳活動が測定されている。注意や意識などの内部プロセスが認知心理学の主要なテーマになりつつあるのは，このような最先端実験機器の開発による「行動」の定義の変容と無関係ではない。もちろん，例えば注意という行動を旧来の定義でも観察することは可能である。しかし，脳内の活動という内部プロセスを含めて考えれば，外に現れる行動だけを扱っているだけでは分からない真実が明らかになるかもしれない。歴史的にみれば，行動主義心理学に比べて，内的過程も扱うことに認知心理学の特徴があったので，この点で違和感を感じる方も少なくないかもしれない。しかしながら，認知心理学において扱われてきた行動の大半は，正答率と反応時間という外的行動であったわけで，これに脳活動も行動に含めると考えれば，ある種のパラダイムシフトが生じるはずである。すでに，先端的な認知心理学研究は，脳機能計測の結果をうまく融合させて進められており，「統合的認知」においても，それを追認しているに過ぎない。ただし，上述したように，先端的な脳機能計測は，要素還元的な分析に陥り易いことをあらためて指摘しておきたい。

　以上をまとめると，表1のように表すことができる。

　まず，行動の定義と位置付けについて，典型的な認知心理学においては統制

シリーズ統合的認知

表1 典型的な認知心理学と統合的認知の心理学の比較

	典型的な認知心理学	統合的認知の心理学
行動の定義と位置付け	統制された外的行動の観察による内的過程の推定	観察された内部処理過程を含めた「行動」
各処理過程の結合関係の同定	検定によって，結合の有無を判断	結合が前提で，バランスの変動として理解
個人差の取扱い	個人差を基準に，要因内の差異を検定	個人差を生じさせる要因が，研究目的の1つ

された外的行動の観察による内的過程の推定をしてきたが，統合的認知の心理学では，客観的に観察された内部処理過程を含む「行動」としての理解を試みる。このとき，神経生理学や脳科学との連携が必須であるが，要素還元的な理解ではなく，脳情報処理過程全体としての理解を目指す。次に，各情報処理過程の結合関係を同定するにあたり，典型的な認知心理学においては，検定によって，結合の有無を判断してきたが，統合的認知の心理学では結合が前提で，相反する結合のバランスが実験条件や個人差による変動を生じさせると理解する。また，個人差の取扱いについて，典型的な認知心理学においては，個人差を基準に，要因内の差異を検定してきたが，統合的認知の心理学では個人差を生じさせる要因が，研究目的の一つとなる。

　そこで，いくつかの研究課題に分けて，統合的認知に関する研究を整理したい。具体的には，注意（Attention），オブジェクト認知（Object perception），身体と空間の表象（Representation of body and space），感覚融合認知（Transmodal perception），美感（Aesthetics），共感覚（Synesthesia）というテーマである。このような分け方をすること自体，要素還元的な研究だというご批判もあると思う。しかし，それぞれのテーマの詳細を知っていただければ，そのような批判には当たらないことを理解していただけると思う。

　「注意」とは，視覚でいえば色彩や動きなど，様々な特徴の選択と統合に関わる機能を指している。1980年に特徴統合理論（Treisman & Gelade, 1980）が発表されてから，視覚的注意の機能は特徴を統合することにあるという側面が取り上げられ，ここ30年間で最も研究が進んだ認知心理学における研究テーマであろう。すでに多様な現象が発見され，脳内の様々な部位の関与が明らか

になっており，脳内にただ1つの注意の座が存在するわけではなかった。また，注意という機能は，視覚に限らず，他の感覚でも存在する。いずれにしても，統合的認知の基本機能が注意ということになろう。

「オブジェクト認知」とは，日常物体，顔，文字などのオブジェクト（Object）の認知過程と，そのようなオブジェクトが配置された情景（Scene）の認知過程を指している。ここで扱われるオブジェクトとは，脳内の情報処理単位を意味する。Marr（1982）は，計算論的なアプローチにより，オブジェクトの統合的理解に取り組んだ。階層的な処理過程によって，段階をおって構成要素を組み立てることを仮定しているので，構造記述仮説とも呼ばれたが，まさに統合的認知そのものを想定していたといえる。ただし，構成要素の単なる集合体がオブジェクトではないし，オブジェクトの単なる集合体が情景ではない。オブジェクトに関しても，情景に関しても，脳内の表象について議論が続けられている。

「身体と空間の表象」とは，自分の身体や外的世界を把握し，行動へと統合するための表象を指している。自己受容感覚により，目をつぶっていても，自分の身体の位置は把握できる。しかしながら，ゲームに没頭し，登場人物と自分が一体化しているときに，目をつぶっていたときに感じたのと同じ位置に自分の身体を感じているだろうか？　また，自分を取り巻く空間を理解するときにはいくつかの軸を手がかりにしているはずである。重力を感じることができれば上下軸，自分の顔などの前面が分かれば前後軸も手がかりになるに違いない。身体と空間の表象は行動の基本であり，当たり前と思うかもしれないが，これらに関する研究が本格的に取り上げられたのは，比較的最近である。

「感覚融合認知」とは，視聴覚や視触覚などの多感覚統合による理解過程を指している。五感それぞれの感覚受容器（すなわち視覚なら目，聴覚なら耳）から得られた情報は，脳内の初期段階でも独立して処理されていることが知られている。しかし，最後までまったく独立な処理ではお互いの時空間的な同期が取れず，的確な行動につながるような解に結びつかないだろう。また，それぞれの感覚受容器の利点を活かし，弱点を補うことで，それぞれが不完全な情報でも，妥当な結論を導く必要がある。一般的には，マルチモーダル認知，クロスモーダル認知などと呼ばれ，感覚間の相互作用の研究を指すことが多いかもしれないが，各感覚から切り離され，感覚融合された表象が行動の基本単位となっている可能性までを視野に入れるべきだろうと思う。

「美感」とは，知覚情報を元に，生活環境や文化との統合で生まれる美醜感覚形成過程である。自然や異性ばかりではなく，絵画や建築物などの人工物に対する美感について，誰しも興味は尽きないだろう。フェヒナー以降，実験美学の研究が進められてきたが，最近になって，認知心理学と再融合された研究テーマとして，美感科学（Aesthetic science）を標榜する研究が現れてきた（Shimamura & Palmer, 2012）。美を科学的に扱えるのかという点で根本的な疑問を持たれる方も少なくないと思うが，五感を通して得られた情報が，環境や文化などに関わる経験として脳内に蓄積された情報と干渉し，統合されることで美感が紡ぎだされているとすれば，まさに統合的認知において重要な研究テーマとなる。

「共感覚」とは，実在しないにも関わらず，脳が紡ぎだす多様な感覚統合過程である。すなわち，1つの感覚器官の刺激によって，別の感覚もしくは特徴を知覚する現象であり，ごく一部の人だけが経験できる現象である（Cytowic & Eagleman, 2009）。音を聞いたり，数字を見たりすると，色を感じるなど，様々なタイプの共感覚が存在するが，その特性や生起メカニズムが科学的に検討され始めたのは比較的最近であり，脳における構造的な近接部位での漏洩など，様々な仮説が検討されてきた。ただ，共感覚は脳内の処理過程で生じる現象として特殊ではなく，共感覚者と非共感覚者という二分法的な見方をするべきではないかもしれない。

統合的認知は上述の6研究テーマに限られることを主張している訳ではなく，今後新たな研究テーマも生まれ，それぞれが拡大，発展していくだろう。今回，6研究テーマを取り上げたのは，極言すれば自分自身の現時点での学術的な興味を整理したに過ぎない。2008年以降，いずれの研究テーマにも取組んでおり，その頭文字をとって AORTAS プロジェクトと名付けている。AORTAS という命名には，各研究テーマの解明が「大動脈（aortas）」となって，「心」の科学的理解に至るという研究目標が込められている。最終的に，統合的認知という学問大系が構築されるとすれば，いずれもその端緒として位置づけられるかもしれない。各研究テーマには膨大な研究データが日々蓄積される一方，あまりにもたくさんの研究課題が残されていることにたじろいでしまう。それでも，各研究テーマにおいていずれも最先端で活躍されている研究者に著者として加わっていただき，6研究テーマの学術書を個別に出版することになったことはよろこびにたえない。シリーズとしてまとまりを持たせながら，各分野に興味

を持つ認知心理学や認知科学専攻の大学院生や研究者のための必携の手引書として利用されることを願っている。

横澤一彦

引用文献

Cytowic, R. E., & Eagleman, D. M.（2009）. *Wednesday Is Indigo Blue: Discovering the Brain of Synesthesia.* The MIT Press（サイトウィック，R. E. イーグルマン，D. M. 山下篤子（訳）（2010）. 脳のなかの万華鏡:「共感覚」のめくるめく世界　河出書房新社）

Marr, D.（1982）. *Vision: A Computational Investigation into the Human Representation and Processing of Visual Information.* W. H. Freeman and Campany（マー，D. 乾敏郎・安藤宏志（訳）（1987）. ビジョン:視覚の計算理論と脳内表現　産業図書）

Rumelhart, D. E., McClelland, J. L., & the PDP Research Group（1987）. *Parallel Distributed Processing - Vol. 1.* MIT Press（ラメルハート，D.E.，マクレランド，J.L.，PDP リサーチグループ 甘利俊一（監訳）（1988）. PDP モデル:認知科学とニューロン回路網の探索　産業図書）

Shimamura, A., & Palmer, S. E.（2012）. *Aesthetic science: Connecting Minds, Brains, and Experience.* Oxford University Press.

Treisman, A. M., & Gelade, G.（1980）. A feature-integration theory of attention. *Cognitive Psychology*, **12**, **1**, 97-136.

横澤一彦（2010）. 視覚科学　勁草書房.

横澤一彦（2014）. 統合的認知　認知科学, **21**, **3**, 295-303.

はじめに

　往々にして心理学の重要性は，具体的な知見そのものよりも，何を研究するのかという問題設定について指摘される。つまり，新しい研究対象を「発見」し，科学の俎上に載せてみせることである。そもそも近代心理学の成立そのものが，心とは科学的に研究すべきものだという宣言だったとも言える。こういう態度は，「心」という目に見えず，形もない，よくわからないものを研究対象にすることの必然的帰結でもあろう。心とか精神，その一側面としての注意とか学習といった概念は，誰もが日常語として用いていて，それについて何らかの知識を持っている。しかし心理学は，それらを科学の対象として再発見し，仮にでもいいから定義するところから始めなければならない。

　本書の目的は，オブジェクト認知の心理学的研究を概観することである。では「オブジェクト認知」とは何か。それは object perception/object recognition の訳語であり，「物体認知」とか「物体認識」とも訳される。「物体を認知すること」が文字通りの意味だ。そこで，実験は次のような次第となる。被験者に何らかの「物体」を見せ，それを「認知」させる。では「物体」とは何か。「認知」するとはどういうことか。

　本質を把握して定義することが難しいとき，ヒトは事例観察に頼るものである。日常におけるオブジェクト認知の例として心理学者が挙げるのは，だいたいこういうものだ。バケツを見てそれがバケツだとわかる，同僚の A さんの顔を見て A さんだとわかる，駐輪場で無数の自転車の中の 1 台が自分のものだとわかる，等々。では，心理学実験としてはどんなことが行なわれているのだろうか（図 0-1）。視覚オブジェクト認知なら，いろいろな「物体」——バケツとか，顔とか，自転車とか——の写真を呈示し，その名称を答えさせる。これは命名課題（naming task）の例である。正答率や，反応時間（この場合は，刺激である写真が呈示された瞬間から被験者による物体名の発声までの時間）を測ることで，どれくらいオブジェクト認知が容易にできたかわかるわけだ。あるいは，あらかじめ物体名をコンピュータ画面に呈示し，次に物体の写真が呈示

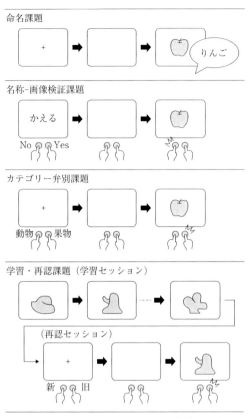

図 0-1　ヒトのオブジェクト認知を調べる，心理学実験でよく用いられる課題。

され，最初の物体名と同じ物体かどうかをできるだけ早く2つのボタンのどちらかを押すことで回答するという課題もある（検証課題，verification task）。他にも，たとえば動物の写真か果物の写真か，どちらかが画面に呈示されるので，動物だったら左のボタン，果物だったら右のボタンをできるだけ早く押して回答するというようなカテゴリー弁別課題（category discrimination task）もある。やはり，正答率や反応時間が測定され，分析される。

　われわれの身の周りには無数の物体があふれていて，目の前にあるその物体を既知のものとして認められることがオブジェクト認知ということになる。「認知」というとあいまいだが，recognition は「再認」とも訳され，つまり

「以前にも認識したことのあるものと同じものとして再び認識すること」である。だからオブジェクト認知は本質的に記憶の問題だ。William James の古典『心理学原理 (*The Principles of Psychology*)』に，オブジェクト認知のこの本質を簡潔に表した文がある。いわく，"What is got twice is the same OBJECT." (James, 1890/1950, p. 231)——つねに変化し流れる意識の中にあって，以前に経験したのと同じ感覚が再度現れるとき，それは外界に継続的に存在している（同一性 identity を持つ）ものとして同定 (identify) される。ヒトの認知システムが「気まぐれに変わることのない性質が好きである」(Minsky, 1985/1990, p. 317) ことは，オブジェクト認知の基礎と言える。安定して持続的に現れる事物に注目することで，外界を意味のあるものとして理解し把握できるようになる。

　この「以前に経験したのと同じオブジェクトであることの再認」を直接に検討する方法として，記憶や学習の実験パラダイムが用いられることがある（図0-1）。たとえば，名前のない，無意味で抽象的な形状の物体をいくつか用意し，最初にこれを見て覚える（学習セッション）。しばらくの後，最初に覚えた物体とそうでない物体がランダムな順で呈示され，それぞれ最初に覚えたものか（旧）そうでないか（新）を回答する（再認セッション）。このような方法により，意味や言語の影響を排除した状況でのオブジェクト認知を検討することができる。

　次に考えなければならないのは「物体 (object)」という概念である。この語は心理学を含め，いろいろな領域であいまいに用いられるので，その意味するところを整理してみよう。実はオブジェクト認知研究においても，"object" とは何かという問題は避けられていることが多い。再認できるもの，という定義は明らかに誤りである。ヒトは色を再認できるし，温度や音，におい，味も再認できる。逆に，再認できない物体もありうる。初めて見る抽象的な形状の彫刻は何ものとしても再認できないし，いわゆる「未確認飛行物体」などはむしろ再認できないことがその定義の一部だ。

　日常語で「物体」と言えそうなものは机とか石ころとか，そういうひとまとまりの形をなして質量を持つもののことで，それに従った直観的な定義は「形のあるもの」とか「数えられるもの」，あるいは「ある閉じた空間を占める物質」というニュートン的なものになる。デカルトならば『省察』で，精神と対置されるものとして「なんらかの形によって限られ，場所によって囲まれ，他

のすべての物体をそこから排除するようなしかたで空間をみたすようなもの，また，触覚，視覚，聴覚，味覚，あるいは嗅覚によって知覚されるようなもの，なおまた，多くのしかたで動かされるが，しかし自分自身によって動くことはけっしてなく，何か他のものの接触を受けて，それによって動かされるようなもの，こういうものいっさい」と説明する（デカルト，2009, p. 37）。しかしこういった定義にも，あいまいさが残る。水や空気，霧，炎，煙のような不定形なものは「物体」だろうか。雲や川はどうか。地面の上の影は上の定義にはあてはまらないだろうが，影踏み遊びができるように，ヒトは影をひとまとまりの何ものかとして認識している。地面に掘られた穴はどうだろう。ヒトはそれを土のへこみとか空気の突出とみなすよりも，「穴」として認識し，飛び越えたり埋めたりする。これは「物体」ではないのか。

　おそらく，物体（object）という概念を事物の物理的な特性によって定義しようとするのは誤りである——少なくとも心理学にとっては。英語の辞書で"object"をひくと，形のある，触れる，見られるものだとか，ある思考や行為の向かう先だと書かれている。この後者の意味が重要だが，日本語では「物体」よりも「対象」と訳した方がこの意味が明確になる。オブジェクトとは，対象のことである。何にとっての，だろうか。英語では object の対義語は subject，つまり主体である。認識主観とか心と言ってもいいだろう。オブジェクトとは心にとっての対象，つまり，知覚・認知といった心的処理や持つ・食べる・使うといった行為の対象である。「形のある，触れる，見られるもの」という第1の意味も実は同じことで，それは人間の感覚の対象となるものという意味である。実際，object perception/object recognition を対象認知と訳すこともある。英語の object という語には「物体」と「対象」の両方のニュアンスが含まれることに注意しておきたい。そこで本書の表題では，あえてどちらかには訳さず「オブジェクト認知」とカタカナ書きにとどめてある。

　もちろん，感覚や認知・行為の対象となりうるものには，一定の物理的特性が必要かも知れない。特に行為の対象となるためには，あまりに不安定・不定形だったり，小さすぎたりしてはいけないだろう。したがってこの定義から，オブジェクトとは一定の形状を持って比較的安定的・持続的に外界の閉じた空間にあるものという特性が要請される。またこの定義に従えば，影や穴はオブジェクトだと言えるだろう。Gibson（1979/1985, p. 36）は，生物が中に入ったり，中に何かを入れることのできる物体として「中空の対象（hollow object）」

という概念を使っている。

Gibson は生物がどう働きかけられるかという観点から対象（object）を独自に分類していて、たとえば地面などに接続していて動かせない付着対象（attached object）と、動かしうる遊離対象（detached object）とを区別する。しかし彼の直接知覚の理論はオブジェクトが行為をアフォード（afford）するという側面に重点を置いていたため、オブジェクトが行為の対象となるかどうかとは無関係に知覚・認知の対象となりうるという側面が捨象されている。オブジェクトを見て再認するだけならば、おそらくアフォーダンスよりは、外見上の特徴（色とか形）が重要だろう。Gibson 自身、この違いを認識していて、「アフォーダンスを知覚することは対象を分類することではない」と指摘している（p. 145）。アフォーダンスはゲシュタルト心理学における対象の誘発性（valence）という概念に起源のひとつを持つが、『ゲシュタルト心理学の原理』（Koffka, 1935/1998, pp. 453-454）において、「対象」の持つ「相貌的特徴」（ポストは赤く柱状である）と「機能的特質」（ポストは郵便物を投函するために使われる）とは別々のものとして扱われている。同じオブジェクトが知覚や認知の対象であるときと行為の対象であるときとで、その「認識」のありようや必要とされる情報処理は大きく異なることに注意しなければならない。事実、視覚に関して言えばヒトの脳での情報処理は再認・同定のための機構と行為のための機構とに大きく二分できると考えられている（Goodale & Milner, 1992）。そしてオブジェクト認知の研究と言うときには、命名課題やカテゴリー弁別課題が用いられることからも明らかなように、知覚や認知の対象としてのオブジェクトを「相貌的特徴」によって再認・分類する過程、いわば「狭義のオブジェクト認知」に主眼が置かれがちである。

いずれにせよ、知覚や認知・行為の対象としてのオブジェクトは、われわれの心的活動との関連において定義されることになる。だからこれはきわめて心理学的な概念だ。別に人間が認識しなければ何も存在しないなどと主張しているわけではない。また、オブジェクト認知研究が対象とするのは外界に具体的に存在するものの認識であって、愛とか命題といった抽象的なものの認識ではないことも確認しておこう。重要なのは、われわれが外界にある何らかのものを「認識（recognition）」するときには、それに先だって、まず認識すべきものを対象として定めなければならないということだ。人間が外界と関わるとき、そのすべてを一度に相手にすることはできない。一瞬で周囲のすべてを認識す

ることは不可能だし，周囲のすべてに働きかけることも不可能だ。だから，外界の限られた一部を選んで「対象」とするしかない。それがオブジェクトである。そしてヒトの心は，この世界の中でうまくはたらくように進化してきたはずだから，そのような知覚や認知・行為の「対象」は，現実のこの世界の物理的にもひとまとまりの存在として定義できるものによく対応するはずであろう。もちろん，ハズレもある。壁のシミに顔を見てしまうように，知っている何かだと思って選んだ対象が実は何ものでもなかったということはありうる。

　ヒトの知覚や認知には，こういう心的な対象と現実の事物との微妙なずれがよくある。外界の事物が引き起こす感覚所与は，外界の事物の物理的特性そのものではない。それでも，ヒトの心的機能がこの世界に適応している以上，感覚所与は外界の事物の物理的な特性と相当程度関係するようになっている。たとえば，われわれは色を感じる。色とは何かと聞かれて，光の波長と答えるならば，理科としては正解でも心理学としては誤りである。確かにわれわれが知覚する色と光の波長にはかなり強い関係があるが，波長だけで色の知覚が決まるわけではない。同じ波長でも違う色に見えることがあるし，違う波長でも同じ色に見えることもある。

　オブジェクトについても同様だ。われわれが「リンゴ」と呼ぶ事物は確かに外界に存在し，それを見ればわれわれはたちどころにその感覚所与がリンゴのそれであることを認識する。その認識があまりに速やかで容易なので，「リンゴだ」という意識と外界のリンゴとの対応は当たり前のように思える。しかしオブジェクト認知の研究が明らかにするのは，それは非常に複雑怪奇な現象で，計算，学習，推測と呼べるようなさまざまな情報処理が必要だということだ。オブジェクト認知が外界の物理的特性だけで直接に成立すると考えるのは素朴な過ちである。デカルトが固形の蜜蝋が溶けてもやはり同じ蜜蝋と認識できるという単純な例を示しているとおり（デカルト，2009, pp. 43-44），物理的特性も，それがもたらす感覚所与もまったく異なる対象を，ヒトは同じものとして認識することがある。逆に，物理的には同一の対象を状況や文脈によって異なるものとして認識することもある。

　さて，「オブジェクト」を知覚や認知・行為の対象と定義すると，ちょっとした問題が生じる。オブジェクト認知とはオブジェクトを対象とした認知であり，オブジェクトとは認知の対象であるというのでは説明が循環してしまう。認知心理学的に言えば，こういうことだ。たとえば目の前にあるいくつかの物

体（コップ，皿，リンゴなど）を再認するとき，一度にすべてを再認することは
できないので，まず再認すべき対象を選択しなければならない。では視野の中
のどの領域を再認すべき対象のある場所として選択すればよいのか。通常，ヒ
トはやみくもにではなく，リンゴなりコップなり皿なりの位置にすみやかに視
線を向け，注視することができる。そこにリンゴがあるとわかっているから視
線を向けられるわけではない。オブジェクトを認識するためには事前にそこに
あるオブジェクトを認識している必要があるなどというシステムは用をなさな
い。

　この問題を解決しているのはもちろん注意（attention）である。特に視覚
的・空間的な注意，つまり，何らかのオブジェクトがありそうな場所を選択す
る機構である。たとえば周囲と明るさや色が明らかに違っている閉じた領域が
あれば，そこには何かがありそうだということになる。図と地の分離（figure-
ground segmentation）も類似の機能と言えよう。ある簡単な情報（明るさの変
化や輪郭線の閉合）に基づいて，オブジェクト「らしい」領域を発見する。本
書は注意が主題ではないので詳しい議論には立ち入らないが，こういった注意
の働きは実際に明るさや色などの比較的単純な情報の処理によって相当程度実
現可能なことがわかっている（Itti & Koch, 2000）。選択した対象のさまざまな
情報を統合してオブジェクト（の候補）の知覚表象を形成することが，注意の
重要な役割だと考えられている（熊田・横澤，1994）。つまり，外界に存在する
事物で，注意が選択する対象あるいは作業記憶（working memory）における符
号化の単位となるものが，注意の研究で言う「オブジェクト」である。こうい
ったオブジェクトの表象は，オブジェクト・ファイル（object file）とかプロト
オブジェクト（proto-object）とも呼ばれる（Kahneman, Treisman, & Gibbs, 1992;
Rensink, 2000）。

　しかしオブジェクト認知の研究が関心を持つのは，その次の段階である。す
なわち，注意によって選択されたオブジェクト（の候補）の情報を処理し，記
憶と照合して，既知の何がしかのオブジェクトであると再認する段階だ。そし
ておそらく「物体」という語の日常的な意味に最も近いのは，そうして再認で
きるオブジェクト，しかもたいていの人が同じように再認できる，名前のある
オブジェクトであろう。前述のように，オブジェクト認知の研究手段のひとつ
に命名課題がある。狭義のオブジェクトは，カエルとか電車といった「名づけ
られるもの」と言ってもよい。哲学者 Quine（1960/1985, pp. 1-2）の言葉を借

りれば，「公的に語るに足るほど公的で，ありふれてよく目立つためにしばしば口にされうるものであり，感官に近いために名前を聞いただけで直ちにそれとわかり学習されるようなもの」である。もちろん，名前がなくても再認は可能だ。前に見かけた人の顔を見て名前は知らなくても再認する，ということは日常的にもよくある。しかしオブジェクト認知に言語の問題が関係しうることには注意しておいてよい。目の前のいろいろな食器をこれはコップ，これは茶碗，と認識するように，オブジェクト認知とは一種のカテゴリー分けの作業でもあるからだ。通常，ヒトが知識として持っているカテゴリーには名前，つまり言語ラベルがついている。

　このように，オブジェクトとは何か，オブジェクト認知とは何かという議論は意外に複雑である。オブジェクト認知は知覚の問題にとどまらず，記憶や注意，言語といった多様な心的機能と切り離せない関係にあることもわかるだろう。ひとまずここでは，オブジェクト認知の研究における「オブジェクト」とは次のようなものと考えておきたい。ヒトの知覚や認知・行為の対象になる，比較的安定して持続的に外界に存在するひとまとまりのもの。狭義には，そのうちで特に多くの人が同じ名前で呼べるもの。外界の事物に由来しない心的表象，たとえば幻覚やイメージは含まれない。水は物質と呼べるが，物質（matter/substance）は特定の形や位置を必要としない抽象的概念である。オブジェクトは具体的なものだ。具体的に空間のある位置を占め，ある形をなしているときに，知覚や認知・行為の対象になりうる。コップに入れられた適当な量の水は，明確な境界で形をなし，行為の対象になりうるからオブジェクトと呼んでよいだろうし，持続的にある形状を持って存在している水の流れや集まり（川や池）もオブジェクトと言えよう。霧のように，形状の境界があいまいで，時間的な変化が大きく安定していない事物は，オブジェクトではなく現象と呼ぶ方が適切だろう。ただ，実際のオブジェクト認知の実験研究では，こういったオブジェクトはほとんど顧みられない。明らかに「オブジェクト」であるものを材料に選ぶことで，そもそもオブジェクトとは何かという議論を避け，その上でオブジェクト認知の特定の問題を研究するのが通例である。

　オブジェクト認知は，ヒトの認知機能の相当多くの要素が協力して成立しているものである。単なる外界の知覚というよりヒトが外界と関わりあうための第一歩であって，心が環境の中にあるとはどういうことか，認識主観と客体（object）の関係とは何かという大きな問題を含んでいる。James（1890/1950）

はじめに xvii

『心理学原理』には「心と他の事物の関係 (The relations of minds to other things)」という章があるが，それは次のような文で始まっている。

Since, for psychology, a mind is an object in a world of other objects, its relation to those other objects must next be surveyed.

心理学にとっては，心もまたオブジェクトから成る世界の中のひとつのオブジェクトであるから，今度は心と他のオブジェクトとの関係を検討しなければならない。

目　次

シリーズ統合的認知 ……………………………………………………… i

はじめに ………………………………………………………………… ix

第1章　オブジェクト認知とは何か ………………………………… 1

1.1　心理学とオブジェクト認知　1

1.2　分節の問題：どこがオブジェクトか？　5

1.3　カテゴリーの問題　9

1.4　恒常性の問題　13

1.5　視点の問題　15

1.6　何のためのオブジェクト認知か　19

第2章　日常物体認知 ……………………………………………… 23

2.1　日常物体認知とは　23

2.2　オブジェクト認知に必要な表象とは？　25

2.3　構造記述理論　27

2.4　2次元的見えに基づく理論　32

2.5　特徴分析モデル　39

2.6　視点依存性論争　49

2.7　カテゴリーの問題　57

2.8　色と3次元情報　60

目　次　　　　　　xix

2.9　新しい理論の必要性　63

第3章　情景認知 ……………………………………………………… 65

3.1　情景とはオブジェクトの組み合わせか　65

3.2　ジスト知覚　70

3.3　文脈としての情景　76

3.4　情報の統合による情景認知　88

3.5　情景認知の広がり　97

第4章　文字・単語認知 ………………………………………………… 99

4.1　文字とは何か　99

4.2　文字の検出と分節　100

4.3　文字の弁別と同定　103

4.4　単語認知　108

4.5　文章の中の文字・単語認知　115

第5章　顔認知 …………………………………………………………… 119

5.1　顔とは何か　119

5.2　顔の存在理由　122

5.3　顔の認識のエキスパートとしての人間　126

5.4　顔認識プロセス　131

5.5　顔認識プロセスで取り扱われる顔の全体的情報　136

5.6　全体的情報の処理過程の分類　141

5.7　顔認識プロセスで取り扱う情報の優位性と限界　152

5.8　顔をもとにした情動による人物の評価機構　157

5.8　顔から社会的行動へ　162

第6章 表情認知 ……………………………………………………………… 167

6.1 表情とは何か　167

6.2 表情を表出する仕組み　168

6.3 表情を認識する仕組み　179

6.4 表情認識の手がかり　191

6.5 表情から情動を感じる過程　196

6.6 無表情について　201

6.7 社会的システムにおける顔のはたらき　204

第7章 オブジェクト認知の神経機構 ……………………………………… 209

7.1 神経科学的アプローチ　209

7.2 オブジェクト認知に関わる脳の領域　210

7.3 オブジェクト認知は脳でどう行われているか　218

7.4 ネットワークとしてのオブジェクト認知機構　227

おわりに ………………………………………………………………… 229

引用文献 ………………………………………………………………… 243

索　引 …………………………………………………………………… 277

第1章 オブジェクト認知とは何か

1.1 心理学とオブジェクト認知

オブジェクト認知は簡単である。われわれは膨大な数のオブジェクトに囲まれ，常時それらを認識しながら生活している。道を歩けば，足早にすれ違う人々や荷下ろしのトラック，マンホール，自転車，集積場のゴミ袋，カラス，電柱，ビル，標識や看板，木々や雲や山が次々と目に入ってくる。あるいはこの本を読みながら，大量の文字や単語を次々に認識している。顔を上げれば目の前にはやはりいろいろなオブジェクトがあり，その認識に苦労を感じることはないだろう。「認識している」という自覚すらないに違いない。「今あなたはどうやってそれを本だと認識しましたか？」と聞かれても，答えようがないだろう。呼吸するかのようにオブジェクトを認識している。

多くの場合，ヒトの意識はもっと高次の複雑な情報処理に向かっている。たとえば「この本はつまらない」といった判断や，「今日の晩ごはんは何にしよう」といった意思決定である。オブジェクト認知は目的ではなく，常時バックグラウンドで稼働しているような基本機能である。しかし，自動的で意識に上らない過程であればこそ，その理解には科学的な客観化と観察が必要になる。まさに心理学だ。とは言え，心のはたらきとしては当たり前すぎる部類のものなので，「心理学」と言って「感情」でも「無意識」でもなく「オブジェクト認知」を思い浮かべる人はめったにいない。そこでたいていのオブジェクト認知の解説は，それが研究するに足る問題であることを主張するところから始まる。いわく，オブジェクト認知は非常に重要な機能である。簡単に思えるが実はとても複雑な情報処理が必要で，そのメカニズムの解明は難しいのだと。本章の目的は，この主張を少し詳しく展開することである。

視覚においてオブジェクト認知は中心的機能だ。明るさや色が「見える」だけでは，周囲の環境を「認識する」ことにはならない。視覚は，網膜に与えられた光刺激に基づいて環境やその中のオブジェクトを探索し，意味づけ，評価

している。目の前にあるものが既知のものだと認識できれば，知識を活用することができ，すばやく適切な判断や行動が可能になる。リンゴがリンゴだとわかれば，食べたり冷暗所にしまったりできるし，何もしないで無視しておいてもよい。食べられる物なのか，腐りやすい生ものなのか，無視しておいたらとんでもないことになる危険な物ではないのかといった判断をいちいちする必要がなくなるわけだ。ヒトは見たものをいつも一から分析して理解しているわけではない。ほとんどの場合，目にするオブジェクトは既知のものだ。だからオブジェクトを再認し，知識に依拠することで，認知システムはかなりの省力化を実現できる。

　もちろん知識に頼ることに弊害がないことはない。別のものと勘違いする，つまり誤再認してしまうこともあるだろう。友人だと思って声をかけたら赤の他人だったという経験には誰しも思い当たるに違いない。知識の正確さも重要だ。正しく再認できたとしても，そのオブジェクトについての知識が不足していたり不正確だったりすれば，やはり望まざる結果になりかねない。使い方のよくわからない道具を当てずっぽうで使ってケガをしてしまったというような場合である。しかしこういった経験は，新しい知識となり，以後のオブジェクト認知に活かされることになる。

　では視覚はどうやってオブジェクトを認識するのだろう。単純化すればオブジェクト認知とは，網膜に映ったものの像と，知識として蓄えられているそのものの情報（とくに名前）とを正しく結びつける作業と言ってもいい。そのため，オブジェクト認知のおそらく最初の，そして最も単純な心理学的理論は，連合（association）による説明であろう。言うなれば，経験論的認識論である。われわれはリンゴを見たり触ったり食べたりした経験によって，リンゴが与える諸々の感覚（色，形，大きさ，におい等）と，リンゴという概念とが結びつく——連合ができる。知識とはこの連合に他ならない。だから，再び同じような諸々の感覚が与えられると，たちどころにリンゴという概念が意識に上ることになる。実際，知覚心理学の開拓者の一人である Helmholtz もそう考えていたようだ（Boring, 1950, p. 312）。

　しかし連合による説明は，大まかな枠組みとしては妥当でも，メカニズムを教えてくれているようには思えない。ここでいう連合とは具体的には何か，どうやって連合ができるのか，実際のところどんな感覚とどんな概念が連合しているのか……。「連合」の中身に踏み込むのはなかなか大変そうである。また，

1.1 心理学とオブジェクト認知

経験によって獲得される連合だけでオブジェクト認知を説明することには別の問題もある。それは，過去に見たことがないものでも認識できることがあるからだ。そもそも，過去に見たことがあるものと同一のものしか認識できないのでは，あまり役に立つシステムとは言えない。発表されたばかりの新モデルの車や飛行機も，それが車や飛行機であることはすぐわかる。SF 映画に出てくる未来の車や，ステルス機や無人機といった特殊な飛行機には，かなり奇抜なデザインのものも多い。それでも多くの場合，一目で車や飛行機として認識できる。

　学習心理学に言わせれば，それは般化（generalization）だということになる。つまり，すでに学習された刺激と似た刺激に対しては，既存の連合が拡大適用される。たとえば，いわゆる「パブロフの犬」の古典的条件づけ（Pavlov, 1927）では，学習の結果としてベルの音を鳴らすと唾液が分泌されるようになる。ベルの音という刺激と，唾液の分泌という反応に連合ができたわけだ。ここで，学習時に使ったベルと少し違う音色のベルを使っても，やはり唾液は分泌されるだろう。音の高さや鳴らし方が少々違っても同様である。もちろん限度はある。あまりに違う音では般化は起こらないだろう。これと同様，過去に見たことがある車や飛行機と「ある程度」似ているものなら，車や飛行機として認識できるということになる。しかし，「ある程度」とはどの程度だろうか。般化が起こる場合と起こらない場合の境界線はどう決まるのだろうか。

　こういった問題は，認知心理学の登場によってきちんと議論できるようになった。オブジェクト認知は認知心理学の中心的テーマの一つである。と言うより，認知心理学が初めて中心的テーマとして取り上げたと言ってよいかも知れない。Neisser はその著書 *Cognitive psychology*（Neisser, 1967）で文字認識を中心とするパターン認識（pattern recognition）に 1 章を割いた。さらに問題を一般化し，現実の 3 次元オブジェクトの認知のための情報処理理論を提案して大きなインパクトをもたらしたのが Marr（1982/1987）であった。心のはたらきを情報処理として捉える認知的アプローチを持ち込むことで，オブジェクト認知の何が問題なのか，オブジェクト認知を支える「連合」や「般化」の中身がどうなっているのかを検討できるようになったのだ。

　「オブジェクトの感覚所与と概念とが連合している」とは，情報処理アプローチから見ればこう言い換えられる。網膜にオブジェクト（たとえば，車）の像が投影され，それをうまく情報処理すると，最終的にそのオブジェクトを表

す意味表象（「車」という単語）が出力される。その過程には，網膜像の視覚情報処理や記憶の検索と照合などが含まれている。目の前の車が感覚器官に現に与える感覚そのものと「車」という概念が直接に連合しているのではない。初めて見る車，変わったデザインの車でも車と認識できるということは，ヒトは何がしかの「車らしさ」ないし「車の本質」のようなものを知っているはずだし，現に見ている車の像にもそれを見出しているはずだ。つまり，ある程度の抽象化がなされているはずである。現に与えられる感覚からいくらかの情報処理を経て抽象化された表象（representation）が，「車」の概念に連合していると考えるのが妥当である。

　もちろん認知心理学以前にも，形状知覚（shape perception）の研究があった。図と地の分離は，オブジェクト形状の知覚の問題に通じている。点や線分といった要素が体制化され，全体的なパターンが知覚されるというゲシュタルト心理学的な形状知覚の考え方は，局所的な視覚特徴を処理・統合してオブジェクトの表象を得るという認知心理学の情報処理アプローチの萌芽とも言える。ただ，リンゴや車といった身の周りにあるもの（日常物体 familiar objects/common objects）の認知のメカニズムに踏み込むためには，やはり形状知覚や知覚的体制化（perceptual organization）を考えるだけでは足りない。情報処理の中身を考えることが必要だ。多角形のような単純な形状に比べて日常物体の像は格段に複雑で多様だし，日常物体の認知では記憶や知識のことも考慮に入れなければならないからだ。

　では，認知心理学にとってオブジェクト認知の何が問題なのだろう。ある認知心理学の教科書（Eysenck & Keane, 2010, p. 79）は，次の３つを挙げている。すなわち，(1) 環境の中のどの部分がオブジェクトかを決定しなければならない，(2) 色や形などが大きく異なる多様なものを同じもの（たとえば「イス」）として認識できなければならない，(3) 特定のある１つのオブジェクトについても，見る方向や距離が異なれば見え方は大きく異なるが，同じものとして認識できなければならない。もちろん，これだけがオブジェクト認知の問題ではない。が，少なくともこれまで研究の中心となってきたのはこれらの問題である。以下，１つずつ見ていこう。加えて，３つ目の問題の中でも特に重要である視点の問題についても詳しく紹介する。

1.2 分節の問題：どこがオブジェクトか？ ……………………………………

　第1の問題，すなわち視野の中からオブジェクトのある部分を見つけ，背景から分節化（segregate）するというプロセスは，どちらかと言えば注意の問題に関わる。この点については「はじめに」の中でも簡単に触れた。注意が選択した対象は，特徴の統合，補完，修飾などを経て，オブジェクトの表象となる。これが知識として保持されているオブジェクトの記憶表象と照合され，最終的にリンゴとか車とかいったオブジェクトとして認識されるというのがオブジェクト認知の基本的な流れである（図1-1）。注意の働きはオブジェクトらしきものを選択することなので，実際には特に意味のあるオブジェクトではない領域を選択してしまうこともある。その場合には，また別の領域が選択されるだろう。詳しくは本シリーズ第1巻『注意』を参照されたい。

　そこで，そもそも注意はどういう基準で視野のある一部分を選択しているのかという疑問が生じる。最も簡単な説明は，注意はまずオブジェクトというよりも視野の中の目立つ場所，たとえば周囲と色や明るさ，テクスチャなどの特徴が異なっている領域に向けられるというものである。実際，これはヒトの注意のはたらきをかなりうまく説明できる（注意の顕著性モデル：Itti, Koch & Niebur, 1998）。オブジェクトがあれば，そこは周囲と視覚的特徴が異なっていることが多いから，これはオブジェクトを見つけるために有効な仕組みである。

　一方で，注意には場所や領域ではなくオブジェクト自体を選択するはたらきがあることもよく知られている。オブジェクトベースの注意（object-based attention: Egly, Driver, & Rafal, 1994; O'Craven, Downing, & Kanwisher, 1999）と呼ばれるものだ。こちらは，一度注目した対象が実際に意味のあるオブジェクトだったときに，それに注意を向け続ける仕組みと考えることができる。図1-2のように，同じ場所に重なっている複数のオブジェクトのどちらかだけに注意を向けることができるし，移動するオブジェクトに注意を向け続けることもできる。現実にはオブジェクトは移動したり，動物のように刻々と形を変えることも多いから，この働きは重要である。このとき，注意を向けたオブジェクトの情報は，短期記憶ないし作業記憶として保持されていると考えられる。このため，注意や作業記憶の研究でもオブジェクトという概念がよく問題になる。つまり，注意の選択の単位としての，あるいは作業記憶の中での情報の単位と

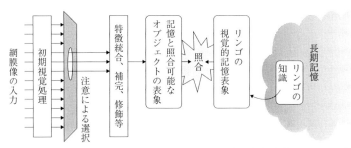

図 1-1 見ているオブジェクトがリンゴであるかどうかを認識するための，(ごく単純化した) 情報処理の流れ図。

図 1-2 注意は場所というよりオブジェクトに基づいて情報を選択することができる。同じ場所に重なっている2つのオブジェクトのどちらか一方だけに注意を向けて選択し認識することができる。

しての「オブジェクト性 (objecthood)」とは何かという問題である (菅沼・横澤, 2003; Scholl, 2001 およびこの論文を含む *Cognition* 誌の Objects and attention 特集号を参照)。

　オブジェクト認知の研究ではしばしば顧みられないことだが，オブジェクトを分節・選択することにはそもそも困難が多い。一体どんな規則に基づいて，背景とオブジェクトとを区別すればよいのだろうか。これはオブジェクトに対する注意や作業記憶でも問題になることだが，もともとは形状 (shape) ないし形態 (form) の知覚の問題，特に図と地の分離の問題として知覚研究の対象

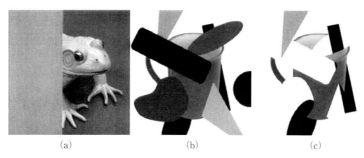

図 1-3 遮蔽の例。手前のオブジェクトにより一部が遮蔽され見えなくても，オブジェクトを認知することができる (a)。知覚的補完のはたらきにより，オブジェクトが遮蔽されている場合 (b) は，オブジェクトの同じ部分が欠けているがそれが遮蔽によるものではない場合 (c) よりも，オブジェクト認知は容易である (Johnson & Olshausen, 2005 に基づく)。

になってきた。たとえば，閉じた (closure) 輪郭を持つ図形はひとまとまりの図 (figure) として地 (ground) から区別される。こういった単純な知覚的方法でもオブジェクトを分離できる。現実の世界ではもっと複雑な問題も起こる。手前に何か別のオブジェクトがあるために，オブジェクトの一部が隠れたり，複数の領域に分かれてしまうことがある (図 1-3a, b)。これは遮蔽 (occlusion) の問題である。この場合には，背景だけでなく手前の別のオブジェクトと目的のオブジェクトとを区別する必要がある。また，目的のオブジェクトの一部が隠されているので，オブジェクト認知に困難を生じうる。図 1-3a のオブジェクトは，頭部と 2 本の脚しかない奇妙な生き物としてではなく，胴体や後ろ脚が遮蔽されたカエルとして認識できなければならない。

遮蔽の問題はある程度は知覚的に解決される。遮蔽部分を補う知覚的なはたらきがあるためである (知覚的補完, perceptual completion)。実際，ヒトはある程度までならば遮蔽されているオブジェクトを正しく認知できる。しかし，これは本当に知覚的補完だけのおかげなのだろうか。知覚的補完によって遮蔽のない完全なオブジェクトの表象を作り上げ，それに基づいてオブジェクトを認知するということは確かにありうる。事実，単にオブジェクトの一部が虫食い状に欠けた画像 (図 1-3c) よりも，他のオブジェクトによって遮蔽されていることが明確で知覚的補完がはたらきやすい場合 (図 1-3b) にはオブジェクト認知がしやすいという (Johnson & Olshausen, 2005)。しかし一方で，遮蔽によ

りオブジェクトの一部が欠けたままの表象でも，必要な情報を十分に含んでいるなら，オブジェクト認知が成立するかもしれない。実は，心理学ではなくコンピュータ・ビジョン（画像処理や機械学習によってコンピュータにヒトの視覚のような機能を実現させること）の分野では，当初からこちらの可能性をよく検討していた。遮蔽があってもオブジェクトを再認できるためにはどんな情報を用いたらよいかが問題とされてきたのである。

　最後にもう一つ，ややこしい問題を挙げておこう。オブジェクトそのものが複数のオブジェクトであるような場合だ。たとえば，ヒトは車を認識できると同時に，その一部である車輪，ドア，サイドミラーなども個々に認識できる。建物の中の窓，顔の中の目や鼻，単語の中の文字など，こういった例はいくらでもある。要するに，視野の中のどこがオブジェクトかという唯一の正解は存在しない。その時々の必要に応じて，ヒトは注意を向けるオブジェクトを柔軟に変化させなければならない。こうなると，輪郭線の閉合とか色とかいった視覚的特徴だけに基づいて注意がオブジェクトを選択するのでは不十分だということがわかる。特に目立つ特徴を持つ場所でなくても，あるいは非常に細かい場所であっても，必要に応じて意図的に注意を向けられなければならない。車に乗ろうとする時にはまず車全体に，次にドアに，そしてドアの取っ手に注意を向けるだろう。このとき，注意とオブジェクト認知のはたらきは複雑に相互作用している。

　さて，このように色々な過程を経てオブジェクトを背景から分節化できたならば，今度はそれが何かを具体的に同定する段階である。オブジェクト認知の心理学的研究は，これ以後の段階を主に対象としている。つまり，オブジェクトはすでに背景などのオブジェクトでない情報から区別され，かつ，遮蔽もないことが前提になることが多い。しかし，実はこれは十分に再考の余地のある前提である。注意が背景の情報を捨て，オブジェクトを選択し，それを処理してオブジェクトを同定するという単純な仮定にあてはまらない現象が知られている。たとえば，オブジェクト自体に注意を向けていなくても，「動物かそうでないか」といったある程度のオブジェクト認知が可能である（Li, VanRullen, Koch, & Perona, 2002）。顔のような特殊なオブジェクトは注意を引きつけることすらあるという主張もなされているが（Crouzet, Kirchner, & Thorpe, 2010; Hershler & Hochstein, 2005; ただし Brown, Huey, & Findlay, 1997 も参照），これは注意を向けていない顔の像から（意識的にせよ無意識的にせよ）顔もしくは顔

らしい何かの情報を検出しているのでなければ説明がつかない。また，背景の情報も完全に捨てられるわけではない。背景の情報は，オブジェクト認知にさまざまな影響を与えるのだ（Biederman, 1981; Davenport & Potter, 2004）。オブジェクト認知の大きな役割が周囲の環境の把握であることを考えれば，これは自然なことかも知れない。背景の影響については，第3章で具体的に紹介する。

1.3　カテゴリーの問題

　2つ目の問題，すなわち同じ「イス」という概念に結びつくオブジェクトにも多様な色・形・大きさのものがあり，それらをみな同じ「イス」として認識できなければならないという問題は，つまるところ「イス」というカテゴリー（category, 範疇）をどう定義するかという問題である。四本脚でも一本脚でも，背もたれがあってもなくても，布張りでも革張りでも，イスはイスである。小さなアマガエルも，大きなヒキガエルも，赤や青や黄色のヤドクガエルも，みなカエルである。デフォルメされ擬人化されたマンガのキャラクターでさえカエルと認識できる。では，4つ脚で水辺にいる動物をすべてカエルと呼べばよいかといえばそんなことはない。赤い果物がすべてリンゴではないし，すべてのリンゴが赤いわけでもない。つまり，見た目が異なっていても同じオブジェクトとして認識しなければならないことがあるし，同時に見た目が似ていても異なるオブジェクトと認識しなければならないこともある。これは，いかに適切なカテゴリー分けをするかという問題である。「リンゴ」や「カエル」の概念を規定する要因としてどのようなものが知識に含まれているのかという問題でもあるから，どちらかと言えば記憶や知識構造が議論の対象になる。

　実際，カテゴリーとは何かという問題自体は，オブジェクト認知というより記憶や知識，言語の問題として認知心理学で扱われている。ヒトの知識における情報表現の重要な問題だからだ。認知心理学のテキストを見れば，定義的特性理論[1]とかプロトタイプ理論（本書2.7節を参照）とか，いろいろな説明がある。しかしこういった議論の詳細は本書の目的を越えるので，他の本に譲ろう。視覚オブジェクト認知において重要なのは，あるカテゴリーの認知に必要十分な視覚的情報は何かという問題である。たとえば「リンゴ」ならば，丸い形，赤い色などがその候補になる。こういった情報のまとまりを，仮に視覚特徴セットと呼ぶことにしよう。

もし世の中にリンゴとバナナしかなければ，問題は単純だ。色さえ使えば区別がつく（赤いのがリンゴ，黄色いのがバナナ）。ところがこれにグレープフルーツが加わると，同じ黄色であるバナナと区別がつかない。そこで他の特徴を利用する必要が出てくる。たとえば形だ。バナナは「黄色くて細長いもの」，グレープフルーツは「黄色くて丸いもの」と定義できる。リンゴは「赤くて丸いもの」だ。色だけでも，形だけでもこの3つは区別できない。色と形の組み合わせが必要になる。このように，多数のオブジェクトを区別するには，多次元の情報が必要になる。したがってオブジェクト認知は基本的には多次元空間を切り分ける，クラスター分析のような問題だということになる。ということは，色に形を加えると区別できるオブジェクトが増えたように，利用する視覚特徴（次元）を増やしさえすれば，多数のオブジェクトを区別できるシステムができあがることが期待できる。しかしこの方略だけに頼るのは現実には不可能である。ヒトの感覚器官には生物学的限界がある。オブジェクト認知のために新しい情報が必要だからと言って，磁気センサだのX線スキャナーだのと新しい感覚器官を追加することはできない。脳が利用できる情報源には限りがあるのだ。網膜が出力する情報をうまく処理して，オブジェクト認知に有効な情報の次元を作り出す工夫が必要不可欠である。

もちろん，1つの言語ラベルに必ず1つの視覚特徴セットが連合していなければならない理由はない。たとえば「パソコン」を「デスクトップパソコンまたはノートパソコン」と定義できるならば，「パソコン」という言語ラベルに連合している視覚特徴セットは2つあってもよい。1本だけのバナナや房のバナナ，食べごろの黄色いバナナ，未熟で青いバナナ，古くなって黒い斑点が出ているバナナといったバリエーションがあっても，「バナナ」という言語ラベルに複数の視覚特徴セットを連合させればよい。しかしこれは，視覚情報処理によるカテゴリー化のレベルを少し落としていることになる。だからこの方法を際限なく拡大することはできない。これまで存在したすべてのパソコンの機

1）カテゴリー（範疇）とは何か，ヒトはカテゴリーをどう学習・記憶しているのかという問題は，哲学や心理学で古くから論じられてきた。とりわけ，色などの知覚的特徴やオブジェクトがどんなカテゴリーに分けられるのかは，知識や言語の問題に直結している。定義的特性理論は，カテゴリーとはそのカテゴリーを定義する特性の集まりによって決まるという考え方。たとえば「偶数」は「整数で，2で割り切れるもの」と表せるとか，「自転車」は「ペダル又はハンド・クランクを用い，かつ，人の力により運転する二輪以上の車」（道路交通法第2条）と表せるといった考え方である。こういった定義的特性を満たせばそのカテゴリーに含まれ，満たさなければ含まれないということになる。

種のそれぞれについて視覚特徴セットを用意し，そのいずれかに該当すればパソコンとして認識するというメカニズムは理屈としては可能だが，現実的ではない。顔を認識するために全人類の顔を覚えるようなものだ。必要な情報量が多すぎるし，視覚特徴によって定義されるカテゴリーのレベルがあまりに低いので，もし新しい機種のパソコンが発売されたら，認識することができない。これでは「パソコン」の視覚特徴をきちんと表現しているとは言いがたい。視覚オブジェクト認識のためには，やはりある程度は高いレベルの抽象度を持った視覚特徴セットが必要である。

　カテゴリーについては，もう一つ大きな問題がある。現実には，1つのオブジェクトもさまざまなカテゴリーに属すことができる。ある電車は，電車であると同時に乗り物であり，人工物であり，通勤型電車であり，103系電車であるかもしれない。また JR 線でも，山手線でも，各駅停車でも，回送電車でもありうる。顔を見て人物を認識するときも，たとえば男性，大人，おじさん，有名人，芸人，俳優，映画監督，北野武といった具合だ。どのカテゴリーとして認識するかは，時と場合によって変化する。

　実は視覚的認知の問題としてのオブジェクト認知研究では，カテゴリーの問題そのものはあまりメインの研究対象になっていない。というのは，カテゴリーは視覚認知の問題というより知識の構造の問題という側面が大きいからだ。オブジェクトのカテゴリーは2つの要因で決まる。ボトムアップの知覚的な要因と，トップダウンの知識の要因だ。この違いは，イルカを例に考えると明らかだろう。イルカの知覚的特徴だけに注目すれば，おそらく魚というカテゴリーに属すだろう。しかし，分類学によればイルカは哺乳類であって魚類ではない。だから，私たちは教わって覚えた知識として，イルカは魚カテゴリーに属さないことを知っている。イルカを見せられて「これは何ですか」と言われれば（命名課題），「魚」ではなく「イルカ」と答える。だから現実のオブジェクト認知は，知覚的要因によるカテゴリー化に知識による修飾が加わって成立していると考えるべきだろう。

　オブジェクトのカテゴリーは知覚的要因によって決まるのだろうか，それとも知識によって定義されるのだろうか。おそらく両方である。カテゴリーとは究極的には知識（言語ラベル）のことだから，知覚的要因とは無関係に定義することもできる。しかし，現実に同じ言語ラベルで認識されるオブジェクトは，やはり知覚的にも似ていることが多い。確かに車にはバスもタクシーもトラッ

クもデロリアンもあり，それぞれ違っている。しかし，それらの見た目に共通する何らかの「車らしさ」があるようにも思える。そしてそういった知覚的類似性があるからこそ，教えられなくても観察によってカテゴリーを発見することが可能になる。一方で，知識がオブジェクトの見かたにまったく影響しないとも言えない。違いがわからずどれも同じ「木」にしか見えていなかったものが，ひとたび違いを知ると，クスノキ，ケヤキ，シイ，ナラなど別のものとして「見えて」くる気がするものである。実験的にも，新奇オブジェクトに名前をつけるとそのオブジェクトの探索や認識が促進されやすいことを示す例がある（Lupyan & Spivey, 2008; Lupyan & Thompson-Schill, 2012）。言語によって命名すること自体がオブジェクト認知だという考え方もできそうだ。たとえば，Merleau-Ponty（1945/1982, pp. 294-295）が「対象が再認されてしかる後にその名が呼ばれるのではない。呼称は再認そのものである」「語で対象を名ざすことによって対象に到達したという意識をもつ」と主張したことはよく知られている。これが認知心理学的にも厳密に正しいかは議論があろうが，少なくとも，命名できることが意識的・顕在的な（conscious/explicit）オブジェクト認知の操作的定義の一つであることは事実だ。オブジェクト認知の実験では命名課題がよく用いられている。

　ただ，オブジェクトの表象と言語表象が同一とまでは言えないだろう。言語を持たない動物にもオブジェクト認識はできるし，特定のオブジェクトを示さない抽象的な名詞はいくらでもある（「色彩」「感情」など）。カテゴリーにおける知覚と知識・言語の要因の関係は，認知科学のよく知られた問題の一つであり，長年の議論の的となっている（Sapir と Whorf の仮説をめぐるさまざまな議論（Hunt & Agnoli, 1991）や，浅野・渡邊（2014）などを参照されたい）。

　いずれにせよ重要なのは，同じオブジェクトでもいろいろなレベルでの認識が可能であり，また必要であるということだ。常に同じ視覚特徴を同じように処理していればよいというわけにはいかない。与えられた視覚特徴を受動的に，ボトムアップに処理するだけでなく，目的や必要に応じて異なる処理をし，異なるカテゴリーで認識しなければならない。たとえば，飢えて死にそうな人にとっては，食べ物かそうでないかの識別が重要だろう。リンゴが紅玉かシナノゴールドかはどうでもいいし，果物か野菜かも些細な違いである。しかしジャムを作ろうと考えて八百屋に来た人にとっては，果物か野菜かは決定的に重要だ。野鳥観察に来た人は，黒くて頭の上が赤い鳥を単に「鳥」ではなく「クマ

ゲラ」（キツツキの一種）と認識するだろう。一方，その人が単に「ロボット」と言うオブジェクトを，別の人は「RX-78 ガンダム」と呼ぶかも知れない。状況，目的，文脈，知識，動機づけといった多様な要因がオブジェクト認知に影響する。

1.4 恒常性の問題

　カメラを持って，目の前にあるリンゴを撮影するとしよう。どんなふうに撮るだろうか。横から，上から，斜めから撮るだろうか。順光か，逆光か，フラッシュは必要か。照明は蛍光灯でいいのだろうか，それとも外に出て太陽光の下で撮ろうか。同じリンゴの写真でも千差万別に撮ることができる。このように，単一のオブジェクトは，見方や状況によってさまざまに異なった見え方をするものだ。しかしこういった像の違いにもかかわらず，ヒトはそれを同じオブジェクトとして認識できる。それはなぜかというのが3つ目の問題だ。

　知覚心理学において，観察条件の違いにもかかわらず対象の性質がほぼ同一に知覚されるという現象は一般に恒常性（constancy）と呼ばれる。たとえば，明るいところでも暗いところでも，白い蛍光灯の下でも赤い夕陽の下でも，白い紙は灰色の紙や赤い紙に間違われることなく白く知覚される（色の恒常性）。同様に，オブジェクト認知にも恒常性があるということができる。オブジェクト認知研究では恒常性ではなく不変性（invariance）と言うことも多い。「ネコがじゃれているのを見ているとき，ネコの前から見た図，横からの図，後ろからの図，上からの図等々が見られているのではなくて，知覚されているのは『不変項としてのネコ』（invariant cat）」（Gibson, 1979/1985, p. 286）というわけだ。

　恒常性のあるオブジェクト認知のためには，無数のバリエーションがある像を適切にカテゴリー分けして，同じものは同じ，違うものは違うと判断しなければならないので，この問題の構造は2つ目のカテゴリーの問題と似ている。実際，恒常性の問題も，多次元空間の切り分けの問題として捉えることができる（DiCarlo & Cox, 2007）。そのため，この2つの問題はしばしば区別されないことがあるが，本質的には別の原因による問題であることには留意したい。

　一口に観察条件の違いと言っても，さまざまである。近くで見る時と遠くで見る時では，オブジェクトの像の大きさが異なる。これは観察距離の違いである。前・横・上など，どの方向から見るかによっても像は異なる。これは視点

図1-4 3次元オブジェクトでは，自己遮蔽のため，単一の視点からは隠れて見えない部分がある。この図ではカエルの左後脚が自己遮蔽されている。

(viewpoint) の違いだ。蛍光灯の下で見る場合，太陽光の下で見る場合，冷蔵庫の中で見る場合を比べれば，色合いが違って見えるかもしれない。これは照明 (illumination) による違いである。他のオブジェクトによる遮蔽も，観察条件に含められる。他のオブジェクトがなくても，視点や観察距離によっては，オブジェクトの一部が同じオブジェクト自身の別の一部を遮蔽することがある（たとえば図1-4では，カエルの左後脚が胴体に遮蔽されて見えない）。これを自己遮蔽 (self occlusion) と呼ぶが，これは視点や距離による像の違いを大きくしてもいる。さらに，オブジェクト自身がその形を大きく変えることもある。たたんでも開いても丸めても，新聞は新聞である。生物は姿勢 (posture) を変える。しかし，寝ていても歩いていてもネコはネコとして認識できるし，笑顔でも泣き顔でも誰かわかる。

　この恒常性の問題は，物体像をどう処理して元の物体の特性を知るか，という，視覚的情報処理の問題であり（光松・横澤, 2004），視覚的認知の最も重要な問題の一つとしてたびたび指摘される。たとえばHebb (1949/2011, p. 217) は，「よく知られていながら説明のついていない一群の事実」の例として，「ひとつの対象をさまざまな視点から見る場合は，その認知には，いつも同じ方向と同じ距離から見る場合よりも，ずっと複雑な学習が必要になる」(p. 218) と書いている。つまり，単純な1対1の連合学習では説明できない，複雑なタイプの学習と見なしていた。またWiener (1961/2011, p. 255) は，「ある人を，横から見ても斜めから見ても正面から見ても……見分けられるのはどうしてであろうか？　円が，大きくても小さくても，遠くにあっても近くにあっても，さ

らに目と円の中心を結ぶ線が面に垂直であって実際に円に見えるときも，そうでなくて楕円に見えるときも，それが一つの円であると認識されるのは，どうしてであろうか？」とこの問題を提起し，これを少なくとも部分的に解決しているのは感覚からのフィードバックによる制御，たとえば照明の強さの違いを相殺して明るさの恒常性に寄与する瞳孔の拡大・縮小や，オブジェクトを見やすい方向から見ようとする眼球や頭の運動などであるとした。

　Wiener（1961/2011）の指摘のように，オブジェクト認知の恒常性は，部分的にはオブジェクト認知機構というよりは感覚・知覚の機構が持つ一般的な恒常性によって実現されている。多くの場合に知覚は近刺激（感覚器に直接作用している光や音波などの刺激自体）ではなく遠刺激（近刺激を発している対象）の特性を反映するものだし，Gibson の言葉で言えば知覚の役割は不変項（invariants）を検出することだからだ。赤い夕陽の下で青リンゴを見ても赤いリンゴと間違えないのは色の恒常性のおかげである。遮蔽の影響は，知覚的補完によって低減できる。観察距離が縮まり像が大きくなっても，オブジェクトが大きくなったとは知覚されない（大きさの恒常性）。しかし，こういった知覚の恒常性では解決しきれない，オブジェクト認知に特有と思われる問題が，視点による像の変化である。3 次元立体形状を持つオブジェクトをさまざまな方向から観察すると多様な像ができるが，これらをすべて同じオブジェクトとして認識するためには，かなりの工夫が必要となるだろう。そのため，オブジェクト認知の心理学的研究では，これこそが恒常性の問題の中でも中心的問題とみなされてきた。続いて，視点の問題について詳しく見てみよう。

1.5　視点の問題

　紙に印刷された文字や図形のような 2 次元形状でさえ，視点を変えると像は歪む。紙に正三角形を描いて壁に貼り，壁に正対して見れば，網膜像もほぼ正三角形である。しかし右に一歩移動したり，しゃがんで下から見上げたりすれば，網膜像は正三角形ではなくなる。それでも通常，それが正三角形であることはわかる（形の恒常性）。網膜像，つまり近刺激が歪んだ三角形であるとき，そのような像を生じたオブジェクト，つまり遠刺激の形をヒトは知覚する。しかし図 1-5 に示したように，本来これは唯一の正解を導くことが不可能な問題，つまり不良設定問題（ill-posed problem）である。ある三角形の像をもたらす形

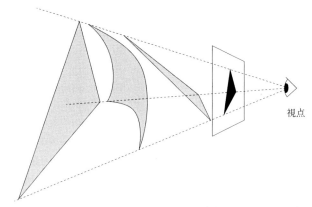

図1-5 同じ像の形をもたらすオブジェクトの形状は多様である。黒い三角形で示したような形の像を作るオブジェクトは，3つの灰色の例のように無数の可能性がある。像の形だけから元のオブジェクトの3次元的な形状・大きさ・距離を知ることは（1つの視点から観察する限り）理論上不可能である。

状には無数の可能性がある。だから視覚系は，厳密に正解でなくとも蓋然性の高い何らかの答えを出すしかない。つまり，ある種の推測が必要になる。ここで言う推測とは，クイズの問題を考える時のような意識的な推論や思考のことではない。無意識的に，知覚処理として自動的にさえ行われる情報処理に，推測的な処理が含まれるということである。すでに19世紀にHelmholzが考えたように，知覚には無意識的推論（unconscious inherence; Boring, 1950, pp. 308-311）と呼べる部分がある。

もちろん，この三角形オブジェクトまでの距離と，三角形の面が自分に対してどんな方向を向いているかが正確にわかれば，理屈の上では網膜像から三角形オブジェクトの形状を必ず正確に復元できる（三角形オブジェクトが平面であるという仮定の下に限るが）。ヒトには奥行き知覚の能力があるのだから，不可能ではないように思える。実際にMarr（1982/1987）はオブジェクト認知の一歩手前の段階として，観察者に対する面の方向を抽出するという処理（$2\frac{1}{2}$次元スケッチ）を想定した。しかし実際には，視覚系がいちいち距離や面の傾きを正確に測定しているとは考えにくい。両眼視差[2]は奥行き知覚を作り出すが，それが利用できない状況，たとえば片目をつぶって観察しても，形の恒常性はかなり保たれるし，日常的なオブジェクト認知にはほとんど影響がない（片目

1.5 視点の問題

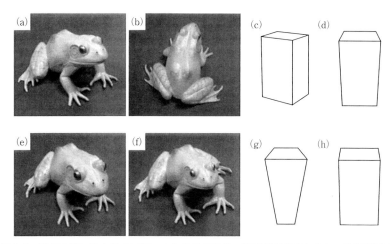

図 1-6 視点の違いによるオブジェクトの像の変化。観察方向が変わると、輪郭形状や自己遮蔽関係などが変わり、像は大きく変化する (a-d)。観察距離が変わると大きく変わるのは像の大きさ (近いほど大きくなる) だが、それだけではない。像の大きさを修正した上で、観察距離が近い場合 (e, g) と遠い場合 (f, h) を比べると、やはり輪郭形状や自己遮蔽関係が変わっている。

をつぶるとイスがイスとして認識できないなどということはまずない)。さらに言えば、そもそも面やオブジェクトの傾きの知覚はきわめて不正確なことが多く、数十度の誤りを伴うこともざらだし (e.g., Proffitt et al., 1995)、正対していない2次元図形の形の恒常性が崩れることも多い (e.g., Aznar-Casanova et al., 2011)。奥行き知覚の能力だけによって視点の問題が解決されるとは言えない。

現実のオブジェクトは三角形よりずっと複雑で、平面ではなく立体形状を持つことがほとんどだから、問題はさらに複雑である。視点が変われば輪郭の形が歪むだけでなく、今まで見えなかった部分が現れたり、逆に見えていた部分が隠れたりする (図 1-6a, b, c, d)。オブジェクトに対する視点の方向は変わらなくても、距離が変わるだけでやはり像に種々の変化が起こる。像の大きさが変わるのみならず、歪みが生じたり一部が隠れたり現れたりという複雑な変化

---

2) 両眼視差 (binocular disparity) は、左目と右目に映る像の違いのこと。左右両眼は位置が異なるので、異なる視点からものを見ていることになる。近くにあるものほど両眼視差は大きいので、3次元情報の手がかりになる。映画などで人工的に立体視を実現する仕組みは、両眼視差をつけた異なる映像を左右の目にそれぞれ見せることによる。

が起こる（図1-6e, f, g, h）。そして，こういった多様に変化する像の一つから
オブジェクトの立体形状を知ることはやはり不良設定問題なので，恒常性のあ
る3次元形状知覚を成り立たせるためには，いろいろな推測や仮定，制約条件
（constraints）が必要になる。たとえば，3次元空間内の同じ位置に複数のオブ
ジェクトが重なって存在することはないはずである。こういった必然的な条件
は，像から考え得るオブジェクトの無数の可能性をある程度制約することがで
きる（制約条件）。あるいは，ほとんどのオブジェクトは宙に浮かないから，
地面ないし他のオブジェクトの上に接していると推定することができる。こう
いったヒントも使いながら，輪郭形状など網膜像に含まれる情報を処理して立
体形状を計算したり，過去の経験や知識に頼って「こういう形に見えたらだい
たいこういう立体形状だろう」と推定することになる。それだけで1冊の本に
なる（Pizlo, 2008）ほど，立体形状知覚は複雑な問題なのである。

　しかしよく考えれば，オブジェクト認知のために完全な3次元形状知覚が必
要とは限らない。確かにヒトはオブジェクトを見てその立体形状を（完全では
なくても）把握できるが，立体形状知覚とオブジェクト認知は必ずしも同じで
はない。極端な言い方をすれば，立体形状などわからなくても，そのオブジェ
クトが何かがわかりさえすればオブジェクト認知機構としては十分なのである。
先の例のように，もし世の中にリンゴとバナナしかなければ色の情報だけで区
別が可能で，この場合，立体形状はオブジェクト認知に関係がない。壁に3つ
のしみがあれば顔に見えてしまうように，ごく単純な2次元的配置だけで何か
のオブジェクトが認知されることも多い。立体形状知覚の問題とオブジェクト
認知の問題は，重なる部分はあるけれども，区別する必要がある。通常，ヒト
はオブジェクトを見るとたちどころにそれが何か認識でき，形状も認識できて
しまうので，オブジェクト認知はオブジェクトの形状を知覚することと同じだ
と考えたくなるものである。しかし少なくとも理論的には区別する必要がある。

　とは言え，視点の問題を解決するためには，オブジェクトの立体形状の情報
を何らかの形で獲得し利用した方がいいに決まっていると思うかも知れない。
部分的にでも役立つならば使うに越したことはない。つまり，問題はこういう
ことだ。オブジェクト認知に必要な立体形状知覚とは何か。視点の問題を解決
するために必要な立体形状知覚とは何か。そもそも立体形状知覚が本当に必要
なのか。次の章で見るように，この点はオブジェクト認知の理論を考える上で
重要な論点となっている。

一方で，そもそもが不良設定問題であるため，実際にはヒトのオブジェクト認知が視点の問題を完全に解決できるわけではない。これも第2章で詳しく見るが，実際に調べてみるとオブジェクト認知がとても難しい視点やそうでない視点がある（e.g., Lawson, Humphreys, & Jolicoeur, 2000; Palmer, Rosch, & Chase, 1981）。真下から見た自転車は，かなり自転車とわかりづらいだろう。つまり，ヒトのオブジェクト認知には，視点に依存して変化する性質がある。このことを視点依存性（viewpoint dependence）と呼ぶ。よいオブジェクト認知の理論は，実際に観察された視点依存性のパターンを合理的に説明できなければならない。

1.6　何のためのオブジェクト認知か

プラトンの洞窟の比喩ではないが，目に映っているものはオブジェクトそのものではない。ヒトの視覚は近刺激としての網膜像を与えられているにすぎない。視覚系はそれを元手にして，何とかその時々の目的を達成している。リンゴを見ていかにその感覚が鮮やかで生々しく，リンゴの存在を完全に認識しているように感じられても，われわれの頭の中に目の前のリンゴと同じリンゴがあるわけではない。何らかの形で網膜像から作られた表象（representation）があるにすぎない。ある意味でオブジェクト認知の研究とは，この表象がどんなものかを明らかにすることである。

さて，ここまでは「オブジェクト認知」を，オブジェクトを記憶と照合して何であるか同定することという意味で用いてきた。しかし，実際にはリンゴを見て人は常に同じ反応をするわけではないので，唯一絶対で常に働く「オブジェクト認知」の仕組みがあると考えることは妥当ではない。たとえばすでに見てきたように，カテゴリーのレベルの問題がある。同じリンゴに対して，それが果物かどうかを区別する必要があるときと，紅玉かシナノゴールドかを区別するときとでは，必要な情報や心的処理は同じではない。一口にオブジェクト認知と言っても，その内実は生体が直面している状況や目的に応じて多様でありうる（Schyns, 1998）。別の言い方をすれば，オブジェクトの視覚特徴のボトムアップな知覚処理だけでなく，課題の要求などのトップダウンの要因もオブジェクト認知に影響する。こういった多様なオブジェクト認知のありようを無視して一律に論じることには問題があろうし，単一の機構がそういった多様なオブジェクト認知をすべて実現していると考える必然性もない。

つまり，オブジェクト認知を考えるとき，その「オブジェクト認知」が何のために行われているのかを念頭に置く必要がある。リンゴを見ていても，ただ漫然と見ているとき，どうやって食べようかと思って見ているとき，色や形の美しさに注意しているとき，手をのばしてつかもうとしているときでは，それぞれ視覚系の中で行われていることには相当な違いがあるだろう。オブジェクト認知を，網膜にオブジェクトの像の光刺激が与えられると，それを自動的に処理して「リンゴ」とか「カエル」といった答えをただ出力するだけの，受動的なカテゴリー判別機構と考えるのは，単純化が過ぎるというものだ。もちろん，多様なオブジェクト認知のありようを一度に解明するのは難しいから，はじめはそういう自動的で受動的なカテゴリー判別の仕組みに限定して議論を進めるということは有益な方法だし，実際，オブジェクト認知の研究にはしばしばそういう暗黙の仮定がある。

　さらに，仮に単なる受動的なカテゴリー判別の仕組みとして見たときでさえ，オブジェクト認知はきわめて多様である。たとえば顔の認知はオブジェクト認知の中でもいくらか特殊なものとみなされている。顔認知は特別か，そのほか一般のオブジェクトの認知とは別のメカニズムで説明するべきかという問題は，長年の議論の的になっている（e.g., Tarr & Cheng, 2003）。顔認知では，一般的な日常物体の認知に比べて，「誰の顔か」という個体レベルでの再認がとりわけ重要である。また，性別や年齢といった，特殊な意味をもつカテゴリーの判別も必要だ。第6章で論じられるように，表情の問題もある。顔認知では，表情の変化にかかわらず誰であるかを認識する（恒常性のある顔認知）ことも重要だが，逆に表情の変化を認知することも同じくらい重要である。日常物体の認知とは問題になる点に違いがあることには注意しなければならない。同様に，文字認知にも特殊な点がある。文字は2次元パターンなので，その3次元立体形状の情報を得ることは不要である。つまり，文字認知における恒常性の問題は，2次元パターンの恒常性の問題であり，視点の問題はほぼ存在しない（紙面が曲がっていたり折れていたりしても読めるのはなぜかという問題はあるが）。また，文字認知では1文字ずつ認知することと同じくらい，あるいはそれ以上に，文字の集まりである単語や文を認知することが重要である。したがって，単語や文のような複数の文字の集まりをどう認識しているのかということが問題になる。さらに文字認知の中でも，アルファベットと数字，ひらがな，カタカナ，漢字など，多種の文字の認知が単一のメカニズムで説明できるのかという問題

もある。このように，オブジェクトの種類によって「何が問題か」は異なる。顔や文字のほかにも，たとえば動物や植物のような姿勢の変化するオブジェクトと石や机のような剛体のオブジェクトは同じように認知されているのか，自然物と人工物は同じように認知されているのかといった問題がある。

　このように，目的やオブジェクトの種類に応じてオブジェクト認知のありようが多様であるから，そのメカニズムや必要とされる情報も多様でありうる。たとえば前述のような，注意を向けなくても動物の有無が判断できるという場合（Li et al., 2002）にはたらいているメカニズムは，注意を向けて意識的にオブジェクトを認識するときのメカニズムとは異なると考えることもできる。オブジェクトを見たときにそのオブジェクトのすべてが常に把握されているわけではなく，そのときに必要な情報しか処理されていないということは，しばしば忘れられがちなので，思い起こす必要がある。「1つの対象が備えているす・べ・て・の（傍点原文）特徴を区別する必要はないし，実際に，そうするのは不可能であろう。知覚は経済的なものである」（Gibson, 1979/1985, p. 146）。たとえばアメリカで，よく見知っているはずの1セント硬貨の図柄を記憶に基づいて描かせると，ほとんどの場合とても不正確だという（Nickerson & Adams, 1979）。ちなみに日本の千円札の場合も同様だという（高良・箱田，2008）。千円札を認識できるのは，千円札のすべてを知っているからではない。五千円札や一万円札と区別できるのに十分な特徴，たとえば色合いや肖像画の人物さえわかればよいのである。だから，本物に色合いや肖像画が似ているだけのおもちゃの「子供銀行券」を本物と間違えることもあるし，視覚障害者が触覚でお札を区別するためにつけられている識別マークのことはあまり知られていなかったりするのである。そこで，オブジェクト認知にはどんな特徴・情報が用いられているのかというのも大きな問題である。第3章で見るように，多くのオブジェクト認知の理論は輪郭線によって表された形状の情報を重視している。しかし，色や表面の光沢はまったく使われていないのだろうか。動きはどうだろうか。オブジェクトはいろいろな特徴を持ち，いろいろな情報を発している。視覚はそれらを必要に応じて使い分けているはずである。

　目的に応じたオブジェクト認知を考えるということは，オブジェクト認知を独立したモジュールとしてとらえるのではなく，多数のシステムが同時に並列的にはたらき，相互につながりあっている統合的な有機体としての認知システムの中に位置付けて考えるということである。もちろん，これは相当に難しい

ことだ。しかし，少なくともオブジェクト認知が「何のために」働いているのかという視点を常に持つことは，われわれが相手にしているのは「心」というきわめて不可思議で大きな何かであることを忘れないためにも必要であろう。

第2章　日常物体認知

2.1　日常物体認知とは ……………………………………………………

「日常物体」とは奇妙な言葉だが，研究上は「日常的によく認識するオブジェクト」という意味で用いられている。英語 everyday object の訳で，common object（ありふれた，よくあるオブジェクト）とか familiar object（見慣れているオブジェクト）も同義である。要は，リンゴとかカエルとかイスのことだ。「はじめに」で述べたような，「名づけられるもの」としての狭義のオブジェクトと言ってもよい。

対になる概念として新奇オブジェクト（novel object, non-object）がある。日常生活で見かけない，名前を呼ぶことができないオブジェクトのことで，たとえば図 2-1 のようなものだ。研究のために，しばしばこういった奇妙なオブジェクトが使われる。

新奇オブジェクトは，形状などの特徴を実験者が厳密に制御できるのが利点である。また，予備知識のない状態でのオブジェクト認知を調べることにも役立つ。たとえば新しい文字を学習するメカニズムを調べるために，西夏文字（図 2-1a；西夏王朝で使われた文字）やテングワール（『指輪物語』に登場する架空の文字）を用いることができるだろう。一方で，新奇オブジェクトは現実のオブジェクトとかけ離れてしまいがちで，その認知を調べても本当に現実のオブジェクト認知の仕組みがわかるのかという疑問が残る。これは実験心理学全般に常につきまとう問題で，厳密な条件設定を行なう基礎研究ほど，その内容が現実世界からかけ離れたものになってしまう。研究の厳密さと現実的な意味（あるいは，生態学的妥当性）とのバランスをとることは簡単ではない。

この章では日常物体，それも顔・文字以外のオブジェクトの認知のメカニズムを知ることを目標にしたい。文字や単語，顔の認知については第 4 〜 6 章を参照してほしい。

日常物体認知は，コンピュータ・ビジョン研究では一般物体認識と呼ばれ，

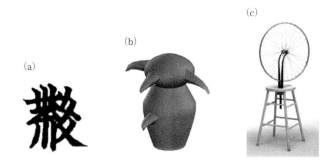

図2-1 新奇オブジェクトの例。本書の読者の大多数にとって新奇（見かけない，命名できない）と思われるものを集めた。(a) 西夏文字。「大」の意。京都大学蔵『大方広仏華厳経巻一』中の一字（武（Wu）・荒川, 2011）。(b) グリーブル（Greeble）と名付けられた研究用新奇オブジェクトの一つ（Gauthier & Tarr, 1997）。カーネギー・メロン大学 Tarr 研究室による（http://wiki.cnbc.cmu.edu/Novel_Objects）。(c) マルセル・デュシャンの 1951 年の作品 *Bicycle Wheel*（ニューヨーク近代美術館蔵）。スツールと自転車（の前輪）それぞれは日常物体だが，通常組み合わさることのないそれらを組み合わせてできたこのオブジェクトは新奇である。

やはり大きな研究テーマになっている。文字認識や顔認識のように特定の種類のオブジェクトだけを認識するのではない，オブジェクト一般を認識できる仕組みの開発を目指して，近年精力的に研究が進められている（平易な解説として，柳井, 2010; 佐藤・齋藤, 2009）。一方で，ある特定のオブジェクトだけの検出や識別（特定物体認識）はすでにコンピュータでもかなりの精度で可能で，文字認識や顔認識は広く実用化されている[1]。これに対して一般物体認識は，認識しなければならないオブジェクトの多様性が格段に高いため，難しい。しかし逆に言えば，現実世界のオブジェクトの高い多様性のゆえに，オブジェクト認知は必要な心的機能なのである。「はじめに」で議論したように，オブジェクト認知はカテゴリー分けである。多様で雑然とした世界も，少数のカテゴリーに分類することで整理され，理解し対処できるようになる。自然科学が博物学や分類学から始まるように，分類することは知ることである。ヒトは多様

---

1) 機械による文字認識は OCR（optical character recognition, 光学文字認識）と呼ばれる。郵便局の郵便番号自動読取装置は初期の OCR 実用化例として知られている。顔認識の実用化例にはデジタルカメラの顔検出機能や笑顔認識機能などがある。

で広大な世界に生きており，それを完全に把握することは不可能である。オブジェクト認知の失敗と学習を繰り返しつつ，ヒトは世界の多様性と取っ組み合っているのである。

とは言え，もちろんヒトは日常物体しか認識できないわけではない。図 2-1 のような新奇オブジェクトも形や構造を認識できるし，数日後に再び見れば，名前は知らなくても「あのとき見たあれだ」と再認できる。新奇なゆえに，見るのが楽しくさえあるだろう。リンゴのような日常物体は一目で認識できるし，リンゴとは何かもよく知っているから，われわれはすぐに「見る」ことをやめてしまう。効率的ですみやかな再認は，生物が生きていくためには重要な能力だろう。しかし新奇オブジェクトは，よく知らないがゆえに見続けてしまう。このときオブジェクトを「見る」ということ自体が浮かび上がる。しばしば，芸術家はここに狙いを定める。

ここで明らかなのは，視覚オブジェクト認知といっても，日常物体の効率的ですみやかな再認と，見知らぬ新奇オブジェクトの観察や認識は，ずいぶん異なるということだ。心理学的研究としては，前者はオブジェクト認知の中心テーマだが，後者も新しいオブジェクトの知識の獲得・学習の問題として，あるいは熟達化や発達の問題として扱われる。

2.2　オブジェクト認知に必要な表象とは？ ……………………………

イスを見て認識できるのは，われわれがイスの外見についての知識を持っているからである。だから，ごく単純に考えると，網膜に投影されたイスの映像と，記憶の中のイスの像とが一致するか，つまりピッタリと重ね合わせられるかを判断すればよいことになる。このような方法はテンプレート・マッチング（template matching, 鋳型照合）と呼ばれる（図 2-2）。しかしこの方法では，完全に同じ画像かどうかは判断できても，ヒトのオブジェクト認知の機能はとても実現できない。不変性（invariance）の問題を解決できないからだ。

第 1 章で見たように，イスとして認識されるべきオブジェクトには無限のバリエーションがあるし，特定の一つのイスに限っても，視点や照明などの観察条件が変わればやはりその像には無限のバリエーションが生じる。その無限の「イス」の像を記憶として保持することは不可能である（情報量が多すぎるし，世の中に新しいイスができるたびにその像を記憶しなければならない）。議論を単

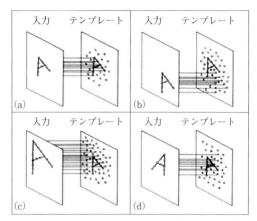

図 2-2 文字 A をテンプレート・マッチングにより認識しようとする場合に生じるさまざまな問題の例。(a) 文字 A がテンプレートとまったく同じ位置・大きさ・方向であれば認識できるが、(b, c, d) 位置や大きさ、方向が異なると認識できなくなってしまう（Neisser, 1967, p. 51）。

純にするために、まず 2 次元オブジェクトである文字の場合を考えてみよう。図 2-2 は、A という文字を認識する際に、記憶の中の A の情報（テンプレート）が 1 種類しかないと、位置が変わったり、大きさが変わったり、向きが変わったりしただけで認識できなくなることを示している。もちろん、位置・大きさ・方向を少しずつ変えながらテンプレートとの照合を繰り返し、ピッタリと重なるまで続けることもできるが、効率が悪い。仮に位置・大きさ・方向をぴったり合わせることができても、異なる書体や字形で書かれた A や手書きの A は認識できない。イスのような 3 次元物体であれば、そもそもどんな視点から見たイスの像ともぴったり重なるテンプレートなど作りようがない。

こういった問題点を考えてみると、要するにどんな「テンプレートのようなもの」を用意すればよいのかがオブジェクト認知の仕組みの鍵となることがわかる。つまり、網膜から入力された情報と記憶の中の情報とをうまく照合できるような情報の形式である。心理学らしく言えば、オブジェクト認知で用いられるオブジェクトの表象、である。表象（representation）という用語は、心理学では独特の意味を持っていてわかりにくいかも知れないが、情報表現と言い換えてもよいだろう。いま見ている実際のオブジェクトを表現する（represent）情報である。写真や絵のような単純な 2 次元画像的テンプレートでは用をなさ

ないことは明らかだ。では，どんな表象ならよいのか。ヒトと同じように不変性のある認識を実現できるオブジェクト表象とはどんなものか。これがオブジェクト認知の心理学研究の中心的な問いである（Vecera, 1998）。

この章では，大きく3つに分けてその理論を紹介しよう。構造記述理論，2次元的見え（view）に基づく理論，そして特徴分析モデルである。

2.3　構造記述理論 ……………………………………………………………

オブジェクト認知に必要な表象について最初に説得力のある提案をしたのはMarr で，それは「抽象度の高い3次元形状表現」というものだった（Marr, 1982/1987; Marr & Nishihara, 1978）。要は，「だいたいの立体形状」である。Marr に始まるオブジェクトの立体構造を記述する表象を用いる理論は，構造記述理論（structural-descriptional theory）と呼ばれる。また，視点と無関係な，客観的な座標系でのオブジェクト形状の記述であることから，オブジェクト中心座標系（object-centered coordinate system）による表現と呼ばれる。構造記述理論のポイントは2つある。まず，抽象度の高い形状表現を用いたこと。いくらか形の違うイスでも同様の表現となるよう，形状の細かな点は捨象される。次に，さまざまな視点から観察しうる3次元オブジェクトの認識を可能にするために，3次元的な表象を用いたこと。こういった工夫により，とりわけ恒常性の問題（第1章参照）をよく解決できると考えられた。Marr はそのような情報表現を画像から実際に作り出す具体的な手法も提案したが，これも重要なことだった。

詳しく見てみよう。図2-3は馬の形状表現の例である。形状は一般化円錐（generalized cone）とか一般化円筒（generalized cylinder）と呼ばれる単純な部品の組み合わせで表現される。「一般化」とは，長さや太さについて具体的な値を定めず，さまざまな値をとりうるといった意味である。また断面の大きさが軸に沿って一定（円筒）か，変化する（円から点に変化する場合には円錐）かも，パラメータとして自由に定められる。そしてパーツ同士の連結関係や相対的な大きさ・太さを定めると，オブジェクトの抽象化された形状が表現される。このような情報がオブジェクトの知識に含まれているとする。そして，いま見ている馬の網膜像を情報処理して一般化円筒による構造記述を作り，これと記憶の中の構造記述とを照合すればよいと考える。

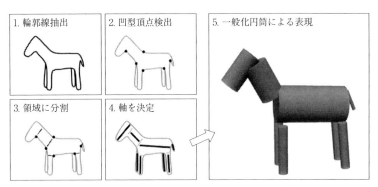

図 2-3 Marr (1982/1987) の一般化円筒によるオブジェクト (馬) の認識の例。まず画像の輪郭線を抽出し，輪郭線の凹型頂点を検出する。凹型頂点に基づいてオブジェクトの像を複数の領域に分割し，各領域に軸を推定する。この推定された軸を持つ一般化円筒によって，オブジェクトの立体形状を表現する。

では，馬の網膜像からどうやって構造記述を得るのか。まずオブジェクトの輪郭線を得る。次に輪郭線の凹型頂点を見つけ，これを足がかりにしてオブジェクトのシルエットを複数の領域に分割する (図2-3)。最後にこの領域を貫く軸を決定し，この軸に沿った一般化円筒を決定すれば完成である。このような画像処理的方法によって，2次元の画像からオブジェクトの抽象化された3次元形状の表現を得るのである。

第1章で述べたように，2次元像からの3次元構造復元は不良設定問題である。したがって，このMarrの方法で必ず形状表現が得られる保証はないし，得られた形状表現が正しい保証もない。だからこれは「完全」な理論ではない。しかし，ヒトのオブジェクト認知も「完全」ではない。形状が認識できないことや，誤って認識することもある。Marrは，その例として一般化円筒の軸の抽出ができない偶然的見え (accidental view) を挙げている。たとえば図2-4のカップの例では，軸が圧縮されるため上記の軸抽出のプロセスがうまくいかない視点 (図2-4b) では認識が難しい。つまりMarrの理論は，ヒトの視覚と同様にたいていはうまくいくがそうではない時も少しだけあるという理論である。心理学的モデルとしては，このヒトと同様の不完全さはむしろ望ましい。

Marrの理論は，心の機能を情報処理として考える認知心理学の要請に合致するものであり，またオブジェクト認知の情報処理の体系的理論として最初の

2.3 構造記述理論

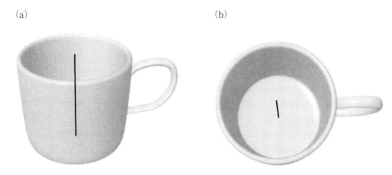

図 2-4 構造記述に用いられる軸（黒線で示す）とオブジェクト像．(a) カップの認識しやすい像と，(b) 認識が難しい像の例．Marr の理論では，一般化円筒の軸が圧縮されうまく抽出できないとオブジェクト認知が困難になると説明される (Marr, 1982/1987)．

ものだったので，大きなインパクトがあった．しかし Marr 自身が言うとおり，これは計算理論（computational theory）であって，実際にヒト（の脳）が同じことをしているかは別の問題である．Marr はこの理論を発表して間もなく，1980 年に夭逝した．残された理論は，実際にヒトのオブジェクト認知成績を説明できるか，実験的検証をする必要があった．これを行なうと同時に Marr の理論を改訂したのが Biederman である．

彼の理論（Biederman, 1987）は，RBC（recognition-by-component, 構成要素による認識）理論とかジオン理論と呼ばれる．基本的には Marr の理論を精緻化したもので，主な変更点は2つある．第1に，オブジェクトのパーツを一般化円筒ではなく多様な形状の幾何学的立体とした．一般化円筒は，机やパソコンといった四角い形状に特徴のある人工物や複雑な形状のオブジェクトの表現には向かないきらいがあったので，円筒以外の形状もパーツに含めたのである．ただ，どんな形状でもよいわけではない．さまざまな視点から観察してもほぼ確実に同定できる，つまり視点不変性の高い識別が可能な形状に限った．そうして選定されたパーツを geometrical ion, 略して geon（ジオン）と名付けた．図 2-5 は，ジオンとその組み合わせによるオブジェクトの表現の例である．

ジオンは視点不変的な識別が可能な形状として定義される．これに伴って，Marr の理論との2つ目の大きな違いが生じた．Marr の理論では輪郭線の凹型頂点を手がかりに領域を分割し一般化円筒の軸を同定した．しかしジオン理

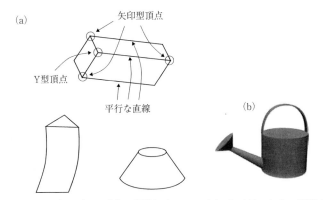

図 2-5 Biederman (1987) のジオン理論において，(a) オブジェクトの形状表現のためのパーツとして用いられるジオンの例と，(b) ジオンの組み合わせによって表現されたオブジェクト（じょうろ）の例。

論では，輪郭線が持つ非偶然的特徴（non-accidental property, NAP）を検出し，これによってジオンを同定するとした。たとえば直方体なら，平行な直線，矢印（↑）型頂点，Y型頂点といった特徴を持つ（図 2-5a）。NAP は視点が変化しても頑健に検出可能な特徴であり（たとえば図 2-5a の平行な 3 本の直線は，多少視点が変化しても平行なままである），ほとんどの視点で，直方体の像はこれらを含むから，こういった NAP の組み合わせが検出されれば直方体ジオンを検出したと考えられる。この仕組み自体は，特徴の組み合わせで文字などのパターンを識別する特徴分析モデル（2.5 節参照）と同じである。ただし，例外的な視点，たとえば真上や真横から見ると，像がただの四角形となってしまい，直方体ジオンの NAP がないので，直方体と認識できない。これはジオンの偶然的見えである。

　Biederman はこの考えに基づいていくつかのジオンを仮定し[2]，その組み合わせによって現実に存在する無数のオブジェクトのカテゴリーを表現できるとした。26 字のアルファベットの組み合わせで無数の単語が表せるのと同様だ。

---

2) Marr の一般化円筒と同様，ジオンは断面を軸に沿って移動して作られる立体形状として定式化されている。オリジナルのジオン理論（Biederman, 1987）では，断面が直線形状か曲線形状か，軸が直線か曲線かなど，4 つのパラメータでジオンが記述される。全てのパラメータを単純に組み合わせると最大 36 のジオンが定義されるが，これで日常物体の形状を表現するのに十分である（実際にはこれより少ない種類のジオンで足りる）とした。

2.3 構造記述理論

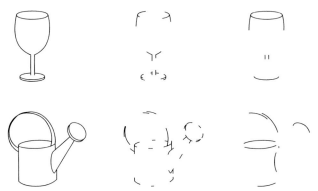

図 2-6 ジオンの同定に用いられる非偶然的特徴（non-accidental property, NAP）である頂点を消去すると（右列），オブジェクトの認識は困難になる。同程度の長さの輪郭線を，頂点を避けて消去しても（中列），認識はさほど困難にならない（Biederman, 1987, Figure 16）。

裏付けの実験も行なった。たとえば，オブジェクト像から一部のパーツを消去すると，オブジェクト認知課題の成績は低下するものの，3～4 個程度のジオンが残っていれば認知は可能であること，NAP である輪郭線の頂点を消去するとオブジェクト認知が著しく困難になること（図 2-6），ジオン理論が必要とする条件を満たすならばオブジェクト認知課題の成績が視点に依存しないこと（Biederman & Gehardstein, 1993）などを傍証として示した。輪郭線と関係のないオブジェクトの表面特徴，とくに色がオブジェクト認知課題の成績に影響しない（e.g., Biederman & Ju, 1988；ただし，色の役割については議論がある。2.8 節を参照）こともジオン理論と整合する。

　構造記述理論は，オブジェクトのおおまかな立体形状を捉えるという点で，オブジェクトを見るときのわれわれの直感に近いのかも知れない。画家のセザンヌは「自然は球体，円錐体，円筒体として取扱われねばならぬ」(Bernerd, 1912) としたことで知られる。人物デッサンの入門書には，人体を球や棒に置き換える方法を紹介するものが多い。立体形状の大略を把握するにはよい方法なのだろう。また，外界の事物に似せたモデルすなわちアナログ的表象が脳の中にあるという考えは，知覚や認知の古典的な理解に立脚したものとも言える。当時認知心理学の重要トピックのひとつだった心的回転（mental rotation; Shepard & Metzler, 1971）によって，ヒトは目で見た 3 次元オブジェクトの立体形状

のアナログな心的表象を形成できると考えられたが，この考えとも親和性が高かった。

　構造記述理論の利点は，視点不変性の高い認知を必然的に説明できることである。用いられる表象はオブジェクト中心座標系によって記述された立体形状情報であり，したがって視点不変的な情報である。網膜像が２次元像でも，そこから構造記述表象が得られるならば，当然，視点不変的なオブジェクト認知が可能である。また，一般化円筒の軸が決定できない場合や，NAP によるジオンの識別ができない場合など，限られた特殊な視点ではオブジェクト認知に失敗することも説明できる。

　一方で，この理論への批判もある。たとえば Ullman（1989）は次の２つの問題点を挙げる。まず，一般化円筒やジオンによる形状表現は抽象度が高く，しばしば認識に必要な精度がないことだ。たとえばジオンで表現されたイヌとネコがきちんと区別できるだろうか。ホウレンソウと小松菜はどうだろう。２点目は，ジオンのようなパーツに分けにくい日常物体も多いことだ。たとえば靴やパンである。ジオンの識別は想定されるほど視点不変的でないという批判もあり（Tarr, Williams, Hayward, & Gauthier, 1998），視点依存性論争（2.6 節）において議論の的となった。いずれにせよ，構造記述理論は良くも悪くも計算理論が先行して作られたという側面が強く，その後に蓄積された心理学的・神経科学的データと整合しない点も多い。

2.4　２次元的見えに基づく理論

　構造記述理論のように３次元構造や形状の情報を復元せずとも視点不変的なオブジェクト認知が可能とする説もある。オブジェクトの２次元像の情報に基づく理論なので，view-based theory とか image-based theory と呼ばれる（Tarr & Bülthoff, 1998）。

　２次元像の情報で，どうやって３次元物体の視点不変的な認知を実現するのか。基本的なアイデアは，複数の見え（view）の組み合わせでオブジェクトを表現するというものだ（図2-7）。たとえば，横から見たイスの見えの情報しか知識として持っていなければ，前や斜めから見たイスを認識できない。だから，横だけでなく前，斜め，上などいくつかの見えを組み合わせてイスの知識とするのである。イスを見たとき，その像を処理して，記憶の中のイスの見えの表

2.4　2次元的見えに基づく理論

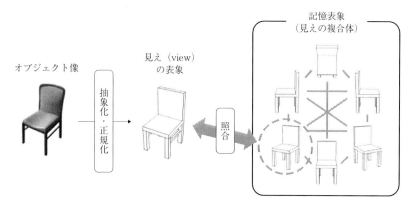

図 2-7 Tarr（1995）の見えの複合体（view complex）によるオブジェクト認知理論の概念図。オブジェクト像は抽象化や正規化といった視覚情報処理によって見えの表象に変換される。記憶の中には，複数の視点での見えの表象が組み合わさって保存されている（見えの複合体）。いま見ているオブジェクト像の見えの表象が，複合体のうちどれかの見えと一致すれば，そのオブジェクトとして認識できる。

象のいずれかと合致すれば，イスとして認識できる。ほとんど見たことがない，見慣れない見え（たとえば，真下から見たイス）は，そもそも知識の中にないので，その認識は困難になる。これが偶然的見えである。

　これはテンプレート・マッチングと同じではないのかと思うかもしれない。確かに，過去に見たイスの像をそのまま（写真のように）記憶に蓄え，これと一致するかどうかでイスを認識するならば，テンプレート・マッチングである。そしてこれは当然うまくいかない。過去に経験した視点と少しでも違う視点では，認識できなくなってしまう。だから，記憶に蓄えられているのは写真のような情報ではなく，もっと抽象化された情報のはずだ。構造記述理論でも，オブジェクトを単純なパーツに置き換えることで形状を抽象化していたことを思い出してほしい。

　ここでカギとなるのが，見え（view）という概念である[3]。確かに 3 次元オ

3）ここでは，網膜像（retinal image）を処理して抽象化・正規化がなされた表象を「見え」（view）とした。本書では，写真のような画像情報そのままとしての像（image）とは区別して見え（view）という語を用いる。オブジェクト認知の文献でも，しばしば像の意味で view という語が用いられるので注意したい。なお「頭の中に思い浮かべる」画像的表象としてのイメージは imagery（または「心的イメージ（mental imagery）」）である。

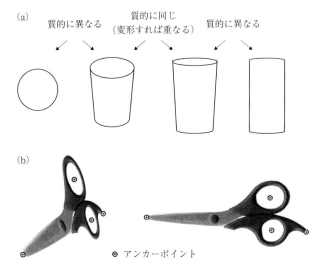

図 2-8 (a) 真ん中の２つの像は質的に同一であり，簡単な変形をすれば重ねることができる。一方，左端と右端の像は特殊な例であり，他の像とは質的に異なる。(b) Ullman（1996）のアラインメント法による像の正規化の例。左のようなゆがんだはさみの像でも，適切な特徴点（ここでは丸い穴と尖った点）をアンカーポイントとして，記憶表象のはさみの見え（図の右）のアンカーポイントに重なるように変形（正規化）すれば両者は重なるので，同じオブジェクトとして認識できる。

ブジェクトは視点によって無数の像を生じるが，実際にはその大多数はかなり似通ったものなので，いくつかのグループにまとめることができる。たとえば図 2-8a のように，円柱の像はほとんどの場合，２本の直線と曲線および楕円形の底面の組み合わせである。視点が変わると，輪郭線の相対的な長さや交わる角度などは変化するが，輪郭線の構成に質的な変化はない。もちろん，大きく視点が変わると，底面が隠れたり，逆に底面しか見えなくなったりと，質的に異なる像になってしまう。これらは別のグループ，すなわち別の見えとして区別される。

　異なる視点の像でも，長さやアスペクト比，角度などが量的に違うだけならば，回転や拡大・縮小といった簡単な変換によってほとんど同じになる。だから，網膜像を簡単な処理によって変換し，記憶の中の見えの表象と一致するかを確認することは難しくない。たとえば Ullman（1989, 1996）は，このプロセ

スをアラインメント（alignment）と呼んでいる。アラインメントとは，たとえばまずオブジェクトの像の中から特徴点を見つけ（図2-8bの例では4つ），これを手がかり（アンカーポイント）として，オブジェクトの見えの記憶表象（Ullmanはモデルと呼ぶ）の特徴点に重なるように像を変換する処理である。こうして変換された物体像が記憶表象の見えと一致すれば，同じオブジェクトと判断できる。特徴点は位置の手がかりにさえなればよいので，輪郭線の尖った頂点や凹型頂点，Y型頂点，小さな閉合領域など，検出しやすいものを使えばよい。図2-8bは，説明を単純化するために平たいオブジェクトの例とした。しかし，より複雑な立体形状のオブジェクトでも，特徴点の見つけ方と変換の方法を工夫すれば同様のアラインメント処理ができそうだ。

　実際に，同じオブジェクトの異なる視点の像は，似たものをまとめていくつかのグループに分類できる。たとえば，同じ角度だけ視点が変化したときに像の変化を見つけやすい場合と，そうでない場合がある。ドーナツ型と釣鐘型という2種の単純な形状のオブジェクトを使った実験（Tarr & Kriegman, 2001）では，画面に表示される1つ目の像と2つ目の像が同じか異なるか（視点が5度異なるか）を判断する課題を使い，像が質的に異なる組み合わせでは正答率が高くなることを確認している。このように，3次元オブジェクトの像は，互いに質的に異なる有限個のカテゴリー，すなわち見えに分類できる。異なる見えの境界線をまたいで視点が変化すると，像の変化に気づきやすい。このような見えの構造は，アスペクト・グラフ（aspect graph）と呼ばれている（図2-9; Koenderink & Van Doorn, 1976）。

　ただ，多くの日常物体は，もっと複雑な形状をしている。たとえば車について図2-9と同様のアスペクト・グラフを厳密に作ったならば，数えきれないほど大量の見えに分類されるだろう。車には大量のパーツや面がある。視点変化によって面のどれか一つでも遮蔽されたり現れたりすれば，質的に異なる像になるからだ。

　ところが，実際に日常物体について調べてみると，やはりアスペクト・グラフに似た見えの構造が存在する。イスやカエル，時計といった日常物体の正面・斜め・横などいろいろな方向の像を用意し，視点が15度変化したときにそれをどれくらい容易に見つけられるかを調べると（図2-10a, b; Niimi & Yokosawa, 2008），正面や後ろでは容易だが，斜め方向では難しかった。横方向も，斜め方向よりは容易だった。つまり，斜め方向同士（たとえば30度と45度の

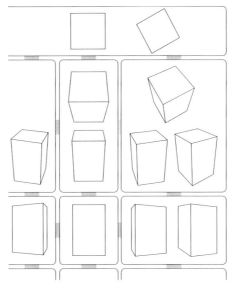

図 2-9 直方体のアスペクト・グラフ。すべての直方体の像は，質的に異なる見えごとに分類することができる。

像）はあまり区別されず，同じ見えとみなせるが，正面と斜めの像は違いが容易に検出できるのでかなり異質な像，つまり別の見えとみなせる。このように，少なくとも前後・上下が定まっているような日常物体に限れば，正面・前斜め・横・後斜め・後ろといった具合に大まかに見えが区別できる（図 2-10c）。複雑な形状の日常物体でも，視点の変化による像の質的な変化の生起には偏りがあるのだろう。たとえば正面から 15 度視点がずれると，多くの顕著な像の質的変化が起こるのに対して，斜め 30 度から 45 度への変化で起こる像の質的変化は少ないのだろう。

　オブジェクトの像が有限個の見えに分類できるならば，オブジェクトを再認するためには有限個の見えをまとめて記憶に保存すればよい。これが 2 次元的見えに基づくオブジェクト認知の理論の基本的な考え方だ。Tarr（1995）は，このような表象を見えの複合体（view complex）と呼んでいる。実際にオブジェクトを目にしたとき，その像は輪郭線抽出を経てから記憶の見えの表象と照合できるような抽象化の処理を受ける。Tarr はこれを正規化（normalization）と呼ぶ。Ullman はアラインメントと呼び，具体的な手法もいくつか提案した。

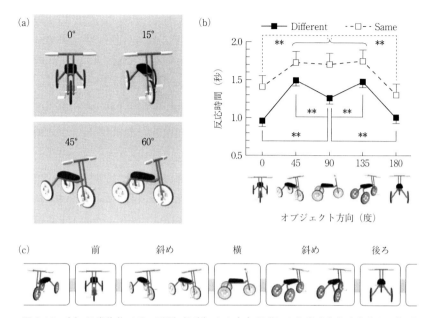

図 2-10 (a) 日常物体では，正面（0度）から方向がずれると像は大きく変化し，気づきやすい。しかし斜め（45度）から同じだけ方向がずれても気づきにくい。(b) 2つ並んだオブジェクト像を見てこのような方向ずれを見つける実験を行なうと，正面・横・後ろといった方向で反応が速くなる（Niimi & Yokosawa, 2008; ** は統計的に有意な差があることを表す）。Different は，15度ずれがあり，それを見つける時の反応時間。Same は，実際にはずれはないときに，ずれはないと正答する時の反応時間。(c) したがって，30, 45, 60度などの像は同じ「斜め」見えのグループとしてまとめることができる。無数のバリエーションがあるオブジェクト像は，少数の見えのグループに分類できる。

立体形状ではなく，見えの表象を記憶表象と照合するのである。

　2次元的見えに基づく理論は，構造記述理論への批判を含む形で発展したので，後発の利がある。具体的な利点としてはまず，そもそも2次元像から3次元形状を復元するという不良設定問題を解く必要がないことが挙げられる。なお，しばしば誤解されるが，この理論は「ヒトはオブジェクトの3次元構造を認識できない」と主張しているわけではない。日常物体の再認・同定をするという目的に限るならば，3次元形状情報は不要で，見えの複合体で十分という主張である。同様に，構造記述理論はオブジェクトの視点不変な3次元形状

の表象を用いるからと言って，ヒトは同じオブジェクトを異なる視点から撮影した２つの写真が区別できないなどと主張してはいない。

ヒトのオブジェクト認知が持つ視点依存性，たとえば偶然的見えでの認知の難しさを簡単に説明できるのも利点だ。下から見たイスの認識が難しいのは，単にそのような見えを過去に経験したことが少なく，学習されていない（見えの複合体の中にきちんと含まれていない）と説明できる。構造記述理論では，一目で観察すればオブジェクトの視点不変的な表象が得られると考えるから，一般化円筒の軸やジオンは同定できるのに見慣れない，親近性が低いためにオブジェクト認知が難しいというケースを説明しにくい。

神経系での実現が容易と考えられるのも利点だ。サルやヒトの視覚野にあるニューロンを調べると，その大多数は視点依存的な応答をする。つまり，同じオブジェクトの横の像には応答するが正面の像には応答しないというように，視点が変わると応答が変化してしまう（第７章を参照）。このような，見えに対して応答する複数のニューロンを組み合わせたネットワークによって，オブジェクトの視点不変的な表象を作ることができる（Poggio & Edelman, 1990; Riesenhuber & Poggio, 2000）。これは見えの複合体のアイデアそのものである。

もちろん問題点もある。まず，視点変化の影響などの恒常性の問題（第１章を参照）は解決できそうだが，カテゴリーの問題を解決できるかということには疑問の余地がある。構造記述理論では，立体形状を単純なパーツに置き換えることで細かな形状の違いを捨象するので，同じカテゴリーの物体ならば多少形状が違っていても同じ構造記述表象が得られる可能性が高い。しかし２次元的見えの照合による認識では，これは少し難しそうだ。過去に見たことがある特定の車を再認することは容易だろうが，種々の車のどの横の見えとも合致するような「車の横の見え一般」の２次元的表象は作れるのだろうか。

これと関連するもうひとつの問題点は，Tarr が言う「正規化」や Ullman の「アラインメント」，つまり実際にオブジェクト像を抽象的な見えの表象に変換する方法があまり明確ではないことだ。これがない限り，見えに基づく理論は結局テンプレート・マッチングにすぎないことになってしまうが，決定版と言えるような正規化のアルゴリズムは定まっていない。数個の限られた視点から見た像を元手にして中間の視点から見たときの像を内挿するというアイデアもある（Bülthoff & Edelman, 1992; Ullman, 1998）。ちなみにオブジェクトが左右対称立体形状だという仮定を置けば，たった１つの視点の像の情報しか得

られなくても，かなり3次元オブジェクトの同定をすることができるという
(Vetter, Poggio, & Bülthoff, 1994)。見えの正規化の方法は，2次元的見えに基づ
くメカニズムがうまく機能するための要である。単に計算論的に可能だという
だけでなく，日常物体の像に対して有効に動作し，かつ神経系での実現可能性
があるアルゴリズムが具体的に提案される必要があるだろう。

2.5　特徴分析モデル

　3つ目は特徴分析モデルである。第1章で何度か触れたように，オブジェク
ト認知は多次元空間の切り分けの問題として理解できる。認識に役立つ特徴，
たとえば形や色などをオブジェクト像から抽出し，これらの特徴がどのような
値（特徴量）をとるかによって，その像は特徴空間の中のベクトル（特徴ベク
トル）として表せる――つまり，ある座標に位置付けられる（図2-11）。適切
な特徴を使えば，同じオブジェクトの像は特徴空間の近い領域に集まり，他の
オブジェクトの像は違う領域に集まるだろう。これが基本的な考え方である。
たとえば，色（赤か黄か）と形（まるいか細長いか）という2つの特徴を使い，
図2-11aのようにオブジェクトを区別できる。文字認識の例として，アルファ
ベットの5文字A，B，C，D，Eの識別を考えよう（図2-11b）。文字ごとに，
閉合領域の数と，全線分に占める曲線の割合を計測し，この2つの特徴量から
なる2次元の特徴空間に5文字が配置される。Eを認識するには，破線のよう
な境界線を用いればよいことがわかる。与えられた文字の特徴量を計測し，こ
の特徴空間のどの領域に位置するかによって，Eかそうでないかを認識できる。
一般の日常物体の像についても同様である（図2-11c）。
　この方法でうまくオブジェクト認知をするためには，主に次の2点を検討す
る必要がある。まず，どのような特徴を用いればよいかという特徴選択（次元
選択）の問題。それから，特徴空間の最適な切り分け方は何かという切り分け
方の問題である。
　特徴空間の切り分けは，心理学よりコンピュータ・ビジョン研究や視覚ニュ
ーロンの神経科学的研究の枠組みとなっている。もちろんコンピュータによる
パターン認識・オブジェクト認識にはいろいろな手法があるが（Treiber, 2010），
特徴分析モデルは代表的な理論的枠組みである。神経系での問題として言い換
えればこうなる。仮に，3つのニューロンであるオブジェクトを表現するとし

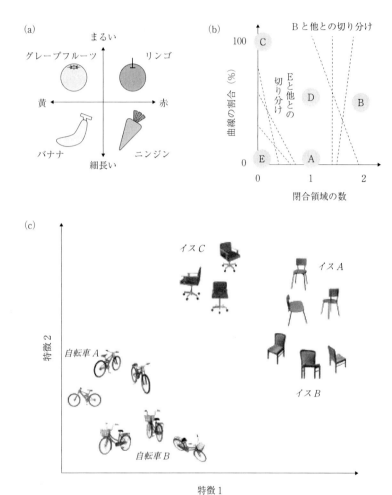

図 2-11 特徴空間とオブジェクト認知。オブジェクトの色や形といった特徴量を測り，それによってオブジェクトを特徴空間に配置し，識別できる。(a) は日常物体，(b) は文字の例。より複雑な 3 次元日常物体でも，最適な特徴を見つけてうまく使えば，異なるカテゴリー（イスと自転車）の像は十分に離れていて切り分けられる一方，同じカテゴリーの異なる事例（イス A, B, C）どうしは近くに集まるだろう (c)。同じオブジェクトの異なる視点の像も，近傍に集まっていることが望ましい（視点不変なオブジェクト認知）。なお，この図では簡便のため 2 次元の特徴空間を例としているが，実際にはもっと多数の特徴を用いた多次元の特徴空間を用い，超平面で切り分けることが可能である。

2.5 特徴分析モデル

よう。3つのニューロンがそれぞれどれくらい発火しているかは，3次元ベクトルで表せる。つまり，これらのニューロンの活動パターンは3次元空間内の座標として表せる。たとえば座標 $(x, y, z) = (10, 2, 0.1)$ は，ニューロン X が強く（毎秒10回）発火，Y は中程度に発火，Z はあまり発火していないという活動パターンである。同じオブジェクトでも視点の変化や照明の変化によって活動パターンは変化するが，同じオブジェクトである限り，活動パターンの座標は近い範囲に集まるだろう。したがって，この3次元空間を「オブジェクトAが網膜像にあるときの活動パターンの範囲」と，「オブジェクトAが網膜像にないときの活動パターンの範囲」とに切り分けられるだろう。オブジェクトAを認識するためにどんなニューロンを用いたらよいのか（ニューロン X, Y, Z の発火がどんな視覚特徴・情報を符号化しているのか）という問題が，特徴選択（次元選択）の問題である。

　単純な例として，文字認識を考えよう。実は，特徴抽出によるオブジェクトの識別というアイデアは新しいものではない。文字認識を含むパターン認識の理論として古くから考えられてきた。文字認識理論の古典的な比喩に，パンデモニアム（pademonium, 伏魔殿）モデルがある（図 2-12; Selfridge, 1959）。パンデモニアムとはたくさんのデーモン（悪魔）たちがいる場所のことだが，このパンデモニアムはデーモンたちのはたらきによって英語のアルファベット大文字26文字を識別することができる。

　文字（たとえばR）が与えられると，まず映像デーモン（image demon）が基礎的な視覚情報処理を行なう。その結果を特徴デーモン（feature demon）が受け取り，自分が受け持っている特徴を探し出す。たとえば垂直線デーモンは，物体像に含まれる垂直線の数（ここでは1）を数えて報告する。続いてアルファベット26字のそれぞれを担当する26人の認識デーモン（cognitive demon）が，特徴デーモンの報告を聞いて，その内容が自分の担当する文字の特徴と一致しているほど大きな声で叫ぶ。換言すれば，入力された文字と自分の担当する文字が特徴空間中で近いほど，大声で叫ぶ。Rの認識デーモンは当然，最大限の大声で叫ぶだろう。一方でXの認識デーモンは，斜め線があるという点では一致しているが，その数が1つ足りないし，自分に必要ない「水平線」特徴が2つもあるので，ほとんど声を出さない。Rと同じ特徴が比較的多いDの認識デーモンは，そこそこの声で叫ぶに違いない。最後に，決定デーモン（decision demon）が認識デーモンたちの叫びを聞き，もっとも大声で叫んでい

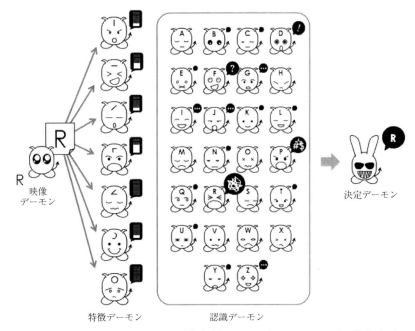

図 2-12　文字認識のパンデモニアム（伏魔殿）モデル（Selfridge, 1959）。基礎的な視覚情報処理を行なう映像デーモン，特徴を検出する特徴デーモン，アルファベット各文字を担当する認識デーモン，最終的にどの文字か判断を下す決定デーモンから成る。各デーモンは，脳のニューロン（の集団），またはニューラルネットのユニットをたとえたものと言える。

るのは誰かを決め，答えとする。Rと同じ特徴を多く持つP，Dなどの認識デーモンもそれなりの大声を上げるので，決定デーモンの裁断が必要になる。

　この仕組みを複雑にしていけば，日常物体の認知にも使えそうだ。多数の特徴を組み合わせれば，多数のオブジェクトを識別できる。ここでは，オブジェクトの全体的形状や，特徴同士の位置関係（たとえば，閉合領域が斜め線の上にあるか下にあるか，接しているか離れているか）は考慮されていない。特徴が揃ってさえいれば，そのオブジェクトとして認識されるのである。一見お粗末かも知れないが，シンプルなメカニズムだし，むしろ全体的形状や位置関係を考慮しないことによって不変性を高められるという利点もある（たとえば，文字の大きさが異なったり，上下さかさまだったりしても，検出される特徴は変化しない）。

2.5 特徴分析モデル

しかし，どんな特徴を使うべきかは大きな問題である。アルファベット 26 文字だけならともかく，日常物体認知では「こういう特徴が役立つに違いない」と決めてかかることは難しい。実際には，候補を 1 つずつ確かめたり（Crouzet & Serre, 2011)，学習や経験を経てネットワークを成長させたりすることが必要になる。

パターン認識を実現するニューラルネットとしてはパーセプトロン（perceptron; Rosenblatt, 1958）が古典的であり，多層化や誤差逆伝播法（backpropagation）の導入といった歴史的発展があった（Rumelhart et al., 1987/1988)。近年のコンピュータ・ビジョン研究ではさらに，最適な切り分け方を学習する手法であるサポートベクターマシン（support vector machine, SVM）や，神経系と同様に畳み込み処理によって特徴を抽出する過程を組み込んだ畳み込みニューラルネットワーク（convolutional neural network, CNN）などさまざまな手法で機械学習（machine learning）を行ない，パターン認識ができるネットワークを作り上げる。ネットワークによる学習そのものについては本書の範囲を越えるが，いろいろな手法があり，オブジェクト認知に必要な「学習」が単一のメカニズムによるとは限らないことには注意したい。ニューラルネットの基礎的な構成は入力層・中間層・出力層の 3 段だが，近年では 8 段など多くの層を持つネットワークで学習を行なうことが多い（深層学習 deep learning と総称される)。大量の画像を学習させてパターン認識の認識率を上げる競争が行われており，さまざまな学習方法が工夫されている。ただし，ヒトの神経系がこれら種々の深層学習と同じ方法でオブジェクトを学習しているかというのはまた別の問題である。

学習には教師あり学習と教師なし学習がある。教師あり学習では，あるオブジェクト A が実際に網膜像に含まれるかどうかという正解のフィードバックを得ながら学習を進めるので，正解が出やすくなるように特徴を取捨選択できる。教師なし学習では，与えられたデータ（さまざまなオブジェクト像）にひそむ構造や統計的規則性を発見し，ある特徴によってその構造を記述できることがわかれば，おのずとオブジェクトの識別ができるようになる。実際の日常生活を考えれば，どちらもあることは明らかだ。われわれは，キノコ採りの名人に教わりながらキノコの種類を学ぶことができる。一方で，日常的にスーパーで買い物をしているうちにホウレンソウには 2 種類ある（尖った形の葉でアクの弱い東洋種と，丸い葉でアクの強い西洋種）ことを発見することもある。

適切な特徴を選択できれば，切り分けは難しくない。特徴選択の問題と切り分け方の問題は，相互に関連している。特徴選択がうまくいけば，図2-11bのように，1本の直線（多次元空間ならば，超平面）によって簡単に切り分けられる（線形分離可能な場合）。特徴選択がそこまでうまくいかなくても，切り分け手法を工夫することで，十分にオブジェクト認識ができる可能性もある。ただし，後で見るように（2.7節参照），現実の日常物体認知ではオブジェクトのカテゴリーの境界は明確に切り分けられず，あいまいなことが多い。本当に図2-11bのように直線で明確に切り分ける必要があるのか，議論の余地があるだろう。

特徴空間の切り分けによるオブジェクト認知の成績を向上させる最も単純な方法は，特徴数（次元数）を増やすことである。どんな特徴を選べばいいかわからないなら，とりあえず何でも使っておくという考え方もある。実は，次元は色や形といった「特徴」ですらなくてもよい。たとえば，いろいろなオブジェクトが映った100×100＝10,000画素のモノクロ画像データがたくさんあって，これをオブジェクトのカテゴリーに識別することを考えよう。1枚の画像が持つ10,000画素がそれぞれある値の明るさ（グレイスケール値）を持つので，1つの画像自体が10,000次元のベクトルとして表せる。だから10,000次元の特徴空間の中にすべての画像を配置できる。うまくいけば，この空間の中でオブジェクトの識別ができるかも知れない。ヒトの神経系で言えばこれは，片目の網膜で1億個ほどの視細胞の応答パターンをそのまま1億次元の特徴空間として使うというアイデアである。

ただ，当然ながら次元が多すぎるのも問題だ。扱わなければいけない情報量は爆発的に増え，切り分けの問題も難しくなるかも知れない。そこで，次元を節約する必要がある。教師あり学習ならば，正解とほぼ関連性のない値を示す次元を見つけて捨てればよい。教師なし学習でも，常にほぼ同じ値を示す明らかに識別に役立たない次元を捨てたり，相関の高い複数の次元はまとめて1つにしたりできる（具体的な手法としては，主成分分析（principal component analysis, PCA）など）。ヒトでも，眼球から脳へと情報を出力する網膜神経節細胞は片眼で100万個ほどで，視細胞の数（およそ1億）より格段に少なく（Curcio & Allen, 1990; Curcio, Sloan, Kalina, & Hendrickson, 1990），網膜の段階でかなり情報の要約や加工が行なわれていることが明らかだ。神経系は網膜像をそのまま使うのではなく，情報を抽出している。後頭葉の初期視覚野（V1）のニュー

ロンは線分の方位を表現しているし，側頭葉のニューロンはもっと複雑な形状の情報を表現している（第7章を参照）。こういったニューロンが表現する特徴をうまく組み合わせてオブジェクト認知が成立している。

　実際に，オブジェクト像を見ているときのヒトの脳活動やサルの側頭葉ニューロンの活動を記録し，そのデータから何のオブジェクトを見ていたかを推定しようという研究も行なわれている。これは BMI（ブレイン・マシン・インターフェース；解説として川人（2010））の開発を主な目的とした研究で，つまり脳活動を「解読」して情報を読み出そうという試みだ。ポイントは，脳の1カ所ではなく広い範囲の（fMRI なら多数のボクセルの）活動データを使ったり，数十個の電極（脳の表面に置く皮質電極や，脳に刺し入れる微小電極など）が並んだ電極アレイを用いて同時記録を行なうことである[4]。詳しくは第7章で見るように，目で見たオブジェクトの像は，単一のニューロンではなく，ある程度の広い範囲にまたがって存在するニューロン集団によって分散表現されていると考えられるからだ。また，電極数が多ければ情報量が増える（次元が増す）ので，「解読」の精度を高められる（Huang, Kreiman, Poggio, & DiCarlo, 2005）。実際に記録された神経活動データを分析したり，SVM などによって機械学習を行なうと，「顔かそうでないか」といったカテゴリーの識別を（100% とはいかなくても）ある程度高い正答率で達成できるという（Cox & Savoy, 2003; Huang et al., 2005; Liu et al., 2009; 宮川・長谷川，2013）。

　さて，それでは実際のところ日常物体認知にはどんな特徴が使われているのだろうか。視覚オブジェクト認知を支える下側頭皮質ニューロンは，ある程度複雑な形状を符号化していて，そういった形状特徴の組み合わせで日常物体が表現できるのかも知れない。すでに広く実用化されている顔認識技術では，画像中の顔を検出するために，暗い矩形領域と明るい矩形領域から成る単純なパターンである Haar-like 特徴（図2-13; Viola & Jones, 2001）がよく用いられる。Haar-like 特徴にはいろいろなパターンがあるが，たとえば図2-13a のような特徴を画像のある領域に重ねて，そこの特徴量を求めることを考えよう。Haar-like 特徴の白い領域に重なる画素の明るさの値は足し合わせ，黒い領域

　4）なお，1本の微小電極で測定されるデータは，1つのニューロンの活動とは限らない。電極の間近にある複数のニューロンの発火（multi-unit activity）や，さらに周辺のニューロン活動も総体として反映する LFP（local field potential, 局所電場電位；Katzner et al., 2009）も記録され，これが用いられることも多い（e. g., Huang et al., 2005）。この場合，16個の電極アレイで測定されるデータは，16個よりも多数のニューロンの活動を反映したものとなる。

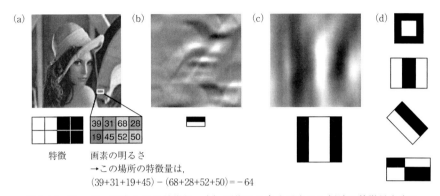

図 2-13 Haar-like 特徴とその特徴量。(a) 画像中の白く囲まれた領域の特徴量を求める例。(b), (c) は (a) の画像に対してそれぞれ別の Haar-like 特徴の特徴量を求め, 特徴量が大きいところほど白く示した図 (特徴量マップ)。(d) その他の Haar-like 特徴の例。

に重なる画素の量は引き算をすると, 特徴量になる。画像のこの領域がこの Haar-like 特徴ととても似たパターン (左側が明るく, 右側が暗い) なら, 特徴量は大きくなる。このようにして画像の全領域で特徴量を求め, 特徴量が大きい場所ほど白く示したのが図 2-13b, c である。図 2-13b の特徴は目の付近で特徴量が大きい。図 2-13c の特徴は顔の付近で特徴量が大きいが, これはこの写真の女性の顔の両脇に黒い髪の領域があるためだろう。単一の Haar-like 特徴では顔の場所だけで特徴量が高くなることはないが, 複数の特徴をうまく組み合わせれば, 顔を見つけることができる。Haar-like 特徴のような隣接領域の明るさの違い (つまり, コントラスト) のパターンを表現するニューロンは脳の初期視覚野などにあるから, 実際に神経系で類似のメカニズムが使われていてもおかしくはない。

　顔に限らないオブジェクトの認識のためによく用いられる特徴量に, SIFT (scale-invariant feature transform) と HOG (histogram of oriented gradients) がある (Lowe, 1999; Dalal & Triggs, 2005; 藤吉, 2007)。SIFT の算出自体はいろいろな処理を含み複雑だが, 画像の局所的な明るさの勾配に基づいた特徴量である。種々の工夫により, 画像の回転や大きさの変化, ある程度の歪みや照明条件の変化があってもあまり変わらない値を得ることができ, 不変性のある認識を可能にする。画像からある基準に基づいていくつかの点 (特徴点) を選び

図 2-14　SIFT によるオブジェクト認識（Lowe, 1999）。内側に線分が 1 本ついた小さな正方形が SIFT 特徴量を表している。元のオブジェクト画像と同様の SIFT 特徴量が見つかれば，そこにそのオブジェクトがあると認識できる。オブジェクトが一部遮蔽されていても（図右の例）認識が可能である。

出し，その点の近傍の明るさの勾配のヒストグラム（ある方向の明るさ勾配がどれくらいあるかの一覧）を多次元特徴量として得る。つまり，ある小さな領域の明るさの変化の構造をとらえる特徴量である。SIFT はまったく同一のオブジェクトの再認に有効で，たとえば特定の道路標識の検出，特定の表紙の雑誌の検出などに向く。3 次元日常物体でも，視点が大きく変わらなければ再認できる。目的のオブジェクトが持つ SIFT 特徴点のいくつかが欠けていても再認可能なので，遮蔽に対しても頑健である（図 2-14）。一方，3 次元オブジェクトで視点が大きく変化した場合には再認が難しい。また，同じカテゴリーだが別の事例を認識することはそのままでは難しい（たとえば，車 A の SIFT 特徴量で車 B を再認しようとする場合）。HOG もいくらか複雑な計算で求められる特徴量である。SIFT と異なり，オブジェクト全体のある程度の形状情報を表現することができる。監視カメラ映像からの人検出や車検出などに応用されている。

　このように，オブジェクト認知に有効な特徴がいくつか知られている。重要なのは，それぞれに得意・不得意があるということだ。これさえ使えばあらゆるオブジェクト認知が可能という夢の特徴があるとは考えにくい。顔の検出に

有効な特徴と，イスの視点不変的認識に有効な特徴は，違っていて当然だ。目的に応じて特徴を使い分ける必要があるが，どうやって使い分けるのかというのも難しい問いだ。顔を見つければよいと最初からわかっていれば，Haar-like 特徴量を選べばよい。しかしヒトは，顔が出てくるかもしれませんよと言われなくても，顔を見せられれば顔だとすぐにわかる。一般物体認識はこれができなければならないから難しいのだ。

　コンピュータ・ビジョンによるオブジェクト認識は近年急激に研究が進み，ヒト並みの認識率を実現できるかという点に関して言えば，おそらく過去のどんな心理学的理論よりも成功している。パターン認識ネットワークの改良は目覚ましく，「ニューラルネットの逆襲」と言われる状況になっている。いくつかの技術的ブレークスルーがあったことや，深層学習を可能にするコンピュータの性能向上，また大量の画像や動画を効率的に検索・処理するニーズの高まりなどが背景にある。

　一方で，認知心理学的理解という面から見れば，あるネットワークがどんなにうまくオブジェクト認識ができたとしても，それはなぜなのか，またそれはヒトの神経系でも実現しうるのかという問題が残る。たとえば，SIFT やHOG がオブジェクト認知に有効なのはなぜなのだろう。また，パターン認識を学習したネットワークがその中で表現している情報は，往々にしてわれわれが直感的に理解可能な「特徴」（たとえば「色」とか「形」）ではなく，いわく形容しがたい何かである。「作れる」ことと「理解できる」ことは完全に同じではない。パターン認識ネットワークの中で何が起こっているのかは，実はヒトの脳の中で何が起こっているのかと同様によくわからないとも言える。

　ネットワークのこのような側面を，道又（2011, pp. 18-19）は「学習後のネットワークの中には，フローチャートができているわけではない。つまりシステム全体に分散して機能が実現されているので，その機構を明示的な規則の形で示すことは難しい」と指摘し，この状況がフローチャートのような情報処理として心的処理を理解する古典的認知心理学に「死亡宣告」を与えたとさえ形容する。系列的・逐次的思考しかできないわれわれには，大規模並列分散処理の仕組みを理解することはできないのだろうか。しかし，そんな不可知論は科学の敗北宣言だ。オブジェクト認知を実現するネットワークや脳のような複雑で大規模なシステムを，記述し模倣できるだけでなく，理解し解釈できる方法論が必要とされている。たとえば結合問題（binding problem）を考えることが糸

口になるかも知れない。結合問題とは，複数のニューロン（集団）で符号化される複数の特徴を脳がどうやって結合して1つのオブジェクトとして意識に上らせているのかという問題である（Feldman, 2013）。複雑なネットワークが，いかに統合的にふるまうのか。オブジェクト認知に限らず，これは現在の心理学と神経科学のアポリアである。

2.6 視点依存性論争

　さて，オブジェクト認知の理論を考える上で議論になるのが視点依存性（viewpoint dependence）である。実験でオブジェクト認知の成績を測ると，視点の変化によって反応時間や正答率が上下する。つまり，オブジェクト認知には視点依存性があり，不変性（invariance）は完全ではない。これは，たびたび挙げている偶然的見えの例を見れば明らかだろう。

　偶然的見えとは逆に，認知がしやすく，典型的な姿に見える視点もあり，典型的見え（canonical view）と呼ばれる。これは Palmer ら（Palmer, Rosch, & Chase, 1981）が提案した概念で，日常物体のさまざまな見えのうち，見えの主観的な良さ（subjective view goodness）の評価が最も高く，そのオブジェクトを想像するときに最初に思い浮かぶ見えであり，そのオブジェクトの最もよい写真を撮るときに選ばれる見えであるという。実験で確かめると，こういった基準で選ばれる「良い」見えはよく一致しており，その見えではオブジェクトの再認も容易になる。Palmer らが挙げた例を図 2-15a に示す。典型的見えは，そのオブジェクトの重要な情報が最も多く現れている見えだと考えられる。どんな方向が典型的見えになるかはオブジェクトによって違いがあるものの（Blanz, Tarr, & Bülthoff, 1999），斜め前方向であることが多く，次いで正面が多い。平均的には正面から 30 度程度である（Niimi & Yokosawa, 2009a）[5]。この斜め前からの見えは英語で three-quarter view（4分の3の見え）という。

　なぜ見えによってオブジェクト認知のしやすさが違う，つまり視点依存性が

5）顔（というより，頭部）の場合はどうだろうか。顔は正面顔（full face）が典型的に思えるが，「よい見え」を選ばせると斜め前方向が選ばれることも多い（Blanz et al., 1999）。また，顔再認の成績も斜め前方向の顔は横顔より高く，また正面顔より高いこともある（Bruce, Valentine, & Baddeley, 1984）。ただ，顔の見えの良さは他のオブジェクト以上に文化的背景や文脈の影響を受けることには注意したい。たとえば西洋美術の伝統では，肖像画において横顔（profile, プロフィール）が斜め前顔や正面顔より好まれることもある（コインのデザインなど）。

図 2-15 (a) Palmer et al. (1981) の実験で最も典型的だと評価された見え。(b) 偶然的見えの例。左列（やかん・穴あけパンチ）は像を前額並行面内で回転した例。中列（車・イス）は親近性の低い（unfamiliar）視点の例。右列（電卓・ホッチキス）は奥行きが圧縮された例。

あるのだろうか。もしヒトが網膜像からオブジェクトの完全な 3 次元形状情報を復元できるなら，視点依存性は生じないはずだ。したがって，少なくとも完全な 3 次元形状表現を仮定する構造記述理論は誤りである。これに対して 2 次元的見えに基づく理論では，前述のように視点依存性が容易に説明できる。こ

のように視点依存性はオブジェクト認知理論の試金石である。ヒトと同じような視点依存性を示すオブジェクト認知のモデルが（心理学的に）望ましいモデルだというわけだ。そして構造記述理論と2次元的見えに基づく理論とのどちらがヒトの視点依存性を説明できるかをめぐって，1990年代に大論争があった（Tarr & Bülthoff, 1995; Biederman & Gehardstein, 1995; Biederman & Bar, 2000; Hayward & Tarr, 2000; Hummel, 1998; Tarr et al., 1998）。視点依存性論争である。

すでに2.3節で説明したように，MarrやBiedermanの構造記述理論も完全な視点不変性は想定していない。偶然的見えでオブジェクト認知が困難なことを，Marrは軸の同定の困難で，Biedermanはジオンの同定の困難で説明した。ただ，軸とかジオンというのは理論的な概念であり，これを実験で厳密に操作することは難しい。また，見慣れない見え（たとえば図2-15b中列）でオブジェクト認知が難しいことを説明しにくい。見慣れない見えでも，軸やジオンが同定でき構造記述表象が得られるならば，オブジェクト認知は容易に成功するはずだからだ。

一方，Tarrのような2次元的見えに基づく理論では，偶然的見えはオブジェクトの記憶表象である見えの複合体に含まれない見えだから認知が難しいと説明される。しかし，実際の偶然的見えがなぜ見えの複合体に含まれにくいのかを説明できなければ，「見えの複合体に含まれない見えが偶然的見えである」という前提を主張しているに過ぎず，議論は堂々巡りになってしまう。もちろん説明がないわけではない。ひとつは親近性（familiarity）による説明である。過去に多く観察したことがある見えほど見えの複合体に含まれやすい。特によく見かける（親近性が高い）見えは，典型的見えとなる。逆にほとんど見たことがない（親近性が低い）見えは，見えの複合体に含まれず，偶然的見えとなる。しかし，「見え」の概念のあいまいさが問題になる。単純な立体のアスペクト・グラフ（図2-9）ならともかく，自転車やカエルといった日常物体が一体いくつの「見え」で表せるのかは，よくわからない。それを理論的に定めるには，網膜像から「見え」の表象へと抽象化（Tarrの用語では正規化）する手順をきちんと定める必要がある。

理論はともかく，実際に実験をしてみるとオブジェクト認知が困難になる状況がいくつか知られている。自然な上下が定まっているオブジェクトでは，その像を大きく傾けたり倒立（上下さかさま）にすると再認が難しくなる（図2-15b

左列；Jolicoeur, 1985)。文字や単語，顔でも同様である（Corballis, Zbrodoff, Shet-zer, & Butler, 1978; Rock, 1973)。特に顔では，倒立像の場合に顔認知に特徴的なさまざまなメカニズムが機能しづらくなると考えられている（顔の倒立効果，詳しくは5.5節参照)。いろいろな角度で前額並行面内の回転（plane rotation)をした刺激で実験すると，正立方向（upright position）からの回転角度が大きいほど反応時間が長くなる[6]。したがって，このような回転した像でのオブジェクト認知では心的回転（Shepard & Metzler, 1971; 高野，1987）が行なわれると解釈されている。網膜像から得られた表象を，正立方向と一致するまで回転するのである。2次元的見えに基づく理論にならえば，この心的回転の処理は見えの抽象化・正規化の一種と言えるだろう。ただ，回転した像でのオブジェクト認知の成績低下は，練習により消失ないし相当減少することも知られている（Corballis et al., 1978; Jolicoeur, 1985)。したがって，日常的に何度も繰り返してきた日常物体のすみやかな認知においても心的回転が用いられているとは考えにくい。

　次によく知られているのは，細長い形の物体の長軸が奥行き方向に圧縮された見え（foreshortened view）である（図 2-15b 右列，Lawson & Humphreys, 1998; Mitsumatsu & Yokosawa, 2002)。これは奥行き方向の回転（depth rotation）により生じる。奥行き方向の回転では，前額並行面内の回転と違い，形状などオブジェクト像が持つ視覚的特徴の内容がそもそも大きく変化する。奥行きが圧縮された見えではオブジェクト認知はきわめて難しく，オブジェクトを少し回転してやると成績は劇的に改善する。構造記述理論にならえば，このような見えではオブジェクトのパーツの軸が圧縮されているから認知が難しいということになろう。軸の抽出が阻害されているかはともかく，圧縮された見えでは立体情報が得にくいのは事実のようで，たとえば適切な奥行き情報を持つ手がかりとして市松模様の背景をつけると（図 2-16; Humphrey & Jolicoeur, 1993)，オブジェクト認知がしやすくなる。一方で，細長くない（明確な長軸がない）オブジェクトでも，正面や横はやはり認知の難しい偶然的見えになりやすい（Niimi & Yokosawa, 2009b)。奥行き方向の変化にともなうオブジェクト認知の視点依存性は，複数の原因によって生じていると考えられる。

　実は，奥行きが圧縮された見えも親近性が低い見えとして解釈できる。奥行

6）ただし，完全な倒立（180度回転）で最も反応時間が長くなるとは限らず，他の回転角度（135度など）より成績がよいことがある。

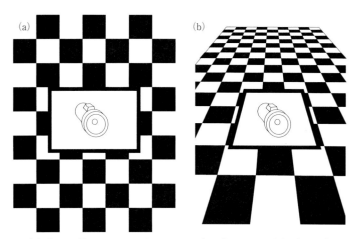

図 2-16　奥行きが圧縮されたオブジェクトの認知は難しいが，(b) 適切な奥行き手がかりを付加すると，(a) そうでない場合に比べて改善する。Humphrey & Jolicoeur (1993) で用いられた刺激の例。

きが圧縮された見えは，そのオブジェクトの見えとしては極めて稀な例であり，同様の見えをもたらす方向はほとんどない。少しでも方向を変えると，劇的に像が変化する。Niimi & Yokosawa (2008; 2009a) は，正面や横など偶然的見えとされやすい方向ではオブジェクトの方向が少しでも変わるとそれに気づきやすく，逆に典型的見えとなりやすい斜め方向では方向が少し変わっても気づきにくいことを確かめた。これはつまり，「正面」とか「横」と呼べる見えを生じる方向の範囲はとても狭いので，仮にヒトが日常生活の中でオブジェクトをどの方向からも等しい頻度で観察していたとしても，正面や横の見えは相対的にあまり見かけない，親近性の低い見えになるということである。奥行きが圧縮された見えも同様だ。

　前額並行面内の回転と，奥行き方向の回転は，どちらも恒常性の問題を引き起こす。ただ，実際には両者はかなり性質の異なる現象だと考えた方がよい。前者では，オブジェクト像の持つ視覚特徴（たとえば Y 型頂点の数，平行線の有無など）自体には変化が起こらない。しかし後者では像の持つ特徴自体に大きな変化が起き，そのために恒常性の問題を解決することはとても難しくなる。

　視覚系が奥行き方向の回転による像の変化をどのように克服し，視点不変的な認知を実現しているのかは，新奇オブジェクトの学習実験で主に確かめられ

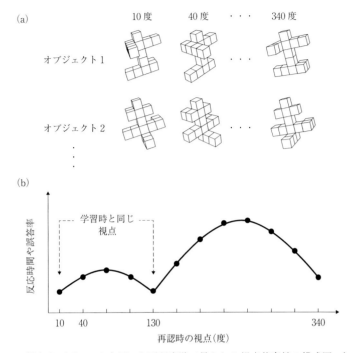

図 2-17 新奇オブジェクトを用いた再認実験で見られる視点依存性の模式図。被験者はまず学習セッションで決まった視点（この例では10度と130度）の像だけを見て（a）のようなオブジェクトを覚える。続いて再認セッションで，さまざまな視点の像を1つずつ見て，それが学習セッションで覚えたのと同じオブジェクトかどうかを判断する。実際に学習セッションで覚えたオブジェクトを再認するとき，模式的には，(b) のように学習時と同じ視点の像を見たときに最も成績がよい。学習時の視点から離れた視点ほど，再認には時間がかかったり，誤答が増えたりする。つまり新奇オブジェクトの再認には視点依存性がある。Tarr（1995）などに基づく。

てきた。たとえば，ある新奇オブジェクトをある方向から撮影した像を見て，そのオブジェクトを覚える（学習セッション）。そのあと，いろいろなオブジェクトの像が示され，学習したオブジェクトかどうかを判断する（再認セッション）。このとき学習時と別の方向から撮影した像を呈示しても，学習時とまったく同じ像を呈示した時と同程度の速さ・正確さで再認できるなら，視点不変的なオブジェクト認知ができたことになる。しかし，多くの場合にそうはならず，学習した方向から離れるほど再認成績は低下する（図 2-17; Tarr, 1995;

Willems & Wagemans, 2001）[7]。Biederman が偶然的見えを除けば視点不変的に認識できると仮定したジオンも，試してみるとやはり再認成績が視点依存的だという指摘もなされた（Tarr et al., 1998）。1 つの方向からオブジェクトを観察した時に得られる情報だけから，視点不変的なオブジェクトの表象を得ることは，意外と難しいのである。

　こういった実験結果は，構造記述理論に対する反証として多く報告された。構造記述理論が想定するメカニズムによれば，偶然的見えでない 1 方向から見たオブジェクト像だけで視点不変的表象が得られるはずだからである。

　確かに，1 方向の視点でしか学習しなかった新奇オブジェクトの再認はかなり視点依存的だが，ヒトが日常的に行なっている日常物体認知では，偶然的見えを除けばあまり視点依存性はない。これはどうしてだろうか。第一に，練習・熟達化によって視点依存性が低下することが考えられる。また，そもそも現実の場面で，ヒトは目の前にある 3 次元のオブジェクトを 1 方向だけからしか観察しないことは少ない。新しいオブジェクトを見れば，通常，頭を動かしたり周囲を移動したりして，あるいは手に取って回すなどして，いろいろな方向から観察する。初めて見たときは 1 方向からしか見なかったとしても，後に 2 度，3 度と別の方向から見ることがあるだろう。だから，（360 度全方向でなくても）いくつかの方向からオブジェクトを観察し，その情報を利用して視点不変性の高いオブジェクト表象を作ることができると考えられる。たとえば 2 次元的見えに基づく理論では，過去に学習した（見たことのある）像と同じ見え（view）に正規化できるような類似した像であれば，経験したことのない方向からでも再認が可能だと考える。

　視点依存性論争は勝敗を決しないまま下火になって終息した。ちょうどそのころ fMRI が普及し，ヒトのオブジェクト認知の研究が一気に神経科学的方法にシフトしたという事情もある。おそらく構造記述的な表象も，2 次元的見えにもとづく表象も，どちらもヒトは持っていて，適切に使い分けているのではないかと提案されるようになった（Foster & Gilson, 2002; Tarr & Bülthoff, 1998）。それぞれに長所と短所があるのだから，使い分けは妥当な戦略である。たとえば形状の微妙な違いが重要になる細かいカテゴリーでの認識（イヌの種類を見

　7）例外として，左右対称な 3 次元構造のオブジェクトがある。たとえば多くのイスは左右対称なので，左 30 度方向から見た像の輪郭形状と右 30 度方向から見た像の輪郭形状は，像を左右反転すれば同じになる。このため，左 30 度の像だけを見て学習しても，右 30 度の像でのオブジェクトの再認が容易になる（Busey & Zaki, 2004; Troje & Bülthoff, 1998; Vetter, Poggio, & Bülthoff, 1994）。

分けるなど）では，一般化円筒やジオンによる抽象度の高い表象より，2次元的見えの表象の方が役立つだろう。実際，新奇オブジェクトを使った実験で，形状が似ていて難しい識別になるほどオブジェクト認知は視点依存的になるという（Hayward & Williams, 2000）。一方で，はじめて見るオブジェクトを詳しく観察する時や，オブジェクトに対して働きかけるとき（道具に手をのばして持ち，使うなど）には，オブジェクトの立体形状の把握が必要だろうから，ある種の構造記述表象が用いられるのではないだろうか。見知ったオブジェクトをすばやく効率的に再認する場合には2次元的見えに基づく理論が妥当で，構造記述理論のような立体構造の情報を含むオブジェクト表象を用いるメカニズムは他の認知処理（オブジェクトに対する運動・動作やオブジェクトの方向の判断など）で用いられるという提案もなされている（Hayward, 2012; Niimi, Saneyoshi, Abe, Kaminaga, & Yokosawa, 2011）。

　では，結局のところ偶然的見えと典型的見えの違いは何なのだろうか。その違いを生む要因はたくさんあるというのが穏当な結論だろう。Niimi & Yokosawa（2008; 2009a）は，主に2つの要因があると指摘している。1つ目は親近性である。もう1つは，視点不変的特徴と視点特異的特徴の量のバランスである。偶然的見えではその見えでしかないような視覚的特徴が多く，逆にさまざまな方向で共通して観察される視覚的特徴（方向不変的・視点不変的特徴，BiedermanのNAPなど）が少ない。つまり，その方向に特異的な見えになりやすく，視点不変的なオブジェクト認知は難しい。逆に典型的見えとは，多少方向が変化してもあまり像に変化がない，つまり視点不変的特徴を多く含む見えだと言える。ただ，このような視覚的特徴のバランスの変化を生む要因は複数あるだろう。長軸の圧縮はその一つである。しかし，長軸の圧縮がほとんど生じない細長くないオブジェクトでも，やはり正面や横は偶然的見えになりやすい（Niimi & Yokosawa, 2009b）。たとえば，多くの日常物体は左右対称な立体形状を持つ。だから正面から見た像は2次元的にも左右対称な像となるが，この輪郭形状の対称性も視点特異的特徴と言える。

　斜め前からの見えは典型的見えになりやすい。これは，斜め方向の見えは視点不変的特徴を多く含み，かつ，斜め後ろより斜め前の方が親近性が高いからであろう。偶然的見えは，その方向に特異的な見えであり，見慣れない像となる。このような現象はオブジェクト認知を難しくする一方，われわれの通常の知覚を裏切り，オブジェクトの新しい様相を見せてくれるので，しばしば芸術

的な効果を生んでいる[8]。

2.7 カテゴリーの問題

第1章で論じたように，同じオブジェクトもいろいろなカテゴリーで認識可能だ。ある馬は馬として，動物として，道産子として，家畜として，また乗り物として認識できる。日常物体認知に単純な正解はない。この問題を理解する上で鍵となるのがカテゴリーレベルの概念である。

ヒトが持っているカテゴリーの知識は，ただのカテゴリーの一覧表ではない。互いに関係のあるカテゴリーが関連づけられるように構造化されている。特に，階層的な構造を持つと考えられている（たとえば，階層的ネットワークモデル，Collins & Quillian, 1969）。図2-18のように，馬はネコやカエルとともに「動物」という大きなカテゴリーに内包されている。一方，馬というカテゴリーは，道産子やサラブレッド，シマウマといったカテゴリーを内包している。

「道産子」は「馬」よりも，「青リンゴ」は「リンゴ」よりも詳細な，つまり下位レベル（subordinate level）のカテゴリーである。一方，リンゴは果物の一種である。同様に自転車は乗り物の一種であり，馬は動物の一種である。これら「果物」「乗り物」「動物」は上位レベル（superordinate level）のカテゴリーだ。カテゴリーのレベルは何段階も考えることができ，どんどんレベルを下げていけば，最終的には個体レベル（individual level）に達する。他のどれでもない自分の自転車とか，ただのカエルではなく「ピョン吉」といった具合だ。駐輪場で自分の自転車を探すときには個体レベルでのオブジェクト認知が必要になる。顔の認知では特に個体レベルの認知が重要である。ヒトは顔を見てそれが顔だとわかるだけでなく，誰なのかを認識する。

とは言え，日常物体認知ではもっとも標準的あるいは代表的なレベルがあると指摘されてきた。リンゴの写真を見せて「これは何ですか」と聞けば，多くの場合「リンゴです」という答えが返ってくるだろう。「果物です」とか「王林です」ということはあまりない。Rosch et al.（1976）は，オブジェクト認知

8）実際，写真家は芸術上の効果を狙ってあえて偶然的見えを選択することがある。マーガレット・バーク＝ホワイトがTWA航空の飛行機を真後ろから撮影した写真（Bourke-White & Callahan, 1998）や，マルセル・デュシャンの作品 *Fountain*（1917）をアルフレッド・スティーグリッツが撮影した写真（*The Blind Man*, No.2, 1917年）などが例である。

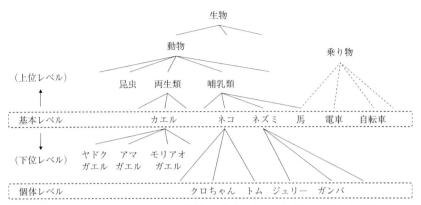

図 2-18 日常物体のカテゴリーには階層的な構造がある。ただし，「馬」が動物であると同時に乗り物であるように，必ずしも完全な階層構造ではない。

における基本レベルのカテゴリー（basic-level category）を定義している。「ギター」は基本レベルのカテゴリーだが，「フォークギター」は下位レベル，「楽器」は上位レベルという具合だ。同じ基本レベルカテゴリーに含まれる条件として，(1) 共有する特徴が十分に多い，(2) そのオブジェクトを使うときの身体の動かし方が似ている，(3) 形が似ているなどを挙げている。実験で確かめても，基本カテゴリーでのオブジェクト認知は他のレベルでの認知よりも反応時間が短くなる（Rosch et al., 1976）。これは新奇オブジェクトを使って人工的に作成したカテゴリーで実験しても同様なので，基本レベルのカテゴリーを表す単語の親近性が高いためではない（Murphy & Smith, 1982）。

ところが，被験者に写真を見せて「これは何ですか」と尋ねたときに最初に答えるオブジェクト名は，しばしば Rosch らの基本レベルのカテゴリーと食い違う。たとえばカケスの写真を見せたら多くの人は「鳥」と基本レベルで答えるだろうが，カラスの写真に対しては「カラス」と下位レベルで答えるだろう。そこで，形の類似性などオブジェクト自体が持つ要因はさておき，「これは何ですか」と尋ねたときに最初に答える名称こそがオブジェクト認知で基本となるカテゴリーだと考えた方が自然である。これはエントリー・レベルのカテゴリー（entry-level category）と呼ばれる（Jolicoeur et al., 1984）。下位レベルのカテゴリーの中でも，基本レベルのカテゴリーの典型例とあまり似ていないもの（例：ダチョウやペンギン）は，エントリー・レベルのカテゴリーになりや

すい。

　ジオン理論などのオブジェクト認知理論は，基本レベルカテゴリーでの認知を想定していて，あまり高いレベルや個体レベルでの認知には向いていない。ジオンによる形状表現で人間と飛行機を区別することは容易かもしれないが，安倍晋三と習近平（人間同士）を，あるいはF-15とミグ25（飛行機同士）を区別することは難しそうである。見た目には似たようなものだからだ。

　これは裏を返せば，カテゴリーレベルによってオブジェクト認知の特性が変化する，ということである。総じて，レベルが高いほど抽象的な情報が必要になるはずである。一方，レベルが低くなるほどかなり細かな視覚的特徴を見分ける必要が出てくるので，より視点依存的になりやすい（Hayward & Williams, 2000; Tarr & Bülthoff, 1995）。そのため，構造記述理論は高いレベルのカテゴリーの認知に，見えに基づく理論は低いレベル，個体レベルのカテゴリーの認知に向いている。低いレベル，個体レベルでの認知は，きわめて微妙な差異の識別が必要なため困難なこともあるが，訓練や熟達化によって可能になることも多い。バードウォッチャーは素人には違いのわからない鳥の種類を見分けることができる。ある山小屋の主人は，付近に住むキツネを個体レベルで「一見して識別できる」という（手塚，2001, p. 47）。顔による個人の識別はヒトが日常的に行なっている個別レベルのオブジェクト認知だが，これも生まれつきの能力なのか，多くの人の顔を見ながら成長する中で熟達化によって得られる能力なのか，議論がある（5.3節参照）。

　このように，カテゴリーレベルを考えることでカテゴリーの問題をかなり整理することができる。ただ，レベルの違いだけが問題ではない。顔を見て男性か女性かを認識することと，大人か子供かを認識することは，どちらもカテゴリー分けである。しかし性別と年齢のどちらのカテゴリーレベルが高いとか低いということはない。馬を「動物」と認識することと「乗り物」と認識することの違いも，カテゴリーレベルの違いではない。カテゴリーには階層的でない構造もあるということだ（図2-18）。いずれにせよ重要なのは，どのカテゴリーで認識するかによって必要とされる情報処理は異なるということだろう。

　最後に，カテゴリーはその境界が必ずしも明確ではないということを強調しておきたい。これも認知心理学で古くから議論されてきたことだ。これまで見てきたように，オブジェクトのカテゴリーを視覚特徴セットによって定義する，というのが視覚オブジェクト認知の基本的な考え方である。A, B, C, D, Eとい

う特徴を持っていれば「イス」といった具合だ。この場合，一見カテゴリーの境界は明確で，イスかそうでないかは二者択一でなければならないように見える。しかし現実に世の中に存在するオブジェクトはきわめて多様で，ヒトが持っているカテゴリーの知識で完全に記述できるようなものではない。たいていは，あいまいな事例が存在する。たとえばベンチはイスだろうか。座イスはどうだろう。ちょうどいい高さで座ってくれと言わんばかりの岩や切り株はどうか。

　そこで，カテゴリーを「特徴セットにあてはまるか否か」の二者択一ではなく，最も典型的な事例（プロトタイプ）と特徴を共有する程度がどれくらい高いかという連続量で考えることができる（プロトタイプ理論，Rosch & Mervis, 1975）。「乗り物」には自動車のようなきわめて典型的な（プロトタイプに近い）ものもあれば，馬やエレベーターのように典型的でない（プロトタイプから遠い）ものもある。すると今度は，プロトタイプからどれくらい近ければ「乗り物」とみなすか，という問題が生じるが，それは状況や目的によって変化する。カテゴリーの境界は一意に決めてしまわない方が，複雑な現実には柔軟に対応できるのかもしれない。現実のオブジェクト認知では明確にカテゴリーが決められないこともあるということには留意しておこう。それはヒトの認知が不完全だということかも知れないし，現実世界を単純化しすぎず，複雑な世界を複雑なものとして適切に扱うための余地なのかも知れない。いかにもいいかげんに見えるが，それでも現実には結構うまく働くというのがヒトの認知の不思議なところである。

2.8　色と3次元情報

✣色は役立たずか？

　意外かもしれないが，視覚オブジェクト認知（少なくとも，基本レベルでの認知）では，色はあまり重要ではないと考えられている。実際，色がないモノクロの写真や映画でも，何が写っているのか認識できる。そのため，ジオン理論をはじめとするオブジェクト認知のモデルも，基本的には色などの表面特徴を考慮に入れず，輪郭線の情報を処理するモデルになっている。これにはいくつかの理由がある。オブジェクトの形状を知るために色などの表面特徴が必須ではないこと，オブジェクト像の色は照明条件によって大きく変化しやすいので

恒常性の高いオブジェクト認知には必ずしも適さないことなどである。実際に
カラー写真とモノクロ写真や輪郭線（線画）でオブジェクト認知課題の成績を
比較すると差がないことも珍しくなく，条件によっては色のある方が成績がよ
いこともあるという程度だ（Biederman & Ju, 1988; Davidoff & Ostergaard, 1988;
Ostergaard & Davidoff, 1985）。メタ分析（Bramão et al., 2011）によると，命名課
題（画像を見せてオブジェクトの名称を回答する）では，名称－画像検証課題や
カテゴリー弁別課題（図 0-1 参照）よりも色の効果が出やすいという。そのた
め，色はオブジェクト認知で必須ではないが補助的な役割を果たしていて，そ
の役割は何かという議論がなされている（Tanaka, Weiskopf, & Williams, 2001）。
　色の役割を整理する上で有効なのが，色識別性（color diagnosticy）という概
念である（永井・横澤，2006; Tanaka & Presnell, 1999）。要するに，そのオブジ
ェクトを同定するために色が役立つ（色識別性が高い，high color diagnosticity）
オブジェクトと，色があまり役立たない（色識別性が低い，low color diagnostic-
ity）オブジェクトがあるということだ。Tanaka & Presnell（1999）は，48 種
の日常物体について，その知覚的な特徴を 10 秒以内で 3 つ答えてもらうとい
う実験を行なった。そして，3 つの特徴の中で最初に色が挙げられた割合を調
べると，レモンや消防車では 90% 以上の割合で色が最初に挙げられる一方，
テーブルや犬では 0% だった。つまり，レモンや消防車は色識別性が高く，テ
ーブルや犬は色識別性が低い。一方で，各オブジェクトの典型的な色を挙げて
もらうと，レモンや消防車では 100% の人が同じ色（それぞれ黄色，赤）を答
えるが，テーブルでも 100%，犬でも 80% の人が同じ色を答えた（どちらも茶
色）。つまり，色識別性は，典型的な色の有無とは別なのである。テーブルは
典型的には茶色だという知識をヒトは持っているが，その情報はテーブルとい
うカテゴリーの同定にはあまり役立たない。
　色とオブジェクト認知の関係は意外に複雑である。オブジェクト認知に用い
られる視覚特徴は場合によって異なると何度か書いてきたが，その典型的な例
が色と言えるかもしれない。

❖ 3 次元情報：両眼視差と手の役割

　第 1 章で，両眼視差などに基づく奥行き知覚によって 3 次元オブジェクト認
知の視点の問題が解決されるとは言えないと書いた。そうだとしても，実際に
ヒトの視覚系は奥行きを知覚できるのだから，補助的であれ何らかの形でこれ

をオブジェクト認知に使っているのではないかと思うかもしれない。片目だけでもオブジェクト認知はできるから，両眼視差がオブジェクト認知に必須でないのは明らかだが，しかし（色と同じように）場合によっては役立っているのではないだろうか。

　このことに関する研究の数は多くなく，しかも結果が一貫していない。針金を複雑な形に曲げて作った新奇オブジェクトを用いて，1回目に呈示されたオブジェクトと2回目に呈示されたオブジェクトが同じかどうかを判断する実験（Bennet & Vuong, 2006; Burke, 2005）では，両眼立体視をしている条件の方が，両眼がまったく同一の画像を見ている（両眼視差がない）場合よりも成績が良くなる。ところが別の研究（Pasqualotto & Hayward, 2009）では，ライオンやクジラといった日常物体の3次元 CG モデルを用い，やはり1回目と2回目に呈示されたオブジェクトが同じかどうかを判断する実験を行なったところ，逆に両眼立体視条件の方が反応時間が長くなってしまった。新奇オブジェクトの場合は，オブジェクトの立体形状を新たに学習する必要があるので両眼視差が役立つのに対し，日常物体の認知では両眼視差以外の視覚特徴に基づいたすみやかな再認が行なわれるのかも知れない。

　オブジェクトの3次元形状を知覚するもう1つの方法は（しばしば忘れがちだが）手を使うことである。実際，目をつぶってオブジェクトを手で触って認識することができる。オブジェクトを触るときには，ヒトはいろいろな触り方をし，単に形状を知覚するだけでなく材質や機能の情報を得ることもできる（Lederman & Kratazky, 1987）。点字は，ある意味で手による文字・単語認知である。盛り上がった線で描かれた日常物体の絵の触覚による認識についても研究がある（Lawson & Barcken, 2011; Lederman, Katzky, Chataway, & Summers, 1990）。本書のテーマは視覚オブジェクト認知なので，触覚オブジェクト認知（haptic object recognition）には深く立ち入らないが，視覚との関係について少し言及したい。

　手で触っても，目で見ても，脳の中では同じように認識される（同じオブジェクト表象が作られる）のだろうか。これはいわゆる Molyneux 問題——生まれながらの盲人が手で触って球と立方体を区別できるようになった後，開眼手術により見えるようになったとき，球と立方体を見ただけで区別できるだろうか——と同等である。視覚オブジェクト認知と触覚オブジェクト認知を比較した研究を見ると，典型的見え（認識しやすい，あるいは好まれる方向）は視覚と

触覚で一致しないなど，相違点が見出されている（Kitada, Dijkerman, Soo, & Lederman, 2010; Lawson, 2009; Newell et al., 2001; Woods et al., 2008）。つまり，視覚と触覚では得られるオブジェクトの表象に違いがある。

何と言っても，視覚オブジェクト認知で手が活躍するのは，オブジェクトを手にとって観察するときだろう。通常，ヒトはオブジェクトをよく見ようと思ったら手に取って回してみたり動かしてみたりするものである。新奇オブジェクトを使った実験で，コンピュータ画面に映されるオブジェクトを自分で方向を操作しながら観察すると，同じだけのオブジェクトの像をただ見せられる場合に比べて，再認が容易になるという（Harman, Humphrey, & Goodale, 1999）。自分でオブジェクトを操作し動かしながら観察することは，オブジェクトの学習を促進するのかも知れない。

2.9　新しい理論の必要性 ……………………………………………………

視覚オブジェクト認知の3種類の理論的枠組みとして，構造記述理論，2次元的見えに基づく理論，そして特徴分析モデルがあることを説明した。心理学的研究では，とくに視点依存性をうまく説明できるかが理論の試金石とみなされ，視点の変化に対する恒常性の問題が中心に検討されてきた。これと並行して神経科学的研究があり，オブジェクト像に反応する神経細胞の活動を測ったり，1990年代からはヒトの脳活動計測も盛んに行なわれているが，これについては第7章を参照されたい。

視点依存性論争を通してヒトの行動実験（反応時間などを指標とする心理学実験）のデータが大量に蓄積され，さらに1990年代半ばからは脳機能計測技術とりわけfMRIによるデータがやはり大量に蓄積された。その一方で，モデルや理論の不在が指摘されている（Peissig & Tarr, 2007）。構造記述理論と2次元的見えに基づく理論の間の論争は，残念ながら両者の対立を発展的に解消した新しい理論を生んだようには見えない。新しく蓄積された神経科学的知見やコンピュータ・ビジョン研究の知見も，オブジェクト認知の心理学的研究に十分には統合されていない。オブジェクト認知の心理学研究には，新しいパラダイムが必要とされている。

第3章 情景認知

3.1 情景とはオブジェクトの組み合わせか ……………………………………

オブジェクト認知は具体的なプロセスである。「今，そこにいる僕」が，「今，そこにあるプリン」や「今，そこにある練馬大根」を認識する。オブジェクトが「存在する」ということは，必然的に「どこかに存在する」ことである。したがってオブジェクトは，具体的な場所・時間を占めた状態で認識されるのが常だし，またオブジェクト認知はヒトが自身を現にとりまいている外界の情報を得るために行なわれるのだから，具体的な場所・時間をともなったものとしてオブジェクトを認識することには意味がある。われわれは単にプリンを認識するのではなく，今，そこにあるプリンを認識するからこそ，食べたり，スプーンでつついたり，自分が食べていいのか悩んだりする。そしてオブジェクトを認識するヒト自身もまた，現に存在するヒトである。われわれは常に，具体的な場所・時間を占めている。神様でもない限り，時空間を超越して遍在するなどということはない。したがって，個々のオブジェクトを認識するだけでなく，「今，ここ」がどんな場面なのかを認識することも重要である。たとえば，「7月12日の昼に自宅の台所で冷蔵庫の扉を開けているところ」だと認識できることが，プリンを認識できることと同様に重要である。

つまり，オブジェクト認知だけでは「外界を認識する」という視覚認知の目的は達成できない。そこで情景認知 (scene perception)[1] が重要になる。オブジェクトはどこか，つまり何らかの情景の中にあるからだ。われわれは日常的にさまざまな情景を認識している。山に登れば山の風景を，日々の通勤・通学では列車の窓から街の風景を眺める。オブジェクトと同様，情景もカテゴリー

1）ここでは scene を情景と訳したが，光景，風景，景観，景色など類語は多く，必ずしも定まった訳ではない。これら類語に共通する「景」の字が持つような意味として広くとらえてよい。英語でも view, sight, scenery など類語は多いが，視覚認知研究分野では通常 scene perception の用語が使われる。なお，ここでいう scene = 情景は，「きれいな」「趣のある」風景を特に意味するわけではなく，価値中立的である。

に分類できる。「屋内」と「屋外」,「街」と「自然」のように粗く分類することもできるし,「自分の部屋」かそうでないかという個別の認識も可能だ。オブジェクトのカテゴリーに基本レベルがある（2.7 節を参照）ように,情景にも,「学校」「公園」「山」「ビーチ」のような基本的なカテゴリーがあるとされる（Tversky & Hemenway, 1983）。

　実際,われわれはオブジェクトを見るというよりも情景を見ることがある。山に登れば山も見るが,空に接する遠くの峰々,うねる尾根,木々,点在する岩塊や池塘などが一体となった山の風景を目にする。あるいは列車の窓から,無数の建物や道路,電柱,人,車が混然一体となった街の情景を眺める。何か特定のオブジェクトを見ているわけでもなく,ぼーっと風景を眺めることはよくある。それでも,それが美しい夏山の風景であることや,よく見慣れた街の冬の朝の情景であることを認識している。総体としての情景を認識している。雑踏で個々の人というより人ごみを,個々の建物というより街並みを見るように。

　しかし,結局それは風景中の複数のオブジェクトを次々と認識することで達成されるのではないかと思うかも知れない。この仮説は,情景認知の最も単純な説明である。情景を要素主義的に「複数オブジェクトの組み合わせ」と考えるなら,確かに情景認知はオブジェクト認知に分解できる。見慣れた冷蔵庫と電子レンジが認識されたなら,自宅の台所だとわかるだろう。知らない場所でも,車と信号機とビルがあるのを見れば,街の情景だとわかる。オブジェクトの典型的な,よくある組み合わせというのはあるし（まな板と包丁）,逆にあまり組み合わさることのないオブジェクトもある（雨傘とミシン）。実際に,情景中のオブジェクトを回答する実験でも,関連性の高い2つのオブジェクトが組み合わされていると（たとえば,牧場の情景に関連の深いトラクターとブタ）,関連性の低い組み合わせの場合（たとえば,かまくらとブタ）よりも正答率が高い（Davenport, 2007）。ヒトはこういったオブジェクト同士の関連性を知識として知っていて,認知に役立てている。梅に鶯,鹿に紅葉といったように,特定のオブジェクトの組み合わせが文化的な意味を持つことさえある。花鳥画は,花木と小動物のオブジェクトの組み合わせによって情景を描く絵画様式である。

　もし情景認知はオブジェクト認知の繰り返しにすぎないとしたら,情景認知に特有のメカニズムなど考える必要はないかも知れない。実際,視覚オブジェクト認知と視覚情景認知は厳密には区別しきれないだろうし,後で見ていくよ

うに両者には相互作用があり，一体となって視覚認知を支えていると言うべきである。また，オブジェクトの組み合わせの認知が少なくとも部分的には情景認知と関係があることを示す実験研究も存在する（Gagne & MacEvoy, 2014; MacEvoy & Epstein, 2011）。それでも，いくつかの理由により，オブジェクト認知とは別のものとして情景認知を考えざるを得ない。

　第一に，情景認知ではオブジェクトの組み合わせだけでなく，オブジェクト同士の位置関係も重要である。台所では電子レンジは冷蔵庫の上に置かれることが多いが，電器屋ではそうでもない。見慣れた冷蔵庫と電子レンジがあっても，見慣れた位置に置かれていなければ，自宅の台所とは判断できない可能性がある。冷蔵庫はたいてい床の上に置かれるが，もし冷蔵庫が宙に浮いていたら，そこは台所ではないかも知れない（と言うより，冷蔵庫のようなものが宙に浮いていたら，それは冷蔵庫ではないかも知れない）。

　実験研究からも，オブジェクトの典型的な位置や位置関係をヒトが知識として持っており，オブジェクト認知や情景認知に役立てていることがわかる（Bar & Ullman, 1996）。たとえば Biederman, Mezzanotte, & Rabinowitz（1982）は，街の情景で消火栓がポストの上にあるというようにオブジェクトが非典型的な位置に置かれている場合（図3-1），オブジェクト認知の誤答率が上昇することを示した。情景画像を観察しているときの眼球運動を測った研究では，オブジェクトがおかしな位置にある（たとえば台所の情景で，ナベがコンロの上空に浮いている）場合，そのオブジェクトは長く注視された（De Graef, Christiaens, & d'Ydewalle, 1990; Vō & Henderson, 2009）。そしておもしろいことに，このような空間的位置関係の効果は，そもそも意味的に関連性の高い（組み合わさることが多い）オブジェクト同士の場合にのみ生じる傾向がある（Gronau, Neta, & Bar, 2008; Vō & Henderson, 2009）。コンロの上にナベが浮いている場合と浮いていない場合では，ナベの認知に注視時間などで差が生じるが，コンロの上にプリンターが浮いている場合と浮いていない場合を比べても，あまり差がないのである。「ナベとコンロ」という典型的な組み合わせの知識は，単に両者が意味的に（semantic）関連していて同時に現れることが多いという情報だけでなく，ナベはコンロの上に置かれるという空間的な（spatial）情報も含んでいて，両方が一体になっている。したがって，情景とはオブジェクトの組み合わせのことだけだとは言えない。

　情景認知が単なる複数オブジェクトの認知とは言えない第二の理由は，情景

図 3-1 背景の文脈に整合しないオブジェクトの例 (Biederman et al., 1982)。消火栓がなぜかポストの上にある。このような消火栓の位置は、情景文脈と整合していない。

認知がきわめて速く，容易に行なわれるという事実である。たいていの情景には多数のオブジェクトが含まれる。街の情景には無数の建物や人や車がある。これら無数のオブジェクトに一つずつ注意を向けて認識し，かつその認識された結果を記憶などに保ちながら統合してどんな情景かを判断するならば，相当な情報処理と時間を要する。もちろんヒトはそういう方法によって情景を詳細に理解することもできる。初めて見る情景なのでくまなく観察したり，部屋にいつもと違うところがないかを注意深く確かめるという場合には，そのような逐次的なオブジェクト認知を行なうこともあろう。しかし通常，どんな情景かは一目でわかる。自分の部屋に入ったとき，そこが自分の部屋であることはすぐに認識される。机を見て，イスを見て，ごみ箱を見て，棚と無数の本を見てようやく認識するわけではない。

　Potter (1976) は，図 3-2a のように情景画像を短時間呈示し（前後には無意味なマスク画像も呈示される），情景画像をどれくらい記憶できるかを確かめたところ，100 ミリ秒に満たない短時間の呈示でも十分記憶が可能であった。やはりマスクつきで短時間呈示された情景刺激を，記憶するのではなく見た直後

3.1 情景とはオブジェクトの組み合わせか 69

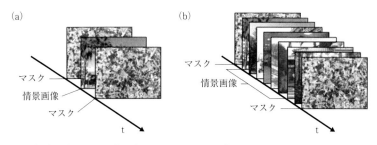

図 3-2 短時間呈示される情景をどれくらい認識できるか調べるときの実験刺激例。(a) 1 枚の情景刺激を短時間呈示（数十ミリ秒程度のことが多い）し，前後にマスク刺激を呈示する場合。(b) RSVP の場合。多数の情景刺激が画面上の同じ場所に次々と（1 秒に数枚〜十数枚）呈示される。やはり前後にマスクをつけることが多い。

に何のシーンか回答する（たとえば，「街」と「台所」という選択肢が示され，どちらかを選ぶ）という情景認知の実験でも同様である（Biederman, Rabinowitz, Glass, & Stacy, 1974; Renninger & Malik, 2004）。また，多数の異なる情景画像をスライドショーのように次々と画面に表示し（図 3-2b，このような方法は高速逐次視覚呈示 rapid serial visual presentation, RSVP と呼ばれる），事前に言葉で指定された情景（たとえば「狭い路地」）がその中にあるかを判断するという実験では，1 画像あたりの呈示時間がたった 13 ミリ秒（1 秒間に 75 画像！）でも，偶然より高い確率で指定された情景を見つけられた（Potter, Wyble, Hagmann, & McCourt, 2014）。こういった短時間の観察では，複数のオブジェクトに次々に注意を向けて認識しているとは考えられない（通常，情景内の別の場所へ眼球運動を起こすには，200 ミリ秒程度の潜時[2]が必要である）。

さらに，ヒトはかなり大量の情景画像を記憶できることも知られている。もし情景とはオブジェクトの組み合わせのことなら，1 つの情景を記憶するには複数のオブジェクトを記憶する必要があるので，情景はオブジェクトよりも記憶できる数が少ないはずである。しかし，記憶の研究では画像優位効果という

2）潜時（latency）とは，何らかの反応が生じるまでにかかる時間のこと。たとえば，画面中央に注視していて，画面の右側に別の点が現れたらそこに注視を移すという場合を考える。この場合，新しい点が現れてから眼球が動き始めるまでにかかる時間が眼球運動の潜時で，条件により異なるが，おおよそ 200 ミリ秒程度である。眼球運動や注意の移動のスピードについて詳しくは Findlay & Gilchrist (2003/2006) を参照のこと。

現象がよく知られていて，同じような内容でも，単語や文よりも絵や写真の方が再認しやすい。たとえば写真の記憶と単語の記憶を比較した研究（Standing, 1973）では，5秒おきに次々と呈示される写真ないし単語を1,000個覚える実験を行ない，2日後の再認テスト（記憶したものかそうでないかを区別する）で写真は89%の正答率だったが，単語は81%だった。10,000個の写真を覚える場合でも，正答率は83%に達したという。Nelsonらの実験（Nelson, Metzler, & Reed, 1974）では，"A smiling old man holds a little girl"（「笑顔の老人が小さな女の子を抱いている」）のような文と，そのような情景の写真，その写真を線画にしたものを各60種類用意した。被験者は，文，写真，線画のいずれかの条件に割り当てられ，これら60種の刺激を記憶した。その結果，7週間後の再認テストでの正答率は文より写真・線画の方が高かった。情景写真を見た直後に再認する実験でも，同じ情景写真を呈示して記憶したものかどうかを判断する方が，情景写真の内容を表すタイトルを見てそれにあてはまる写真があったかどうかを判断するより正答率は高かった（Potter, Staub, & O'Connor, 2004）。画像優位効果は，情景の記憶として保持されているのが「老人」＋「少女」＋「ソファ」＋……といったオブジェクトの言語ラベルの集合ではないことを示している。

　こういった事実から考えると，情景の個々の要素をそれぞれ認識するという方法によらずに何らかの形で情景全体の視覚的な特性を抽出，要約しているに違いない。実際，われわれは図3-3aのような，個々のオブジェクトが明確でない抽象化された画像からも，容易に情景を認識できる。三角形が並んでいるだけのような画面が山々として認識される。明確なオブジェクトと言えるのは手前の枯れ木くらいだが，これとて画面から切り出してしまえば，単体で木として認識するのは難しい（図3-3b）。木を認識して，これを手がかりに山の情景を認識しているとは考えられない。むしろ，山の情景に含まれるからこそ，木として認識できる。

3.2　ジスト知覚

❖一目で知覚される情景

　情景を一目で見て得られる要約的情報は，ジスト（gist）と呼ばれる（Friedman, 1979; Oliva, 2005）。英語のgistは要点とか骨子といった意味の単語で，つ

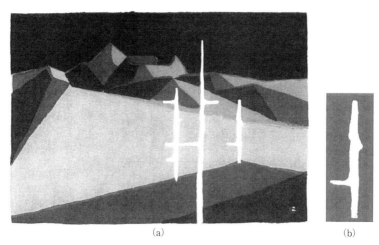

図 3-3 (a) 畦地梅太郎「火山の跡」(1952 年)。三角形の羅列として抽象化された画面から，容易に山の情景が知覚される。(b) この中から枯れ木の1本を取り出すと，それ単体では枯れ木として認識するのが難しい。

まり情景の主要な，あるいは重要な情報である。ジストを知覚することが，情景認知の重要な機能のひとつである。実際にヒトが目にする情景はたいてい複雑で，無数のオブジェクトを含み，知覚的情報や意味的情報に富んでいるが，そのすべてを一度に認識することはできないので，要点つまりジストを把握する。ジストという概念は少しあいまいだが，情景を見て一目で得られるおおまかな情報，くらいの広い意味に考えてよい。ジストには，「屋内」といったカテゴリー情報，「人がいる」といった意味的情報，部屋は狭く，奥にソファがあり，手前に人がいるといった空間的情報，目立つ視覚特徴の分布やオブジェクトの色合いといった低次の知覚的情報など，いろいろな情報が含まれる。

ここで重要なのは，ヒトは目にした情景から情報を取捨選択し，さらに処理・抽象化して要約しているということだ。それはかなり複雑なプロセスのはずだが，オブジェクト認知と同様，われわれは普段それを意識していない。繁華街，冬山，学校といった情景を見れば，どんな場所かすぐ認識できる。ジストの把握と情景認知は，すばやく効率的に，しばしば無意識的に行なわれている。

情景を見たときにさまざまな情報処理が高速かつ半ば自動的に行なわれ，わ

れわれの認知に影響を与えていることは，情景認知に関わるいろいろな現象か
らも推測される。いくつか見ていこう。

❖境界拡張

境界拡張（boundary extension）は，情景写真を見たあとにそれを思い出すと，
元の情景写真よりもやや広く，少し外側まで補ってしまうという現象だ（In-
traub, 1997）。たとえば，15秒ずつ20枚の写真を見たあと，その中のある写真
を描いてもらう（再生課題）と，元の写真よりも広い範囲まで描いてしまう傾
向がある（図3-4）。あるいは，写真を見たあとに同じ写真を見せて，元の写真
と比べてズームアップか，同じか，広い（広角）かを評定してもらうと，最初
に見たのとまったく同じ写真なのにズームアップだと答える数が多い（Intraub
& Bodamer, 1993）。つまり一種の記憶の歪みだが，重要なのは，元の情景の情
報が失われているのではなく，逆につけ足されてしまっているということだ。
情景を認知して記憶に符号化（encoding）する際，視野の外側がどうなってい
るかをある程度自動的に推測してしまうのだろう。

「見えていない部分」を適当に補うというのは，視覚でしばしば見られる現
象で，たとえば第1章で触れた遮蔽の補完はその代表例だ。現実の場面では常
に最適な条件で周囲を観察でき十分な情報が得られるとは限らないから，こう
いった補完のシステムは重要である。初めて訪れた部屋でも，窓ごしに草原が
見えれば，窓枠と壁に隠れて見えないけれども窓外には一面の草原が広がって
いると推定してさしつかえないだろう。もちろん，実際にどうなっているかは
窓から身を乗り出して確かめなければわからない。窓から見えるところだけは
草原だが，実は窓から見えないところは海だという可能性も，ゼロではない。
しかし，そんな可能性を考慮するよりは，蓋然性のある推測を行なう方が，視
覚認知のシステムとしては役に立つ。映画「惑星ソラリス」（*Солярис*, 1972）の
ラストシーンの視覚的なおもしろさは，このような予測や補完が裏切られるこ
とで生じている。

❖ジスト知覚に注意は必要か？

さて，こういった情報処理は必ずしも意識的に行なわれるわけではない。他
の視覚認知と同様，情景認知の視覚情報処理の大部分は無意識下で，自動的に
行なわれているだろう。では実際のところ情景認知はどれくらい自動的なのだ

(a) (b)

図 3-4 (a) のような情景写真を見て覚え，記憶にもとづいて紙に描き出してもらうと，(b) もとの写真には写っていなかった外側まで補ってしまう傾向がある。この現象は境界拡張と呼ばれる（実際の実験結果ではなく，実験結果を模したもの）。

ろうか。この疑問については，注意と情景認知の関係を調べた研究が参考になる。

　二重課題（dual task）法を使った有名な実験（Fei-Fei, VanRullen, Koch, & Perona, 2005; Li, VanRullen, Koch, & Perona, 2002）の結果から，ほとんど注意を向けていない写真のジストも把握できると言われている。この実験では，まず画面の中央付近に表示される多数の文字（TかL）がすべて同じ文字か1つだけ違う文字があるかを回答する視覚探索課題（visual search task）を行なうことが求められる（図 3-5）。これは注意を向けなければできない課題なので，注意はここに向いており，画面周辺部には向いていないことになる。その画面周辺部に，一瞬だけ情景画像が表示される（マスクをともなう）。この画像が何らかの動物を含むか含まないかを答える[3]というのが2つ目の課題で，被験者は両方を同時にこなす。視覚探索課題がきちんと行なわれている（十分に正答率が高い）にもかかわらず，動物の有無が十分に高い正答率で判断できた。別の実験方法でも，同様の結果が得られている（Otsuka & Kawaguchi, 2007）。ただ，このような状況で本当に情景写真に注意がまったく向いていないのかには疑問の余地があり，情景認知には注意が必要だという主張もある（Cohen, Alvarez, & Nakayama, 2011）。したがって，情景認知には注意が「あまり必要ではない」というのが穏当な結論である。

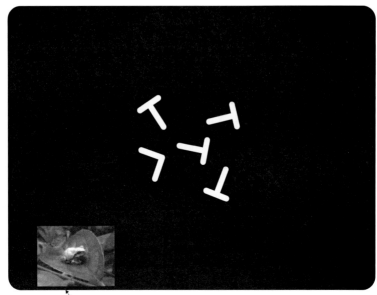

↖情景画像(瞬間呈示・マスクつき)

図 3-5 ほぼ注意が向けられていない場所に瞬間呈示される情景刺激のジスト知覚を調べる実験(Li, VanRullen, Koch, & Persona, 2002 に基づく)。画面中央の文字中に1つだけ違う文字がないかを探す視覚探索課題を行なっているとき,画面周辺に一瞬だけ情景刺激が呈示される(マスクを伴う)。このような状況でも,動物の有無といったジストの知覚が可能である。

❖ジスト知覚のスピード

いずれにせよ,視野の端だったり,注意を向けていない場所だったりしても,情景刺激があればジストは相当程度まで自動的に抽出されるようだ。加えて,

---

3) 動物の有無を判断するというこの課題は情景認知ではなくオブジェクト認知ではないかと思うかも知れない。この研究では動物単体の(背景がない)画像ではなく,あくまでも動物を含む情景画像を用いているので,情景認知の実験とみなされている。ただし,情景認知研究に用いられる実験課題には何種類かあるので,それによって結果が異なる可能性はある。代表的な課題には,情景再認課題,オブジェクト検出課題,基本レベルでのカテゴリー分け課題(「学校」「山」などの基本的なカテゴリーを回答する),上位レベルでのカテゴリー分け課題(自然の情景か人工的環境の情景か,などを判断する)などがある。いずれも情景認知課題だが,必要な視覚情報処理には差異があろう。たとえば再認課題は記憶課題なので,記憶のプロセスの影響が大きいはずである。刺激の種類も影響し,たとえば自然の情景は人工的環境の情景より早く処理されるという(Rousselet, Joubert, & Fabre-Thorpe, 2005)。

すでに紹介したようにジストの判断は 100 ミリ秒に満たない短い呈示時間でも可能なので，その情報処理はとても高速である。とは言え，よく調べてみればやはり一定の時間は必要である。ジストの抽出は呈示時間が 100 ミリ秒未満でも可能だが，やはり呈示時間が長いほど抽出されやすい（Castelhano & Henderson, 2008）。また，呈示時間によって抽出される情報の内容も異なる。情景写真を 27 ～ 500 ミリ秒の間のさまざまな呈示時間で（ただし，直後にマスク刺激が呈示される）見てもらい，何が見えたかを自由に答えてもらうという実験によると（Fei-Fei, Iyer, Koch, & Perona, 2007），呈示時間が短いときには明るさや色など情景の知覚的な特徴（「全体的に暗い」「四角い物がある」など）の報告が主なのに対し，呈示時間が長くなるにつれて意味的な情報（「部屋」「人」「イス」など）の報告が増えるという。呈示時間が長いほど多くの情報が，また高次の意味的な情報が認識されるのである[4]。情景のカテゴリー分け課題を用いた実験からも，上位レベルでのカテゴリー分け（自然の情景か人工的環境の情景か，など）に比べて低いレベルでのカテゴリー分け（台所か寝室か）の方が時間を要することが知られている（Kadar & Ben-Shahar, 2012; Macé, Joubert, Nespoulous, & Fabre-Thorpe, 2009; Vanmarcke & Wagemans, 2015）。

　また，情景認知では概念マスキング（conceptual masking）という現象が知られている。たとえば 16 枚の情景写真が 1.5 秒間隔で 112 ミリ秒ずつ呈示され，これを見た後に再認テストを行なった実験（Intraub, 1984）で，この 1.5 秒の間隔にいろいろなよけいな画像を呈示することの影響が試された。その結果，何も呈示しない場合や無意味画像の場合には再認成績に影響がなかったが，他の情景写真が呈示された場合には再認成績が低下した。観察した情景の処理が行なわれているうちに別の情景が入力されると，情景認知が難しくなってしまうのである[5]。そのため，たとえ情景写真 1 枚あたりの呈示時間は同等でも，単独で 1 枚の写真が呈示される場合と比べて，いろいろな情景写真が次々と現れる RSVP の場合には再認が難しくなるのである（Potter, 1976）。さらに，情景写真の RSVP では 1 枚あたりの呈示時間が同じでも，検出課題（事前に情景が

4）そのため，「情景認識に最低限必要な呈示時間は何ミリ秒か」という絶対的な基準を調べることにはあまり意味がないだろう。何をもって「情景認識ができた」とみなすかによって大きく変わるからだ。また，刺激の大きさやコントラストといった見やすさに影響する知覚的要因によって，「必要な呈示時間」はいかようにでも変化する。

5）無意味画像では効果がないことから知覚的なマスキングではないと考えられる。そのため「概念マスキング」と名付けられている。

言葉などで指定され，RSVP の観察後にその情景があったかを答える）に比べて再認課題（観察後に写真が呈示され，その写真があったかを答える）の方が難しい（Potter, 1976; Potter et al., 2014）。情景を記憶するには単に情景を同定するだけでなく記憶の符号化処理が必要なため，長い時間を要するのだと考えられる。

　要するに，ある一定の時間が経てば情景認知がすべて完了するという考え方は，あまり適切ではない。情景を目にした直後でも，その時点で可能な範囲で情報が抽出される。長く観察すればするほど，それだけ新しい情報が抽出され，探索され，統合し記憶される。認知は動的なものである。

3.3　文脈としての情景

❖オブジェクト認知における文脈

　そもそも，情景認知がオブジェクト認知を積み重ねた後に成立するのではなく，オブジェクト認知と同時並行あるいは先行して行なわれることには，それなりの意味がある。情景のジストがオブジェクト認知に役立つからだ。図 3-3 を思い出してほしい。単独では無意味な図形にしか見えない図 3-3b は，山の情景中にあるから木として認識できる。つまり情景認知がオブジェクト認知を助けている。この場合，当然ながら木のオブジェクト認知が成立するより前に，山の情景であるというジストが抽出されている必要がある。

　第 2 章では，オブジェクト像だけによるオブジェクト認知について見てきた。しかし現実には，オブジェクトだけが何もない背景上にあることは少なく，たいていは情景をともなっている。そしてオブジェクト認知が不良設定問題であり，また常に理想的な条件下で観察できるとは限らないのだから，情景の情報がオブジェクト認知に役立つ余地は十分にある。実際に，オブジェクト像以外の周囲の視覚情報はオブジェクト認知にいろいろな形で影響する（総説として Bar, 2004）。一般に視覚認知では，対象そのもの以外の，本来ならば関係のない情報が知覚や認知に影響することはよくあり，そういった情報を文脈（context）とかスキーマ（schema）[6]と総称する。図 3-6a は Ebbinghaus 錯視とい

6）文脈もスキーマも似た概念だが，スキーマという用語は心理学ではかなりいろいろな意味で用いられるので注意が必要である。認知心理学では，場所や状況についての定型的なひとまとまりの知識の束のことをスキーマと呼ぶことがあり，情景のような視覚的情報だけでなく，さまざまな高次の知識を含む（たとえば，映画館のスキーマには「上映中は静かにすることが社会的なルールである」といった知識も含まれる）。この意味でのスキーマは，フレーム（frame）とほぼ同義である。

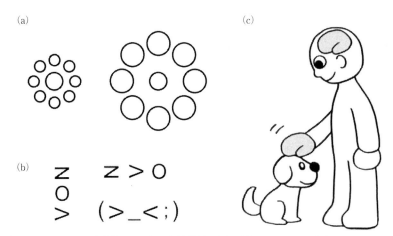

図 3-6 オブジェクト認知における文脈効果の例。(a) Ebbinghaus 錯視。中心の円は左右で大きさが同じだが、周囲にある円のために大きさが異なって見える。視覚認知にはこのような文脈効果の例は多い。(b) 文字認識での例。同じ「＞」が、文脈によって不等号にも、V にも、顔文字の中の目にもなる。(c) 同じ形状でも、他のオブジェクトとの関係や情景中の位置によって異なるオブジェクトとして認識される（脳と手）。

う錯視図形で、中央の円の大きさは実際には左右どちらも同じだが、異なって見える。周囲の多数の円が一種の文脈となっているのだ。図 3-6b は文字認識の例だが、周囲に何があるかによって、「＞」が不等号としても、横倒しの V としても、目としても認識される（第 4 章の図 4-9 も参照）。図 3-6c でも、同じ形状が文脈によって異なるオブジェクトとして認識される。

　実験的にも、オブジェクト認知にジストが用いられていることは確かめられる。図 3-7b のように、情景写真を 6 領域（縦 2×横 3）に分割し、位置をランダムに入れ替えるという操作（jumbling）をすると、このような操作をしない場合に比べて、情景中のオブジェクトの同定や情景中の変化を検出する課題の成績が低下する（Biederman, 1972; Varakin & Levin, 2008）。自然な情景らしい構造を持った背景の中にあるオブジェクトは、認識しやすいのである。

　情景文脈は、誤った記憶を誘導することもある（Miller & Gazzaniga, 1998）。ある記憶の実験（Brewer & Treyens, 1981）では、まず被験者が「大学院生の部屋」だと告げられた部屋（実際には、実験のために作られた部屋）に案内され、35 秒間そこに滞在した。そして部屋を出たあと、予告なしに「部屋にあった

図 3-7 (a) 何も操作していない情景 (intact scene) に比べて，(b) 6つの領域をランダムにかきまぜた情景 (jumbled scene) では，情景中の物体 (たとえば，電話ボックスや自転車) を同定する課題の成績が低下する。(c) オブジェクトが背景文脈と整合しているときは，(d) そうでないときに比べてオブジェクト認知や情景認知がしやすい。これをシーン整合性効果と呼ぶ。オブジェクトと背景の不整合にはいろいろな種類がある。(e) 自動販売機が山にあるのは確率の不整合。(f) カエルと森の組み合わせは，確率の要因としては整合だが，カエルの大きさが不整合になっている。

ものを書き出してください」という記憶テストが課された。すると，「大学院生の部屋」にいかにもありそう（つまり，文脈によく一致する）にもかかわらず実際にはなかったオブジェクトが，誤って報告された。たとえば「本」を 30人中 9 人が報告したという。情景写真の再認実験でも，記憶した写真とは異なる写真でも内容が類似していると「これは覚えた写真です」と誤って答えやすいという（Potter, Staub, & O'Connor, 2004）。

このように，情景は文脈として働き，予測に用いられたり，オブジェクトの認知を助けたりしている。適切な文脈があればこそ，図 3-6c の人物の耳のような単独ではただの曲線でしかないあいまいな図形が，耳として容易に再認されるのである。

❖シーン整合性効果

情景文脈の役割は，シーン整合性効果（scene consistency effect, scene congruency effect）としてよく研究されている。これは，文脈に一致（整合）したオブジェクトは認識しやすく，文脈に一致しないオブジェクトは認識しづらい，という現象だ。Palmer の古典的研究（Palmer, 1975）では，最初に情景の線画を 2 秒間呈示し，そのあとオブジェクトの線画を一瞬（20 〜 120 ミリ秒）呈示して，オブジェクトの名前を答えるという実験が行なわれた。このとき，情景とオブジェクトの文脈が一致する条件（台所とパン）と一致しない条件（台所とドラム），そして情景を呈示しない統制条件があった。その結果，オブジェクト命名の正答率は文脈一致条件で統制条件より高く，文脈不一致条件では統制条件より低かった。実際にオブジェクトの画像を情景画像に合成し同時に呈示しても（Davenport & Potter, 2004; Sastyin, Niimi, & Yokosawa, 2015, 図 3-7c, d）結果は同様だ。

シュルレアリストが好んだ，「解剖台の上での，ミシンと雨傘との偶発的な出会いのように」美しいという言い回し（石井，2001, p. 197）のように，情景文脈の不整合はある種の芸術上の効果を生むことがある。ヘリがビルのはざまを飛ぶ情景は，認識は容易だろうが，ありふれていてつまらない。もしヘリではなく巨大な魚がビルのはざまを飛んだり，イカ釣り漁船が山あいの旧家の庭に置かれたりしたならば，注意をひく，おもしろい情景となる。絵画や映画にはそのような例が多い。また，エクストリーム・アイロニングという，山頂や海底でアイロンがけをするスポーツ（？）があるが（Shaw, 2003），これは文脈

不整合の「美しさ」を身をもって体験する営みとでも言えよう。

さて，ここで一口に「文脈」と言っても，その中身は明らかに多様だ。図3-7d は，ヘリと廊下という組み合わせがおかしいだけでなく，ヘリの大きさも背景と合っていないし，ヘリを見上げている視線と廊下を見下ろしている視線も明らかに合っていない。一方，図3-1 も文脈不整合な情景だが，この場合はオブジェクトの位置だけがおかしいのであって，歩道の情景と消火栓という組み合わせや，背景に対する消火栓の大きさは自然である。Biederman et al.（1982）はオブジェクトと情景の関係性として遮蔽（オブジェクトは背後の情景を隠す），支持（たいていのオブジェクトは何らかの面の上に位置する），確率（あるオブジェクトが現れる確率の高い情景と低い情景がある），位置（もしオブジェクトが確率の高い情景中に現れるならば，特定の位置に現れやすい），大きさ（オブジェクトは情景や他のオブジェクトに対してある程度の決まった大きさを持つ）の5要因を挙げている[7]。このうち確率と位置，大きさの要因のように情景・オブジェクトの知識にもとづくものは意味的整合性（semantic consistency）と総称できよう。また，Biederman の5要因の他に知覚的要因，たとえば照明環境の整合性，遠近法の整合性などを加えてもいいだろう。図3-7e は確率の要因，f は大きさの要因が不整合な例である。

特に，日常物体認知で重要なのは意味的整合性である。それは知識の一部でもある。たとえば，オブジェクトを紙に描いたり思い浮かべたりしたときの大きさには一定の規則性があり，オブジェクト像の典型的な大きさについての知識があると言われている（Konkle & Oliva, 2011）。

情景がオブジェクト認知に影響するだけでなく，オブジェクトも文脈として情景認知に影響することも知られている（Davenport & Potter, 2004; Sastyin, Niimi, & Yokosawa, 2015）。つまり，オブジェクトと情景は相互に文脈効果を及ぼし合う。図3-7c, d, e, f のような画像を使い，オブジェクトではなく背景を回答する（「農場」「教会」など）という実験を行なうと，文脈に整合しないオブジェクトがある場合（たとえば教会の背景にアメフト選手），整合するオブジェクトがある場合（教会に司祭）に比べて正答率が低下する。このため，オブジェクト像の視覚情報処理と情景の視覚情報処理は，どちらかがどちらかに含

─────────

7）ただし，彼らの実験（瞬間呈示される情景の中に指定されたオブジェクトがあるかを答えるという課題；Biederman et al., 1982）の結果によると，この5要因のうち1つ目の遮蔽はあまり結果に影響しなかったという。

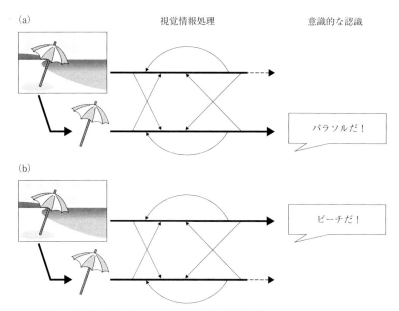

図 3-8 情景の視覚情報処理とオブジェクト像の視覚情報処理は，どちらかが完了してからどちらかが行なわれるわけではなく，同時に進行しつつ相互に影響を与えている。(a) オブジェクト認知をする場合には，オブジェクト像の処理に背景情報の処理が影響を与える。(b) 情景を認識する場合にも，オブジェクト像の処理が影響を与える。

まれるとか下位に位置するというものではなく，並行して同時に進行するものであって，クロストークやフィードバックを介して互いに影響を与え合っていると考えられる（図 3-8）。

❖どうやってジストを抽出するか？

オブジェクトと情景の処理が並行して進むとすると，オブジェクト認知を助けるジストの情報は，情景の意識的な認識が成立するより前の早い段階で抽出されていてもおかしくない。つまり，「ビーチだ」という意識的な情景認知が成立していなくても，パラソルのオブジェクト認知に文脈効果が生じうる。実際，情景文脈の整合性は無意識下でも処理されていることを示唆する研究もある (Mudrik, Breska, Lamy, & Deouell, 2011)。同様に，意識的なオブジェクト認知が成立しないほどのごく短時間呈示されるオブジェクト像からも，意味的文

脈が抽出されうる（McCauley, Parmelee, Sperber, & Carr, 1980）。

では，どうやってそんなに高速なジスト情報の抽出ができるのだろう。明るい・暗いといった知覚的情報ならともかく，学校だとかビーチだとかいうジストを判定する情報処理は，そんなに簡単そうではない。

そこで登場するのが，情景全体のごく粗い（coarse）視覚情報や統計的性質を使ってジストを抽出するという考え方である（Bar, 2004; Greene, 2013; Greene & Oliva, 2009; Schyns & Oliva, 1994）。実際，短時間呈示された情景刺激の記憶を調べた実験では，呈示時間が短いとき（250ミリ秒）には，情景中の個々のオブジェクトのような詳細な情報よりも，情景全体のグローバルな情報の方が記憶されていたという（Loftus, Nelson, & Kallman, 1983）。

眼球運動で情景のいろいろな場所を注視しなくても情景のジストは抽出可能だとすでに述べた。ヒトが何かを注視する理由の一つは，網膜の中の最も分解能が高い領域（中心窩 fovea）で対象をとらえ，詳細な視覚情報を得るためである。網膜の周辺部，つまり情景中の注視していない部分の像が映る領域は分解能が低く，ぼやけた（高空間周波数成分を欠いた）像しかとらえられないが（Anstis, 1974），ぼやけた像でもジストはかなり知覚できてしまう。図3-9のように情景写真をかなりぼかすと，個々のオブジェクトが何かはわからないものの，意外とどんな場所かはわかる。

われわれがふだん「見た」と意識しているものの多くは，注視した対象である。しかし実際には周辺視でとらえたぼやけた視覚情報も処理され，ジストを抽出して文脈効果を生じるなど，視覚認知に利用されているのだ。情景中の注視している部分に対してはオブジェクト認知のための情報処理が優越し，逆に注視していない周辺部分に対してはジスト抽出の情報処理が優越すると考えられる。情景観察時に注視点に近い領域と遠い領域では認識されやすいものに違いがあるという報告もあり（Metzger & Antes, 1983），確かに情報処理の内容が質的に異なっているようだ。

しかし，そんな粗い視覚情報だけでなぜジストを判定できるのかという疑問が残る。まず考えられるのは色を利用することだ。たとえば，上の方が明るく青いなら，空のある屋外の情景の可能性が高い。情景全体のおおまかな色や明るさの配置は，情景がぼけていても，また短時間でも把握できる情報である。

ところが，オブジェクト認知における色の役割も「ある」「なし」で簡単に議論できなかったように（2.8節），情景認知における色の役割も複雑である。

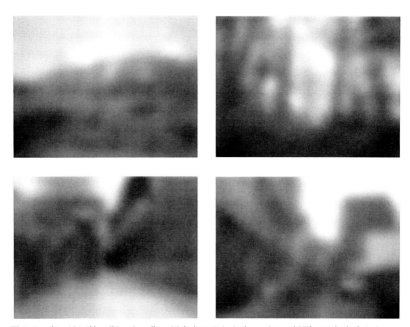

図 3-9 森，地下鉄の駅，山，街の写真をぼかしたもの（この紙面では色も失われている）。どれがどの情景か当ててみてほしい。個々のオブジェクトはほとんどわからないが，意外に情景認知は難しくない。

そもそも，モノクロの写真や映画でも情景認知は可能だ。情景文脈の古典的な研究（Biederman et al., 1982; Palmer, 1975; 図 3-1）は，モノクロどころか明暗のグラデーションすらない線画を使っているが，それでもシーン整合性効果は生じるのだから，ジスト抽出に色が必須とは言えない。

結論としては，オブジェクト認知の場合と同様，色が役立つ場合と役立たない場合の両方があるということになる。Oliva & Schyns（2000）は，情景写真のカテゴリー分け課題において色の効果を調べている。その結果，自然の情景（森，峡谷，砂漠，海岸）は色の分布がカテゴリーによって違うので色がカテゴリー分けに役立つが，人工的環境の情景（店，街，部屋，道路）は色の分布が平均的には似通っていてカテゴリー分けに色が役立たないという。実際の実験結果も，自然の情景では色のある写真，モノクロ写真，色を不自然に変化させた写真（たとえば赤が緑に置き換わる）の順に反応が速かったが，人工的環境の情景では違いがなかった。シーン整合性効果も，色のある写真の場合に強くな

る傾向がある（Castelhano & Henderson, 2008）。一方，明確なジストがない写真
では，再認成績に色の有無が影響しない（Nijboer, Kanai, de Haan, & van der
Smagt, 2008）。

　そういうわけで，色がジストの高速な抽出に役立つことはあるが，役立たな
いこともあるし，色だけがジストの情報源ではない。情景写真が動物を含むか
どうかを判断するという実験では，色の影響があまりない一方，大きさなど他
の視覚的情報が影響していたという（Delorme, Richard, & Fabre-Thorpe, 2010）。

　色以外の情報源としては，情景のいろいろな統計的性質が考えられる。たと
えば，いろいろな山の情景には，ある程度共通した統計的性質があるかもしれ
ない。その性質が街など他の種類の情景にはないとすれば，それは山の情景と
いうジストの判定に役立つ。そこで，実際にいろいろな情景の画像データを解
析してどんな統計的性質を持つかを調べることができる。情景画像が持つ統計
的性質を反映する指標は自然画像統計量（natural scene statistic）と呼ばれる[8]。

　情景画像の統計的性質の一つとして，いわゆる1/fスペクトルがよく知られ
ている。画像データは2次元フーリエ解析により，さまざまな周波数・位相・
方位の空間周波数成分に分解できる[9]。空間周波数スペクトル（つまり，どん
な空間周波数の成分がどれくらい多く含まれているか）を見ると，情景画像では，
おおよそ周波数の逆数（1/f）に比例するスペクトルになる（Field, 1987; Tol-
husrt, Tadmor, & Chao, 1992）。これは，縦軸と横軸を対数軸で表せば傾き−1
の直線になるということである（図3-10）[10]。つまり，情景画像は一般に空間
周波数が高いほどその成分が弱くなる構造を有している。これに対して，各ピ
クセルがまったくランダムな明るさの値をとるホワイトノイズ（white noise）

8）Natural image statistic とも。ここでいう「自然画像」は，必ずしも山や森などの自然環境の情
　景の画像という意味ではなく，コンピュータ・グラフィクスなどの人工的な画像や図形ではない現
　実の環境を写した画像という意味である。そのため，都市の写真なども含まれる。心理学というよ
　りも，画像や動画をコンピュータで扱う技術の基礎研究として工学分野で多くの研究がなされてき
　た。

9）フーリエ解析についてはここでは詳述しないので，視知覚や画像解析の各種テキストを参照され
　たい。おおまかに言えば，空間周波数が低い成分が多い画像は比較的ぼやけていて明るさの細かい
　変化や急峻な変化がない画像，空間周波数が高い成分が多い画像はくっきりしていて細かな変化を
　多く含む画像である。

10）空間周波数をfとすれば，$\log (1/f) = \log f^{-1}$ であり，$\log f^{-1} = -\log f$ である。なお，傾き−1
　というのはあくまでも多数の情景画像の平均的な傾向を経験的に表したものであり，何か理論的な
　必然があるわけではない。当然，画像によってスペクトルは異なるので，自然な情景画像であって
　も実際にスペクトルに直線をあてはめて得られる傾きは−0.9とか−1.2のようにばらつきがある。

3.3 文脈としての情景

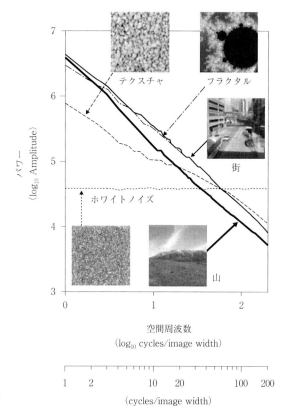

図 3-10 画像の空間周波数スペクトル（縦軸・横軸ともに対数軸で表す）。5つのカテゴリー（街，山，テクスチャ，フラクタル図形，ホワイトノイズ）について各20枚の画像の結果を平均したもの。ホワイトノイズはフラットなスペクトルになるが，街，山，フラクタルではおよそ1/fのスペクトルになっている。テクスチャ（布の表面，壁面などの写真）のスペクトルは傾きが緩やかである。

画像のスペクトルはフラットで，あらゆる空間周波数成分を等しく含む。そして，ヒトを含む哺乳類の視覚系は，ホワイトノイズのような画像ではなく，現実の情景が持つ種々の統計的性質に適応する（生態学的妥当性を持つ）ように進化したと考えられている（Field, 1999）。

方位スペクトルは，よりジストのカテゴリーに関係が深い（図3-11）。これは，画像中にどのような方位（orientation），つまり線の傾きの成分がどれくらい含まれるかをやはり2次元フーリエ解析によって表したもので，たとえば横

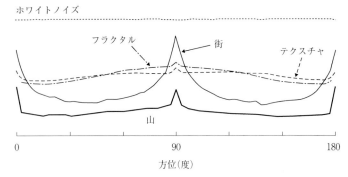

図 3-11　画像の方位スペクトル。どの方位の成分がどれくらい含まれるかを示す。図3-10 と同じ 5 つのカテゴリー（街，山，テクスチャ，フラクタル図形，ホワイトノイズ）各 20 画像の結果を平均したもの。0, 180 度は水平方位を，90 度は垂直方位を表す。街の情景では水平・垂直成分が際立って強いことがわかる。

縞模様の画像なら水平（0 度）の成分だけが，縦縞模様の画像ならば垂直（90度）の成分だけが含まれる。図 3-11 を見るとわかるように，街や山の情景には方位成分の偏りがある。特に街の情景では垂直・水平成分が強い。これは，建物など人工物には四角いもの，垂直・水平を基本にデザインされたものが多いためで，街に限らず屋内など人工的環境の情景の特徴である（Torralba & Oliva, 2003）。これと関連して，街の情景画像では画像内の一部をずらして他の部位と相関をとったとき，水平方向や垂直方向にずらすと相関は高いが，野原や川など屋外の情景画像では水平方向での相関のみが高い（Baddeley, 1997）。実際にヒトの脳の情景知覚に関わる領域（PPA, 7.3 節参照）は情景の垂直・水平方位に対して感度が高くなっているという知見もあり（Nasr & Tootell, 2012），情景の方位スペクトルの特性に適応したものと解釈されている。

　とは言え，ヒトの視覚系は本当にそんな統計的性質を検出できるのだろうか。実は，統計的性質を知覚できるという例は情景認知以外にも存在する。たとえば，画像中の輝度分布（どれくらいの明るさのピクセルがどれくらい含まれるか）の歪度（skewness）が，物体表面の材質感の知覚と強く関係するという（Motoyoshi, Nishida, Sharan, & Adelson, 2007）。また，知覚心理学では古くからテクスチャ分凝（texture segregation）の研究がある（Julesz, 1981; Malik & Perona, 1990）。図 3-12 は，4 つの異なる領域があることが一目でわかる。このような

3.3 文脈としての情景

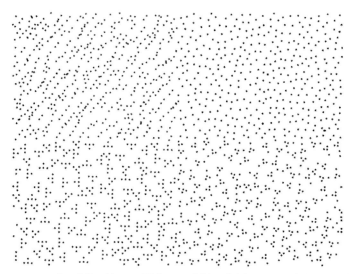

図 3-12 テクスチャ分凝の例。この図は4つの領域に分かれていることが一目でわかる。テクスチャ知覚では，個々の要素（ドット）に注意を向ける必要はない。

テクスチャの知覚は，個々の要素（ドット）をひとつずつ注視し認識するのではなく，テクスチャ領域全体の規則性や統計的性質を高速に処理することで成立しており，ジスト知覚と似ている。そのため，情景のカテゴリー分けはテクスチャ知覚のモデルで説明できるという主張もある（Renninger & Malik, 2004）。

もちろん，すべての情景カテゴリーを判定できる単一の統計的性質があるとは考えにくい。そもそも，街の情景では「平均的には」水平・垂直成分が強いと言っても，具体的なある1枚の情景写真の方位スペクトルが必ずそうだとは限らないから，どんな街の情景でも街の情景として認識するには，やはり複数の性質を組み合わせた方がよい。ここで読者は，要するにオブジェクト認知と同じではないかと思うかも知れない。そうなのだ。「ある画像が与えられたときに，画像から検出される特徴に基づいて適切なカテゴリーに分類する」という点で，オブジェクトの同定と情景のジスト抽出は同じである。だから，画像情報処理としてはまったく同じ定式化ができ，ジスト抽出でもやはり特徴選択の問題と切り分けの問題（2.5節を参照）を解けばよいことになる。視覚心理学においてオブジェクト認知とジスト抽出のメカニズムは別のものとして研究さ

れてきたが，両者が本質的に区別可能なのかを考えてみる余地があるかも知れない。

　もちろん，同じ定式化ができるからと言って，実際のヒトの脳の中でも区別がないとは限らない。仮に同じアルゴリズムを用いているとしても，オブジェクト同定とジスト抽出で必要な特徴は異なるだろうだから，神経機構としては別々になっていてもおかしくはない。情景認知の神経機構については第7章で紹介する。

3.4　情報の統合による情景認知 ……………………………………………

❖ヒトは情景のすべてを認識できない

　ここまで，高速なジスト抽出について見てきた。ヒトは一目で――ごく短時間で，眼球運動による探索も行わずに――どんな情景かを把握できる。しかしその一方で，ヒトの情景認知がいかに粗く，情景の多くの情報を見落としているかもよく知られている。

　いわゆる「間違い探し」ゲームは，意外と難しい。実験的にも，情景中のオブジェクトがなくなったり，別のものに置き換わったりしていることは，いちいちオブジェクトに注意を向けて確かめないとわからないことが確認できる。一目でジストが知覚できると言っても，情景中のすべてのオブジェクトの情報が一目でわかるわけではないからだ。それを実感できるのが変化の見落とし (change blindness) という現象だ (Rensink, 2002; Simons & Levin, 1997)。図3-13aのように，一部に変化がある情景のペアを用意し (aとa')，交互に切り替えて画面に表示する。切り替えの間には灰色の画面を挿入してある[11]。これを見てどこに違いがあるかを答えるという実験である。意外に難しく，1分間見続けたあげく答えを教えられると「なぜそんな明らかな違いに気付かなかったのか」と思ってしまう（詳しくは，シリーズ第1巻『注意』を参照）。

　ちなみに，同様の現象が映画などの映像でも見られ，カット（編集により生じるショットとショットの境目）の前後で同じ人物が違う服を着ているなど不自

――――――――――――

11) この灰色の画面を挿入せずにaとa'を交互に切り替えると，変化のある場所に明滅や動きが知覚されてしまう（たとえば，aにはないがa'にあるレンタカーの看板が明滅して見えてしまう）。このような視覚的運動は注意を引くので，すぐに変化のある場所がわかってしまう。なお，変化の見落とし現象を調べる実験方法はいくつかある。ここで紹介しているもの（フリッカー法）は，代表的な方法である。

3.4 情報の統合による情景認知　　　　　　　　　　　　　　　　89

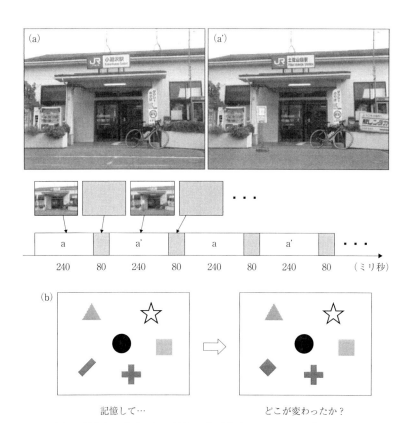

図 3-13　変化の見落とし実験の例。情景画像（a）と，その一部を変化させた画像（a'）を用意し，灰色のブランク画面をはさみながら交互に表示し続ける。実験の被験者はどこが変化しているかを見つけなければならないが，意外に難しく，数十回のくりかえしを経ても見つけられないことも多い。呈示時間（情景 240 ミリ秒，灰色画面 80 ミリ秒）は Rensink, O'Regan, & Clark（1997）に準拠している。ちなみに（a）と（a'）には 5 カ所の違いがある。（b）視覚的短期記憶の容量を調べる変化検出課題（change detection task）の例。まず，いろいろな色・形状のオブジェクトを記憶する。数秒たってから別の画面が現れ，どこが変化しているかを見つける。形はすべて同じ（たとえば四角形）で色だけ変化する，というように特定の特徴の変化だけを検出する場合も多い。

然な変化（continuity error）があっても気づきにくい（Levin & Simons, 2000）。

　考えてみれば当たり前なのだが，われわれが一度に認識したり覚えたりする
ことができる情報の量はとても少ない。たいていの心理学の教科書に書いてあ
るように，数字や単語を一時的に記憶する短期記憶の容量は一般に7±2項目
程度といわれている（Miller, 1956）。オブジェクトの視覚的短期記憶となると
容量はもっと少ない。図3-13bのように，画面上の複数の図形を記憶し，画
面が消えてから数秒後に現れる新しい画面のどこが変わったか（色や形，位置
などが変化する）を見つける課題[12]を行なうと，条件にもよるが4つ程度を記
憶するのが限界である（Awh, Barton, & Vogel, 2007; Luck & Vogel, 1997）。同時
に注意を向けることができるオブジェクトの数も，やはり少ない（Pashler,
1988; Pylyshyn & Storm, 1988）。しかし日常生活で目にする情景は，4をはるか
に超える数のオブジェクトを含むことがほとんどだ。それを一度に認識するこ
とは不可能である。

　知覚とはすべての情報を把握することではないし，情景認知も，情景のすべ
てを認識・記憶することではない。そもそも，認知が情報の修飾や解釈を含む
以上，認知する主体とは無関係に情景がもともと持つ「すべての情報」を想定
することすら難しい。認識し記憶されるのは，主体にとって重要だったり，当
座必要だったり，あるいはたまたま注意を向けた情報に限られる。いきなりす
べてを認識できないから，ひとまず大まかに，どんな情景かという情報を短時
間で抽出するジスト知覚のような仕組みがある。ヒトの情報処理能力には限界
があるため，情報の取捨選択や推測が不可欠なのだ。その結果，同じ情景でも
改めて見れば違う見え方をすることがあるし，人によって，状況によって違う
見え方をする。能力が限られているがゆえに，認知の多様性が生じる。

✤注意による情報の収集と統合

　情報を取捨選択するメカニズムとして，注意や眼球運動[13]がある。ジスト

12）変化検出課題（change detection task）と呼ばれ，視覚的短期記憶（visual short-term memory,
　　VSTM）・視覚的作業記憶（visual working memory, VWM）の性質を調べる実験でよく用いられ
　　る（たとえば Awh, Barton, & Vogel, 2007; Luck & Vogel, 1997）。
13）認知心理学では，注意（attention）と眼球運動（eye movement）はかなり重なる概念である。
　　眼球運動によって目を向け注視することを顕在的注意（overt attention）と呼び，注意のシステム
　　の一部と見なすことができる。これに対して，注視していない場所に注意を向けることも可能だが，
　　これは潜在的注意（covert attention）と呼ばれる。

3.4 情報の統合による情景認知　　91

は一目で知覚できるかもしれないが，個々のオブジェクトなど情景の詳細を認識するには，あちこちに注視して，何があるのかを逐一認識しなければならない。これも情景認知の重要なプロセスである。図3-13aの「間違い探し」をするとき，間違いのある場所を確認しようと読者は眼をたくさん動かしたに違いない。また，情景写真のあちこちを探索すると，特に記憶するよう求められていなくても，情景中にあったオブジェクトが記憶されているという（Castelhano & Henderson, 2005）。注意や眼球運動によって情報が集められ，統合されることで，情景の詳細な認識・記憶が可能になるのである（Hollingworth, 2006）。

　そこで，情景認知と注意・眼球運動の関係が重要な問題となる。これは，一面から見れば「注意は情景のどこに向けられるのか」という問題である（Itti & Koch, 2000; Peelen & Kastner, 2014）。たとえば，ジストは文脈として眼球運動を誘導すると考えられている（Torralba, Oliva, Castelhano, & Henderson, 2006; Vō & Henderson, 2010）。指定されたオブジェクトを探して見つける課題では，オブジェクトが文脈整合な情景の中にあると不整合な情景の中にあるときより早く見つけられるし（Henderson, Weeks, & Hollingworth, 1999），前節で触れたように情景は変化検出を助ける（Varakin & Levin, 2008）。車を見つけろと言われれば，道路上に注意を向けるわけで，屋根の上に注意することはあまりないだろう。ジストや文脈がすばやく抽出されることで，効率的な探索が可能になるわけだ。ただ，これはどちらかと言えば注意研究の問題と言うべきかも知れない。

　情景認知研究では，「注意によって情景はどのように認識されるのか」という問題意識が大きい。特に，眼球運動によって得られる情景の断片的な情報，個々のオブジェクトの情報をどのように統合して情景として一体化された表象を得るのか，あるいは新しい注視によって得られた情報をすでに持っている情景の情報にどのように加えるのかが問題にされてきた。その意味で，情景認知の本質は情報統合でもある（Simons, Mitroff, & Franconeri, 2003）。実は変化の見落とし実験（図3-13a）には，ある注視と次の注視との間の情報統合をテストする実験という意味合いもある。注視点から別の注視点へとジャンプするように眼球がぱっと移動するサッケード（saccade）では，その最中や直前・直後に知覚が著しく抑制される（サッケード抑制，saccadic suppression; Findlay & Gilchrist, 2003/2006 を参照）。変化の見落とし実験で2画像間に呈示される灰色の画面はこの期間を模している。このような一時的な知覚の遮断を越えて，前

の注視で見た情報と次の注視で見た情報を統合しなければならない。

❖レイアウトの認識

　眼球運動前と後では情景中の見ている位置が違うから，前に見ていた像と後に見ていた像を単に重ね合わせれば情報が統合できるというわけではない。だから，情報統合には何らかの空間的情報が必要なはずだ。注視したオブジェクトが認識できたとして，情景中の位置を表す何らかの方法――たとえば座標系のようなもの――があれば，オブジェクトの情報を情景中の適切な位置に結びつけられる。オブジェクト A がリンゴならば A（リンゴ, *x, y, z*）のように，あるいは B（目玉焼き, パンの上）とか C（ランプ, カバンの中）のように，座標や他のオブジェクトとの位置関係といった空間的情報を使えば，オブジェクトの情報を統合して情景全体の詳細な表象を組み立てることができる。そこで，情景中の複数のオブジェクトの空間的なレイアウト（layout, 配置）をどのように認識しているのかが実験的にも検討されてきた。これは情景認知の研究であると同時に，空間認知（spatial cognition）の研究とも言える（Wang & Spelke, 2002）。

　空間認知の心理学的研究としては，いわゆる認知地図（cognitive map）や「方向オンチ」に関するもの（新垣・野島, 2001）がよく知られるが，これは情景認知というよりも，もっと広い地理的知識がテーマだ。情景認知の研究としては，オブジェクトのレイアウトを学習する課題がよく用いられる（図 3-14）。たとえば，まず円形のテーブル上の 5 つのオブジェクトのレイアウトを図 3-14a の矢印の位置から 3 秒間観察して学習する。するとカーテンが閉められ，テーブルとオブジェクトが 7 秒間隠される。この間に実験者が 5 つのうち 1 つのオブジェクトを新しい位置に動かす。7 秒後にカーテンが開かれ，テーブルの上を見てどのオブジェクトが移動したかを答える（図 3-14b）といった具合だ。このとき，学習時と同じ視点で答えるのは容易だが，異なる視点で答える（たとえば，テーブルを 47 度回転してしまう）のは難しい。つまり，レイアウトの再認には視点依存性が認められる。ところがおもしろいことに，テーブルは動かさずに被験者自身が 47 度移動すると，テーブル上の情景はテーブルを 47 度動かすのと同様に変化するにもかかわらず，答えるのがあまり難しくならない（Simons & Wang, 1998）。

　なぜこんなことが起こるのだろう。オブジェクト認知でも視点依存性は大き

3.4 情報の統合による情景認知　　93

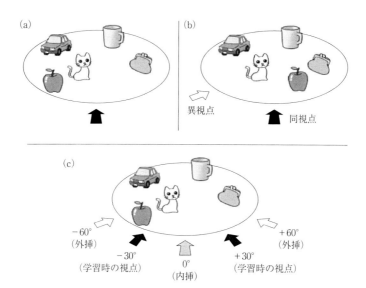

図3-14　レイアウトの再認課題。まず（a）のようにある視点でレイアウトを観察し，記憶する。その後，（b）のようなレイアウトを見て，どのオブジェクトが移動したかを答える。このとき，学習時と同じ視点では答えやすいが，異なる視点では答えにくくなる。ところが，（c）のように2つの視点（±30度）からレイアウトを見て学習すると，学習時と同じ視点（±30度）よりもむしろその中間の内挿視点（0度）で成績がよくなる。

な問題だったが，観察者中心座標系ではなくオブジェクト中心座標系に基づいたオブジェクト形状の表象が得られれば視点依存性はなくなるという議論を思い出してほしい。同じ議論があてはまる。観察者中心座標系，たとえば自身の視点を原点とし視線を座標軸のひとつにするような座標系では，いかにその座標系に基づいたレイアウトの情報を正確に記述しても，視点が変わってしまったら座標系が変わるので無効になってしまう。これに対し，まわりの環境——たとえば部屋——を基準にした座標系（環境中心座標系）を用いれば，そんなことはない。環境中心座標系に基づいてレイアウトを記述すれば，新たな視点から観察したときに再び環境中心座標系に基づいてレイアウトを記述し，記憶しておいた情報と比較して違いを見つけることがである。

　前述の実験の場合，最初にレイアウトを観察したときに形成されるのは観察者中心座標系に基づいた記憶かもしれない。テーブルが回転すると，この記憶

はあまり役に立たない。しかし被験者自身が位置を変えると，自身の視点の移動を環境中心座標系の中で表現したり，記憶されていた情報を環境中心座標系に変換したりといった情報の更新（updating）の作業が行われると考えられる。

　情景の詳細な情報を集めて統合するには，このような更新というプロセスはとても重要である。眼球運動をしたり，歩いて移動したりすれば，目に入ってくる情景の映像そのものは次々と変化する。その都度，新しい情報を統合し，情景の表象を更新してゆくのである。情景認知は，決められた手順を踏めば完了するというものではなく，常に稼働していて情報を収集，更新し続ける動的なプロセスと考えた方が妥当だろう。

　実験的にも，同じ情景を異なる視点から観察すると情報を統合，更新して情景の表象が形成されることがわかる。たとえば図3-14c のように，レイアウトを2つの視点（±30度）から観察して記憶したあと，いろいろな視点（0, ±30, ±60度）で見て再認課題（レイアウトの変化の有無の回答）を行なう。すると，学習時とまったく同じ視点（±30度）よりも，むしろ学習視点の中間に位置する0度の視点の方が成績がよい（Waller, Friedman, Hodgson, & Greenauer, 2009）。これは，学習時に2つの視点で見たレイアウトの情報を統合し，内挿（interpolation）された情報が形成されるからだと解釈できる。学習視点から外挿（extrapolation）しなければらない±60度の視点では，成績が低くなる。一方，同じレイアウトかどうかではなく，学習時と全く同じ視点かどうかを答えて下さいという課題を行なうと，今度は内挿視点（0度）で誤って「学習時と同じ」と答えてしまいやすくなる（Castelhano, Pollatsek, & Raynor, 2009; この研究ではテーブルではなく部屋のような自然な情景画像を用いている）。

　さて，空間的情報を表現するための座標系は，空間認知の研究では参照枠（reference frame, frame of reference）と呼ばれることが多い。観察者中心参照枠（egocentric reference frame），外界中心参照枠（allocentric reference frame, environmental reference frame）といった具合だ。この2つの参照枠だけを考えればよいわけでもない。たとえば，視線の変化は眼球運動，頭部の運動，上体の運動，全身の移動などいろいろな原因で起こるから，眼球を基準にした網膜中心参照枠，頭部中心参照枠，身体中心参照枠などいろいろな可能性がある。視覚認知のシステムは，必要に応じて適切な参照枠を使い分けたり変換したりしているに違いない。空間認知の研究は参照枠についての研究と言っても過言ではない（Wang, 2012）。

3.4 情報の統合による情景認知 95

　情景認知に関しては特に外界中心参照枠の利用が重要になるわけだが，ひとくちに外界と言ってもその何を基準にするかはさまざまである。部屋の壁や道路のような広い構造物を基準にすることもできるし，オブジェクトのレイアウトそのものに一種の空間的な軸があれば，それも基準にできる。たとえばオブジェクトが対称に配置されていたり，オブジェクトの位置には規則性がないがすべてのオブジェクトが同一の方向を向いていたりすれば，その対称軸や同一方向の軸がレイアウトの記憶の参照枠となりやすい（Marchette & Shelton, 2010; Mou, Liu, & McNamara, 2009）。

❖文脈としてのレイアウト

　とは言え，多数のオブジェクトのレイアウトを記憶するのはなかなか大変だ。図3-14のような実験からもわかるように，4つや5つだけでも正確にレイアウトを覚えようとすると意外に苦労する。しかし，ふだんの生活では，われわれはもっとたくさんのオブジェクトの位置を覚えていることが多い。自分の部屋のどこに何があるかはよく知っている。自分の書棚に並べられた本は，図書館のように整理されてはいなくても，「あの本を取ろう」と思うと意外にすぐその場所が思い浮かべられたりする。もちろん，これは同じレイアウトを何度も経験することで学習が成立し，長期記憶ができているからである。コンピュータのキーボードで入力をするとき，慣れないとどこに何の文字があるのかキーを1つずつ注視して探索しなければならないが，繰り返し使ううちに文字の配列が学習され，1秒間に何文字も入力できるようになる。

　つまり，何度も経験して学習すれば，レイアウトもジストのように速やかに処理され，やはりジストのように文脈として役立つようになる。注意の文脈手がかり効果（contextual cueing effect）という現象がある（Chun & Jiang, 1998; 詳しくはシリーズ第1巻『注意』4.5節も参照）。図3-15のような，画面上のたくさんの図形の中から標的（T字型の図形）を見つけるという視覚探索課題を行なうとき，ときどき同じレイアウトが繰り返されるようにしておく（標的の位置も同じ）。たくさんの試行を行ない，同じレイアウトが何度も反復されると，しだいに反復レイアウトの時には標的を速く見つけられるようになるのだ（ちなみに，レイアウトが反復されていることには気づかないのが普通である）。この視覚探索課題の画面は，部屋とかビーチといった日常的な情景ではないので，意味のあるジストは含まれていない。レイアウトそのものが学習され，標的の場

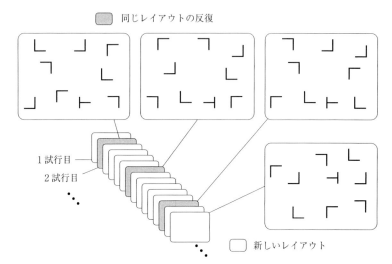

図 3-15 レイアウトも繰り返し経験することで文脈になることを示す,注意の文脈手がかり効果 (Chun & Jiang, 1998) の実験。画面中の T 字型の図形を探し出すという視覚探索課題で,オブジェクトのレイアウトが同じものがときどき繰り返されると,しだいにその繰り返されたレイアウトで標的を見つけるのが速くなる。

所に注意を向けることを無意識のうちに助けているのである。

このように,情景文脈にはジストとレイアウトの両方がある。変化の見落とし現象の研究を通して注意のコヒーレンス理論 (coherence theory) を提唱した Rensink (2000) は,注意の移動を助ける要因としてジストとレイアウト,そして過去に経験した情景から作られ長期記憶として保持されているジストやレイアウトの知識である情景スキーマ (scene schema) の3つを想定している[14]。CT 検査などの医療画像を見て病気を診断する画像診断の専門家は,画像中の病巣を探し出す視覚探索の遂行において画像診断に特有の知識を用いていると考えられるが (Nakashima, Kobayashi, Maeda, Yoshikawa, & Yokosawa, 2013; Nodine et al., 1999),そういった知識は一種の情景スキーマと言えるかも知れない。

---

[14] Rensink の理論は情景認知の理論というよりは注意の理論であり,情景がいかに注意をオブジェクトに誘導しオブジェクトの表象を形成するかという側面が重視されている。そのため,オブジェクトもまた文脈として情景認知に影響するという側面 (3.3節) はあまり考慮されていない。

3.5 情景認知の広がり

ヒトの視覚を，光によって外界の情報を得るシステムだと考えるならば，情景認知はまちがいなく視覚の中心的機能であり，またゴールとも言える。しかしそれだけに情景認知にはさまざまな要因が絡み，全体像をつかむのが難しい。これまで見てきたように，情景認知を理解するにはオブジェクト認知や注意などもあわせて理解する必要がある。また，「情景認知」自体にもいろいろな側面がある。少なくとも，注意をあまり必要としない高速なジスト抽出のプロセスと，注意や眼球運動によって詳細な情報を集め統合するプロセスの2つに分けることができる。ジスト抽出に限っても，屋内と屋外の区別，車と犬の区別，といろいろな種類の実験課題ができるが，課題によって情景認知の成績や必要な情報処理は異なる（Vanmarcke & Wagemans, 2015）。

また，この章ではジストのカテゴリー弁別やレイアウトの再認など，情景の同定（identification），つまり「何の情景かわかること」に絞って議論を進めた。しかし情景に対して視覚系が行なうのは同定だけではない。たとえば，方向の判断をするときに，情景が影響を与えることがある（Dyde, Jenkin, & Harris, 2006; Niimi & Watanabe, 2013）。つまり情景は方向知覚に対しても文脈として影響する。また，画家や写真家が構図を重要視することからも明らかなように，オブジェクトのレイアウトは視覚的な好ましさや美感にも関係する（Palmer, Gardner, & Wickens, 2008; Tyler, 1998）。

情景は感情にも影響する（Lang, Greenwald, Bradley, & Hamm, 1993）。銃や埋葬といった，感情を強く喚起する物体・情景の画像（感情喚起画像）を集めたIAPS（international affective picture system; Lang, Bradley, & Cuthbert, 2008）という研究用データセットを用いた研究が多数ある。たとえば，何らかの認知課題を行なっているとき，注意を向けていない場所に感情喚起画像が呈示されると，そちらに注意が引きつけられ，成績が低下する（Carretié, 2014）。また，この効果は画像の種類だけでなく被験者の性別や不安障害の有無といった個人差にも影響を受ける（Calvo, Gutiérrez-García, & del Libano, 2015; MacNamara & Hajcak, 2010）。

情景とは何かと考える時，思い出すことがある。自転車で下北半島（青森県）を旅行していて，恐山を訪れた時のことだ。霊場として名高いそこは観光地で

もあり，興味本位の物見遊山に立ち寄っただけだった。しかし硫黄の臭気漂う岩場をぬけて極楽浜というカルデラ湖の岸辺の光景を目の当たりにしたとき，何かがたまらなくなって泣き出していた。理由はわからない。曇天の下に広がる，白くて何もない浜だった。

　この極楽浜，時には「いい年をしたおじさんやおばさん」が，「恥も外聞もあられもなく」亡くなった人の名を叫ぶ，あるいは「叫ばずにはいられなくなる」場所なのだそうだ（南，2012）。その特異な自然の景観が，山をして霊場たらしめている。ヒトは情景から「外界の情報」を得ているだけではない。情景を見たときに目の中で，脳の中で，心の中で何が起こるのか。今はまだ，その全体像のおぼろげな輪郭を思い描くことすら難しい。

第4章 文字・単語認知

4.1 文字とは何か

　文字とは，視覚的な処理単位であるオブジェクトの1つである。しかしながら，文字は他の視覚オブジェクトとは異なる特徴を持つ。すなわち，文字はある種の抽象化された記号であり，言葉を伝達し記録するために使われる，直線や曲線などの線分群と点の集合体である。

　文字の起源については，単一起源か，複数の地域で独立に誕生したのかについては，いまだに結論が出ていない（河野, 1994）。少なくても，その歴史は紀元前4000年紀後半にメソポタミアで誕生した楔形文字まで遡ることができる（Schmandt-Besserat, 1996）。歴史的な発見を含め，これまでに知られている文字は，それほど多くない種類の系統に分類できる。初期の楔形文字が表記している言語はシュメール語であるが，今日知られている文字体系のほとんどは，シュメールか中国のどちらかから発達した文字と考えられている。いずれも表象する形状と直接対応しなくなり，汎用性を持ち，概念を表す役割を担うことになった（Gelb, 1963）。言語を書き記すための記号に対して，「文字」と命名されるようになったのは司馬遷による「史記」と言われている。

　文字は，一般的に，文字体系と呼ばれるひとまとまりの文字の集合を持っている。たとえば，アラビア文字，キリル文字という集合であり，日本語には漢字，平仮名，片仮名の3つの文字体系がある。象形文字への発展にもつながったとも言われる絵文字（ピクトグラム）や，点の集合体である点字も文字体系の一つであろう。ただ，絵文字や点字の認知の問題について，それ自体は興味深いが，本章には含めないことにする。

　言語ごとの文字体系は，表語文字（logogram）と表音文字（phonogram）に分類できる。表語文字は，文字が語や形態素に対応すると共に，発音も表している。日本語では，漢字が表語文字にあたる。以前は，表意文字（ideogram）とも言われていたが，漢字1字が単独で意味を表すとは限らないので，表語文

字と呼ばれることが多くなっている。一方，表音文字は，表語文字や象形文字を元に，音節や音素だけを表すことに用いたものである。日本語では，各文字が音節に対応する平仮名や片仮名が表音文字のなかでも音節文字にあたる。表音文字のうち，音素を表す文字を音素文字（segmental script）と呼び，その文字体系はアルファベット（alphabet）と総称される。文字認知の問題を扱うときには，文字が表す単位が表語文字もしくは表音文字という違いがあるという，文字体系の特徴を理解しておく必要がある。

4.2　文字の検出と分節

　文字認知を段階的に考えるならば，その最初の段階は，文字という単位を見分けることであろう。見分けるということは，文字以外のものから文字を見分ける検出（detection）の問題でもあり，文字群の中から特定の文字を見分ける分節（segmentation）の問題でもある。

　まず，文字以外のものから文字を見分けるには，文字の特徴である線分群の集合体が，言語に直接結びついた記号であるかどうかを見極めなければならない。たとえば，図4-1のような線分群の集合体としてのオブジェクトが存在したとしよう。図4-1a はほとんど誰も文字だとは判断しないと思うが，それ以外はどうだろうか？　一般的な日本人ならば，図4-1b と 図4-1c は文字と判断し，図4-1d は文字とは判断しないかもしれない。しかし，日本語を知らない欧米人ならば，図4-1c と図4-1d は文字とは判断しないだろう。もちろん，日本語を知らなくても，図4-1c を日本語の文字のようだと大まかな判定はできるかもしれないが，「た」に濁点や半濁点を付けたときに，日本語の文字かどうかを判断することは，それなりの困難が伴うだろう。一方，日本語も英語も知らないタイ人ならば，図4-1d は文字と判断しても，図4-1a，b，c は文字とは判断しないだろう。実は，図4-1d は，タイ語を表すタイ文字なのである。また，図4-1a は楔形文字であるので，図4-1 に示された4つはすべて文字である。しかし，文字検出という課題においては，特定の言語に直接結びついた記号であるかどうかが前提であり，すでに何らかの学習により，脳内に存在している記憶表象との再認ということにならなければならない。具体的に言えば，日本の案内標識がタイ語で書かれていては，その文字を検出しても，それは案内すべき内容を表していることにはならず，一般的な日本人にとっては

4.2 文字の検出と分節　　　　　　　　　　　　　　　101

(a)　　(b)　(c)　　(d)

図 4-1　線分群の集合体としての文字

(a)

(b)　　　　　　　　(c)

図 4-2　文字の分節

無意味なのである。

　次に，文字群の中から特定の文字を見分けることは，文字認知における前提であるが，日常的な状況を思い浮かべてもらえば明らかなように，必ずしも文字ごとに分節化されて文字群が存在しているわけではない。図 4-2 を例にして考えてみよう。図 4-2a はアラビア文字，b は英語の筆記体，c は平仮名の草書体で書かれた文字列である。いずれも文字体系を知っていれば，ある程度文字ごとに分節化することができるが，そうでなければ，それぞれの文字数ですら，正確に答えられないだろう。なぜならば，各文字に変形を加えながら連続的な運筆を実現するということは，正確な分節箇所を一意に決定することを困難にし，場合によっては重複した割当や，文字以外の運筆部分を除去しなければならないことにつながる。文字ごとに明確な分節ができない場合にも，文字認知可能なことは，4.4 節の単語認知で取り上げるが，第 3 章でも取り上げられていた，オブジェクト認知において情景文脈が影響を与えるシーン整合性効

(a)	ODUGQR	(b)	IVMXEW
	QCDUGO		EWVMIX
	CQOCRD		EXWMVI
	QUGCDR		IXEMWV
	URDGQO		VXWEMI
	GRUQDO		MXVEWI
	DUZGRO		XVWMEI
	UCGROD		MWXVIE
	DQRCGU		VIMEXW
	QDOCGU		EXVWIM
	CGUROQ		VWMIEX
	OCDURQ		VMWIEX
	UOCGQD		XVWMEI
	RGQCOU		WXVEMI
	GRUDQO		XMEWIV
	GODUCQ		MXIVEW
	QCURDO		VEWMIX
	DUCOQG		EMVXWI
	CGRDQU		IVWMEX
	UDRCOQ		IEVMWX
	GQCORU		WVZMXE
	GOQUCD		XEMIWV
	GDQUOC		WXIMEV
	URDCGO		EMWIVX
	GODRQC		IVEMXW

図 4-3　アルファベット文字を用いた視覚探索（Neisser, 1963）

果（3.3 節参照）と同様の関係が，文字認知においても存在し，文字特徴が不完全でも，文字としての認知ができると考えられる。

　Neisser（1963）は，視覚走査時間を測定するために，図 4-3 のような文字列を用い，文字列の上部から順に走査し，あらかじめ指定した標的刺激を検出させる課題を行った。図 4-3a，bともに，Z が標的文字の刺激例であるが，標的文字の位置を変えることで，文字列の上部から Z ではないと認知した文字数から，1 文字あたりの処理時間を算出できると考えた。しかしながら，図 4-3a のように曲線を含む文字の中で Z を検出するための処理時間と，図 4-3b のように直線的な文字の中で Z を検出するための処理時間が著しく異なることが見いだされた。この結果は，標的文字 1 文字を処理する時間が固定的であるわけではなく，標的文字と共有する特徴の有無が 1 文字あたりの処理時間を大きく左右することを示している。処理プロセスの複雑さを反応時間の差異で明ら

かにしようとする典型的な認知心理実験において，結果を慎重に解釈しなければならないことを示した研究として，重要である。

4.3　文字の弁別と同定

　文字は，人工的に作成された視覚パターンである。しかも，当然ながら，長期間に渡って，日常的に使用されている。1 日平均 1 時間読書したとしよう。1 分あたり平均 600 文字の読書スピードだとすると，7 年半で約 1 億文字を読んだことになる。したがって，日常的に使用する文字形状の定義は，明確に理解しているはずである。たとえば，大文字の「A」は，2 本の直線が鋭角で山形に接続し，その直線間に，両者を結ぶ水平な直線を持つ構造である。すなわち，3 本の直線と，それらの空間的な関係により，大文字の「A」は定義できるので，そのような特徴を抽出することで，文字認知が可能となる。

　文字認知の問題は，同定（identification）と弁別（discrimination）に分けることができる。同定は変形されてあまり類似していなくても同じ文字カテゴリーに分類することであり，弁別は，いくら類似していても異なる文字カテゴリーに分類することである。たとえば，図 4-4a に示したのは，すべて大文字の「A」であるが，それぞれフォントが異なっている。これらは，上述したような大文字の「A」の構造的定義である，3 本の直線と，それらの空間的な関係だけでは収まりきらない。もし手書きの文字を含めるならば，大文字の「A」の構造を定義するためには，さらに様々な変動を許容しなければならないだろう。文字を同定する問題は，このような変動を許容しながら，特定の文字カテゴリーに当てはめる課題である。図 4-4a の中には，同じカテゴリーの文字同士が類似していないと感じるものがあるだろう。一方，図 4-4b に示したのは，「A」以外の大文字であるので，それぞれ適切な文字カテゴリーとして同定しなければならないが，構造的には「A」に類似している文字が存在しているのは，明らかであろう。すなわち，構造的に類似している文字同士を別カテゴリーに弁別し，類似していない文字同士を同カテゴリーとして同定しなければならない場合が生じるということになる。このようなカテゴリー間の関係を持つので，文字認知における同定と弁別の精度には一般にトレードオフが成り立つ。すなわち，特定の文字の同定精度を上げようとすれば，本来は他のカテゴリーに弁別すべき文字を棄却しにくくなる。

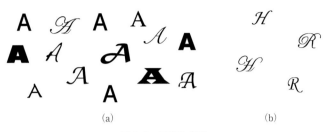

(a)　　　　　　　　　　　　　(b)

図 4-4 同定と弁別

	A	B	C	D	E	F	G	H	I	J	K	L	M	N	O	P	Q	R	S	T	U	V	W	X	Y	Z
A	58	0	0	1	0	1	0	2	2	3	10	2	0	2	1	2	0	5	0	4	0	1	0	6	0	1
B	2	26	2	5	2	0	4	7	1	2	1	1	3	8	3	3	3	18	1	1	6	1	0	1	0	0
C	1	1	50	1	5	3	3	2	1	1	3	4	0	0	7	3	1	2	1	4	1	1	1	1	1	1
D	1	4	1	46	1	0	5	4	1	1	0	0	1	1	12	2	5	5	0	2	6	1	0	1	1	0
E	1	3	3	1	36	7	0	3	3	4	6	11	0	0	3	5	0	1	0	7	1	1	0	1	3	1
F	0	1	0	1	2	33	1	3	9	5	3	7	1	1	0	3	0	1	1	18	1	1	0	1	7	1
G	1	1	8	1	1	1	34	9	1	1	2	3	0	4	11	3	3	3	1	1	7	2	0	0	1	0
H	1	1	1	1	0	1	1	50	1	1	1	1	3	15	3	2	0	4	0	3	4	1	3	0	1	0
I	0	0	0	0	1	3	1	1	57	8	1	11	0	0	1	1	0	2	0	9	0	1	0	0	3	0
J	1	0	0	0	0	1	1	2	15	48	1	3	0	0	3	1	0	1	1	8	4	1	0	2	5	1
K	3	1	1	1	1	2	0	6	5	1	50	4	1	2	4	3	0	3	0	1	1	1	1	5	3	0
L	1	0	1	1	1	1	0	3	14	3	2	60	0	1	3	1	0	1	0	7	0	0	0	0	2	0
M	0	1	0	1	0	0	1	10	0	1	1	0	62	8	5	1	1	1	1	1	1	1	5	1	0	0
N	3	1	0	1	0	0	1	6	0	0	3	0	7	54	3	1	3	4	1	1	2	2	4	1	1	1
O	1	1	6	5	0	1	11	1	0	2	1	0	1	3	51	2	10	1	0	2	2	0	1	0	0	1
P	1	2	2	1	1	9	1	5	3	1	1	1	1	1	6	52	0	6	0	3	1	1	0	1	1	1
Q	1	1	1	1	0	0	11	6	0	1	1	1	0	3	28	1	36	1	0	0	5	0	1	1	0	0
R	0	4	1	0	1	1	1	9	2	1	3	3	2	5	3	5	0	49	1	2	1	1	1	3	1	0
S	1	1	3	1	2	0	2	6	3	3	6	3	0	3	4	5	0	3	43	3	1	2	0	3	1	2
T	1	0	0	1	4	5	1	1	16	4	1	5	1	1	4	4	0	0	1	42	1	1	1	1	5	1
U	0	0	1	1	0	0	1	11	1	0	1	2	2	5	7	1	1	1	0	2	55	4	4	1	0	1
V	0	0	0	1	1	0	0	3	2	2	1	1	0	1	2	2	1	1	0	2	7	60	2	1	9	1
W	1	0	0	1	0	0	0	8	0	1	2	1	5	7	5	1	1	2	0	2	5	8	45	3	1	1
X	1	0	0	0	1	0	0	3	2	1	7	1	0	4	2	1	0	0	0	5	0	3	1	55	8	4
Y	1	0	0	0	0	1	0	5	2	3	3	3	0	3	6	1	0	0	1	6	1	8	1	3	51	1
Z	1	1	1	1	1	0	0	3	1	6	3	0	0	0	2	0	1	0	1	3	1	1	1	5	3	66

刺激（行）／反応（列）

図 4-5 混同行列（Townsend, 1971）

4.3　文字の弁別と同定

混同行列（confusion matrix）とは，行列の各行の文字を1つずつ刺激として瞬間呈示したときの反応比率を各列に並べたものである（Blommaert, 1988; Bouma, 1971; Townsend, 1971）。したがって，混同行列の対角成分は，1つの文字の認識しやすさを反映しており，対角成分以外は各文字の間違いの傾向を示していることになる。図4-5にはアルファベット文字に対する混同行列を示すが，共有する特徴が多い文字（QとO，FとT，BとRなど）間に高い混同が生じる（Townsend, 1971）。この行列は対称行列にならず，誤りの傾向が非対称であることを示している。たとえば，短時間呈示の場合にはQをOに間違えやすいが，OはQに間違えにくいという非対称な傾向がある。アルファベットの場合には，このような混同行列によって，お互いの文字の類似性から，各文字カテゴリーの境界を決定している要因を知ることができる。ただ，日本語の文字のように，多数の文字カテゴリーが存在する場合には，実験的に混同行列を明らかにすることは難しい。

前節で紹介したNeisser（1963）の研究を含め，文字の弁別と同定を利用して，様々な心理現象が明らかにされてきた。なぜならば，短時間で安定した命名ができる対象であるからであろう。具体的にいくつかの現象をあげてみることにする。

たとえば，図4-6上のような文字配列を瞬間呈示し，できるだけ多くの文字を答えてもらうような課題とする。このような実験課題は全体報告と呼ばれるが，瞬間的に知覚できるみかけの限界は，おおまかにいって4文字か5文字である。この限界が，知覚の範囲（Span of Apprehension）と呼ばれる。次に，図4-6のような文字配列の呈示後に特定の文字だけを答えれば良いような手がかりを与えてみる。3種類の音として，高音，中音，低音のいずれかが鳴り，被験者はその音にしたがって，文字配列の上段，中段，下段の文字だけを答えるように求められる。これが部分報告法である。文字配列は短時間呈示なので，このような手がかりが呈示されてから，眼球運動で特定の段の文字を走査するのは不可能である。手がかりで上段が指示されたとき，報告された文字数が2文字ならば，中段でも下段でも2文字回答できると考えられる。Sperling（1960）は，全体報告なら4.3文字の回答だったにもかかわらず，部分報告なら手がかりが150ミリ秒の遅れで2.4文字（7.2文字），300ミリ秒遅れで2文字（6文字），1秒遅れで全体報告と同程度になることを発見した。括弧内は，部分報告文字数を3倍して推定された全体報告文字数である。手がかりがランダ

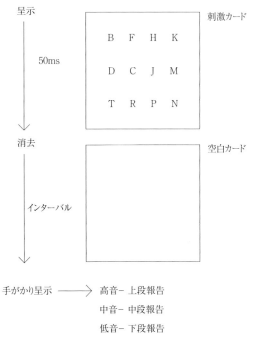

図4-6 部分報告法 (Sperling, 1960)

ムに呈示されるならば,平均的には文字配列のどこでも指示された部分と同じ確率で正しく報告できるはずだからである。

図4-7のように,文字を同じ位置に連続して,1秒に約10個の速さで呈示したとしても,特定の1文字がその刺激系列に存在したかどうかは,比較的簡単に答えることができる。このような文字刺激呈示法を,高速逐次視覚呈示 (Rapid Serial Visual Presentation, RSVP) 法と呼ぶ。このように呈示する文字刺激系列の中で,1文字だけ白い文字が呈示されるので,それを第1標的として答えるように注意を向けさせた後,第2標的(たとえば,1つだけ方位の異なるガボール・パターン[1])を周辺に短時間(150ミリ秒)呈示する。このとき,本来はポップアウトする第2標的でも,検出率が低下する(Joseph, Chun, & Nakayama, 1997)。このような現象から,連続的に文字を処理しなければならない

---

1) ガボール・パターン (Gabor patterns) とは,正弦波パターンに正規分布状に加重したパターンであり,特定の方位で特定の空間周波数成分だけを有している。

4.3 文字の弁別と同定　　　107

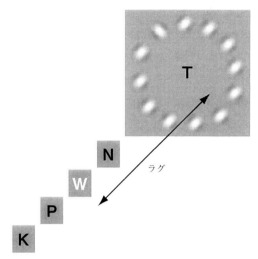

図 4-7　高速逐次視覚呈示とポップアウト（Joseph, Chun, & Nakayama, 1997）

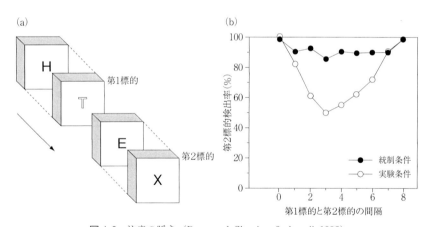

図 4-8　注意の瞬き（Raymond, Shapiro, & Arnell, 1992）

ときには，本来は注意を向ける必要もなく弁別できる刺激でさえ，弁別できなくなることを示している。

　RSVP法を使い，1つの呈示文字列に対して，2つの課題に取り組んでもらう。たとえば，空色の文字系列の中に挿入されている1つの白色文字の文字名を報告する主課題の後に，その文字系列中でのXの呈示の有無を報告させる

副課題を行ってもらう（図4-8a）。1秒間に10個の速さで文字を呈示する場合，ラグ（Lag）と呼ばれる刺激系列の中での時間的刺激呈示位置は，第1標的の直後の刺激をラグ1刺激といい，その次をラグ2刺激という。第2標的がラグ2以降に呈示されるときに正答率が低くなり，その後ラグ6まで正答率の低下が続く。すなわち，図4-8bのように，Xのような第2標的の検出成績は，第1標的の呈示から0.5から0.6秒くらいまでの間はかなり低くなり，入力されてくる刺激を処理できない処理不全の状態となる。全く同じ呈示刺激でも，第1標的を検出せず無視する条件では，第2標的の検出率は呈示位置に関係なくほぼ一定で，処理不全がまったく生じていない。すなわち，処理不全が視覚の感覚レベルで生じているのではなく，第1標的を処理したことに起因していることを示している。この処理不全状態のことを注意の瞬き（Attentional Blink）と呼ぶ（Raymond, Shapiro, & Arnell, 1992）。1文字をきちんと処理しようとすると，別の文字を処理することが困難な状況になることを示している。

　文字刺激を用いた大脳半球機能差を調べた研究も興味深い。Bryden & Rainey（1963）が左右の視野に瞬間呈示したアルファベット文字の報告において，右視野に呈示した文字同定率が高く，左半球優位の結果を報告している一方，Sasanuma, Itoh, Mori, & Kobayashi（1977）は，漢字を用いた同様の実験において，左視野に呈示した漢字の同定率が高く，右半球優位の結果を報告している。このように，文字種によって明らかに脳内処理が異なっているのである。

4.4　単語認知

　これまで，文字認知を文字単独の処理過程と捉えて，説明してきたが，多くの場合，文字は単独ではなく，単語として，さらに文章を構成する要素として存在する。単語というのは，定義が曖昧なところがあり，言語学では形態素と呼ぶことが多いが，いずれにしても言語の単位のことである（河野, 1994）。前節の図4-5に示した混同行列によれば，AとHは混同しにくいことになるが，単語という文脈の中では，図4-9のように同じ形状がAと認識されやすかったり，Hと認識されやすかったりするので，文字単独の混同だけで文字認知の問題を捉えてはならない（Selfridge, 1959）。

　単語とは，1つの意味や概念を表す文字の組合わせである。ただし，単語が

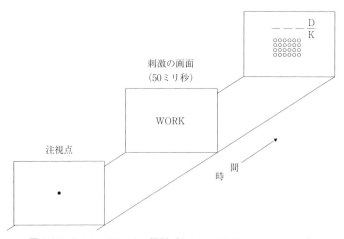

図 4-9　THE CAT（Selfridge, 1959）

図 4-10　Reicher-Wheeler 課題（Reicher, 1969; Wheeler, 1970）

単なる文字の寄せ集めではないことは，単語優位効果などの現象によって確認されている（Reicher, 1969; Wheeler, 1970）。実験では，単語（たとえば"WORK"），無意味綴り（たとえば"ORWK"），文字単独（たとえば − − − K）のいずれかが短時間呈示された直後に，図 4-10 のように二者択一の選択肢が呈示される。このような課題は，Reicher-Wheeler 課題と呼ばれ，選択肢の位置に呈示された文字がどちらであるかを選ばせる課題である。選択肢の文字は，直前に単語が呈示される場合にはどちらを当てはめても単語，無意味綴りが呈示される場合にはどちらを当てはめても無意味綴りとなる文字ペアが選ばれている。単語中の文字が無意味綴り中の文字よりも正答率が高い現象を単語優位効果（word superiority effect）と呼び，単語中の文字が文字単独よりも正答率が高い現象を単語 − 文字効果（word-letter effect）と呼ぶ（Wheeler, 1970）。すなわち，単語中の文字は，無意味綴りや文字単独よりも，短時間呈示されたときに正確に認識できるのである。単語優位効果や単語 − 文字効果は，視覚的な単語表象の存

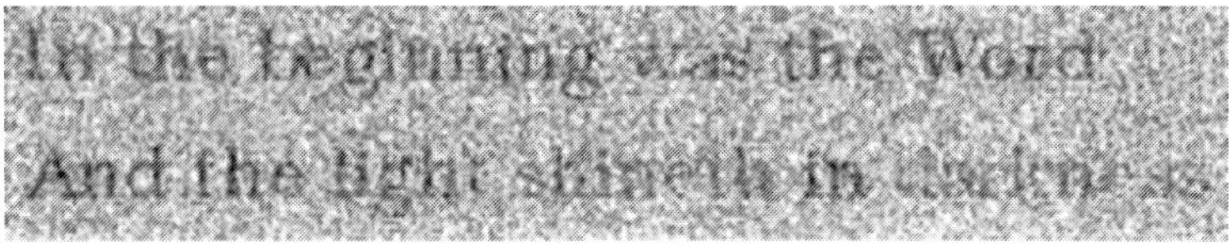

図4-11　ノイズの中の文字や単語を同定（Pelli, Farel, & Moore, 2003）

在を明らかにし，単語認知研究の重要性を示したことになる。

　このような課題遂行中の事象関連電位を測定すると，刺激呈示から100ミ
リ秒から150ミリ秒後にピークとなる陽性波であるP150と，その後にピーク
となる陰性波であるN200, N300, N400において，条件ごとに違いが生じた
（Coch & Mitra, 2010）。このように，単語優位効果は，P150が反映している低
次の知覚処置から，N400が反映している高次の語彙処理まで様々なレベルの
処理が関わっていると考えられる。

　ただし，このような実験パラダイム，すなわち二者択一の選択肢から1文字
を選択させる課題はエレガントであったので，単語認知一般に般化されて解釈
されてきたが，この実験パラダイムに特異的な結果である可能性も考慮する必
要がある。Pelli, Farel, & Moore（2003）は，文字数を操作しながら，図4-11
のような，ノイズの中の文字や単語を同定する閾値を調べたところ，閾値は文
字数と比例関係にあることを明らかにしている。すなわち，同じノイズでも，
文字数が多い単語ほど同定しにくくなっていたことになり，文字より単語の方
が容易に認知できるわけではないということになる。これは，視覚刺激として
の複雑さが高いほど，ノイズに埋もれた文字もしくは文字列が同定しにくいこ
とになるが，同定課題だけではなく，文字もしくは文字列の検出課題でも同様
の傾向があることが明らかになっている（Pelli, Burns, Farell, & Moore-Page,
2006）。

　単語認知に音韻情報が関与しているかも重要な研究テーマである。すなわち，
黙読時に音韻符号化が必要かどうかの問題である（Besner, 1987; Patterson &
Coltheart, 1987; Van Orden, Pennington, & Stone, 1990）。Rubenstein, Lewis, &
Rubenstein（1971）が，視覚呈示された単語が認知される前には，音韻符号化
されていなければならないことを示して以降，様々な研究が行われている。単
語ではないが発音可能な擬単語（pseudoword，たとえばMARD）中の文字は，

発音できない非単語中の文字や文字単独よりも正答率が高くなり，これを広く擬単語優位効果（pseudoword superiority effect）と呼ぶが，実在する単語と同じ読み方をする同音擬単語は，実在する単語には存在しない読み方の擬単語よりも語彙性判断の否定反応時間が遅くなり，誤答率も高くなる同音擬単語効果（pseudohomophone effect）も確認されており，音韻符号化の存在を支持する証拠と考えられている（Rubenstein et al., 1971）。ただし，Taft（1982）は，語彙性判断課題で用いる同音擬単語と，同音語を持たない擬単語では，実在する単語との類似性に違いがあり，この類似性を統制した実験では同音擬単語効果が得られなかったことを報告している。

　この音韻符号化を前提とする間接ルートと，視覚的形態を符号化する直接ルートが並列して存在すると仮定するのが二重ルート並行モデル（Dual-route cascaded model）である（Coltheart, Rastle, Perry, Langdon, & Ziegler, 2001）。このモデルによれば，直接ルートは相対的に処理が速く，間接ルートは音韻符号化のために処理が遅くなることになる。同音擬単語効果は，間接ルートを反映した現象と考えられている。

　視覚的な単語認知過程の説明モデルとして，相互活性化モデル（interactive activation model）が提案されている（McClelland & Rumelhart, 1981）。相互活性化モデルは，図4-12のような，視覚特徴，文字，単語の3層のレベルからなる階層的ネットワークモデルである（Rumelhart & McClleland, 1987）。多くの処理ユニットが存在する各層内と層間に結合があり，そのような構造によって，単語からのフィードバック処理が同時並列で行われることや，未知語と既知語が共通するプロセスで処理されると仮定されている。このような階層構造による処理は，文字認知のモデルであるパンデモニアム（Selfridge, 1959; 図2-12参照）に対応するモデルである。

　このようなモデルの動作を確認するために，相互活性化モデルにWORKという単語のKを部分的に隠して入力すると，文字レベルでは最初KとRの処理ユニットの活性値が上がる。なぜならば，隠されていない部分の線分はKとRに共通しているので，視覚特徴レベルの入力情報により，文字レベルのKとRの処理ユニットが活性化されるためである。一方，他の位置の文字レベルでWとOとRが活性化されることから，単語レベルでは，かなり初期段階からWORKという単語の処理ユニットの活性値が上がり，そのような活性状態が文字レベルにフィードバックされ，文字ユニットのRよりKの活性値

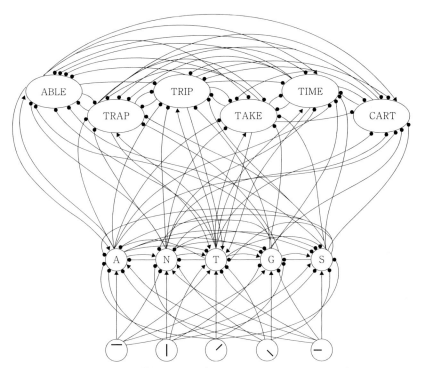

図 4-12　相互活性化モデル（McClelland & Rumelhart, 1981）

が上昇する。すなわち，入力文字としては K か R かが曖昧であっても，他の位置の文字情報を元に，この場合は K であると判断されることがシミュレーションされていることになる。このようなシミュレーションはそのまま，文字レベルと単語レベルの相互活性に基づいて，単語優位効果が説明できることを示している。視覚誘発脳波の研究により，Barber & Kutas（2007）は，単語出現頻度や語彙性判断など，単語認知に関わる様々な要因が階層的に関与する時間過程を明らかにしている。

　先に説明した擬単語優位効果も，関連単語群の活性化を前提とする相互活性化モデルで簡単に説明することができる。相互活性化モデルの提案以後も，単語の同定だけでなく，単語内の文字順序の符号化過程も考慮に入れた，単語認知のシミュレーション・モデル（Davis, 2010）などが提案され，単語認知に関わる，できるだけ多くの現象を説明できるモデルの構築が続けられている。

4.4 単語認知

"Does the huamn mnid raed wrods as a wlohe?" というタイトルの英語論文がある（Grainger & Whitney, 2004）。このタイトルが少し変だなと思っても，どのような文章であるか，それほど苦もなく読めてしまうかもしれない。これを，散乱単語効果（jumbled word effect）と呼ぶ。実際には，単語の中間部分の文字の入れ替えなので，影響は少ないが，単語の最初の文字や最後の文字を入れ替えてしまうとかなり読みにくくなってしまう（Rayner, White, Johnson, & Liversedge, 2006）。この散乱単語効果は，単語中の文字位置に関する表象の曖昧さに起因すると考えられている。たとえば，相互活性化モデルは，単語中の正確な文字位置での表象を前提としているが，このような曖昧さを十分には説明できない。このとき，たとえば READ という単語に対して，RE，RA，RD，EA，ED，AD など様々な文字ペア（open bigram と呼ばれる）の符号化が存在すると仮定すれば，散乱単語効果が説明できると考えられている。

このような現象も踏まえて，Dehaene, Cohen, Sigman, & Vinckier（2005）は，単語認知の階層的なモデルを，脳機能計測と脳損傷に関する様々な知見をもとに提案している。このモデルでは，図4-13に具体的に示したように，腹側経路において，文字の基本特徴の抽出から単語要素の抽出まで，徐々に高次の表象として処理されると仮定している。すなわち，文字の部分的特徴を検出する処理が両側の V2，字体や大文字／小文字という形状に依存する処理が両側の V4，文字としての処理が両側の V8 に，open bigram と呼ばれる文字ペアの処理が左脳の後頭側頭溝（occipito-temporal sulcus, OTS），短い単語や形態素の処理が左脳の後頭側頭溝の前部と仮定されている。

さらに，それ以後の段階で，単語文字列に選択的に応答する領域が左紡錘状回であり，最近になってこの領域は視覚単語形状領域（Visual Word Form Area, VWFA）と呼ばれる（Dehaene & Cohen, 2011）。この領域は，右半球の紡錘状回顔領域（Fusiform Face Area, FFA）と左右対称位置にあり，大文字，小文字の区別なく，また非単語文字列によっても賦活されるが，この領域の前部ほど，単語に対する選択性が強い（Vinckier, Dehaene, Jobert, Dubus, Sigman, & Cohen, 2007）。視覚単語形状領域の位置と大きさは，先天的な要因と後天的な要因によって影響を受け，変化する（Pinel, Lalanne, Bourgeron, Fauchereau, Poupon, Artiges, Le Bihan, Dehaene-Lambertz, & Dehaene, 2015）。日常物体認知や顔認知に比べ，高々五，六千年の歴史しかない文字認知に特別な脳領域が割り当てられるということに懐疑的な見方もあるが，単語形状だけでなく，文字

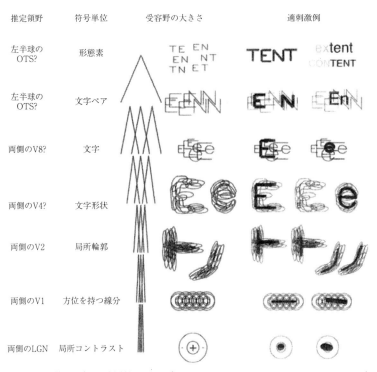

図 4-13 単語認知の階層的モデル（Dehaene, Cohen, Sigman, & Vinckier, 2005）

程度の複雑さを持った，日常物体認知に有効な線分結合に反応する領域も重なることが明らかにされており（Szwed, Dehaene, Kleinschmidt, Eger, Valabrègue, Amadon, & Cohen, 2011），単語形状認知は，特定の脳領域だけが関与するのではなく，様々な脳領域が関わる処理であると捉えるべきだろう。

　これまで取り上げてきたアルファベット文字は，原則として1音素単位の単音文字であり，文字を通していきなり音韻に変換できるので，概して文字数も少数である（河野, 1994）。一方，日本語は，平仮名，片仮名，漢字という複数の文字集合を用い，漢字は1文字でも意味を有する場合があり，さらに多くの漢字が複数の読み方ができるという点で，非常に複雑である。したがって，前節に取り上げたアルファベット文字や，それを並べた単語の認知と異なる過程が必要であることは明らかであるが，表記文字自体の特徴と，それらの使用法の特徴を混同して議論してはならない（広瀬, 2007）。

Wydell, Patterson & Humphreys（1993）では，青果／成果というような同音異義語がある場合には，同音異義語がない場合に比べ，「良い結果」かどうかを判断する反応時間が長くなった。このような結果から，2漢字単語の意味活性化に音韻処理が関与していることを示した。Sakuma, Sasanuma, Tatsumi & Masaki（1998）も，似たような実験課題で音韻処理の関与を確認している。すなわち，家事／火事というような同音異義語がある場合には，「建物が焼ける」かどうかを判断するときに誤答が多くなることを明らかにした。これらの結果から，日本語の漢字においても音韻処理が重要な役割を果たしている。Wydell, Butterworth, & Patterson（1995）は，単一の読みしか持たない漢字と，音読みと訓読みの両方を持つ漢字を用いて，音読成績を比較したところ，両者にほとんど差異がなく，漢字単語の音読には文字と音韻との対応規則が関与しないことを見いだした。ただし，Fushimi, Ijuin, Patterson, & Tatsumi（1999）は，低頻度の漢字単語には差異があることを報告しており，使用頻度によって，音読に影響する可能性を示している。

4.5　文章の中の文字・単語認知

Reicher-Wheeler 課題において，文呈示が単語認知に影響することが明らかになっている（Jordan & Thomas, 2002）。文脈情報として，事前に文を呈示した後に，Reicher-Wheeler 課題による選択肢の二者択一を行わせると，適切な文脈としての文を呈示したときに，判断が最も正確であることが分かった。さらに，適切な文を構成する単語を並び替えたときにも，不適切な文脈の文より判断が正確であったことから，文脈が単語認知の知覚段階に影響すると考えられている。ただし，文脈としての文と，標的刺激としての文字・単語は独立した別刺激として呈示されていることに注意しなければならない。これは，文中の文字・単語認知のメカニズムを実験的に調べるのが難しいためであるが，誤字を含む文を実験刺激として用いる誤字検出課題ならば，文の中の文字・単語認知過程を調べることが可能である（横澤, 1998）。文の中の誤字を検出する課題なので，校正読み課題と呼ばれる。たとえば，単語の中の1文字を入れ替えて作成した非単語が含まれているとき，入れ替えた文字が正しい文字と形状的に類似している場合には，誤字検出率が低くなる（Monk & Hulme, 1983）。日本語の場合，同音異義語が多く，形状の類似した漢字も用いられるので，誤字

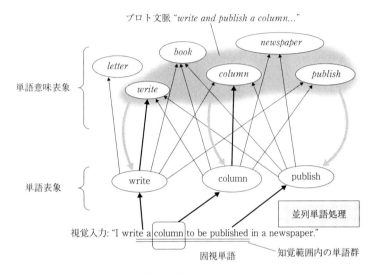

図 4-14　プロト文脈の活性化（Asano & Yokosawa, 2011）

かどうかは文脈によって決定されるという校正読みの特殊性を利用し，様々な要因による影響を調べることができる。たとえば，非単語誤字の検出に音韻情報が利用されることが報告されている（Morita & Tamaoka, 2002）。

　Asano & Yokosawa（2011）は，文を読んで理解するときに，複数の単語が並列処理されることにより，文脈の原型的表象が活性化されると仮定した。このような原型的表象をプロト文脈（proto-context）と呼ぶ。短文を短時間呈示し，文を理解してもらう実験課題において，文脈不適合語（すなわち，誤字）または文脈適合語部分の再認を行なう場合，文中の単語が並列処理され，同時活性化された単語意味表象群によってプロト文脈が生成されるために，文脈不適合語は適合語に比べて再認されにくくなると予測した。実験の結果は，予測にしたがい，また誤答時は文脈に適合する語が虚再認される率が高いことが示される一方，内容理解テストの成績は良好であった。これらの結果より，図4-14 に示すように，短時間呈示された文中の単語が並列処理され，プロト文脈が活性化し，文中の単語認知に影響することが示された。文が呈示されると構成単語が並列処理される。その結果活性化された単語ユニットは，単語意味レベルにおいて一部の意味表象群を重複して活性化させ，それがより上位の文

脈レベルに反映されることにより，プロト文脈が活性化される。文字，単語，文脈の各レベルは並列かつ相互活性化的に処理されるため，プロト文脈は文の視覚入力とほぼ同時に生成される。並列処理によるプロト文脈の即時活性化と，その後の処理による文脈表象の精緻化を仮定することにより，効率的で処理負荷の低い読み処理の存在を説明可能である。

第5章 顔認知

5.1 顔とは何か

　顔が，私たち人間にとって特別な視覚オブジェクトであることは，日常的にもしばしば体験するところである．顔を辞書的に説明すれば，「目，鼻，口がある，頭部の前面（広辞苑第6版）」ということになるが，私たちは，実際には，肉体も頭部もないところ，たとえば，図5-1に示すような，コンセントの差し込み口や，旧式の公衆電話などにまで，顔を見てしまったり，表情を読み取ってしまう（Ichikawa, Kanazawa, & Yamaguchi, 2011）．こうした現象は，早くからアーティストに見いだされており，この現象をモティーフとした作品は散見される．いくつかを例に挙げれば，16世紀後半にイタリアのミラノで活躍した画家，ジュゼッペ・アルチンボルド（Giuseppe Arcimboldo）の作品がある．よく見れば何でもない果物や野菜の配列にすぎないものが，私たちの目には，どうしても顔に見えてしまったり（図5-2a），ボウルに入った野菜と思っていたものが，上下ひっくり返すと顔が現れる（図5-2b）．20世紀のスペインを代表する画家，サルバドール・ダリ（Salvador Dali）も，このモティーフを好んで用いることで知られている．図5-2cの奴隷市場を描いた作品は，絵画の中央にヒトの頭部が見えてきて，この絵全体に不気味な印象を与えている．

　顔の見えにまつわる現象を心理学という研究分野で紹介したのがサッチャー錯視である（Thompson, 1980）．図5-3に示した顔写真aは，イギリスの首相だったマーガレット・サッチャー（Margaret Thatcher）の写真を加工した上でひっくり返したものであり，このまま眺めているうちは，それほどの違いは感じない．しかし，ひとたび写真を上下ひっくりかえすと，その劇的な違いに驚かされる．

　顔にまつわる現象の存在は，観察者である私たちの側に，「顔として見る」仕組みがあることを示唆している．さらに，顔にまつわる現象は，そうした仕組みの設計ミスとしてではなく，私たちにポジティブなものとして広く受け入

図 5-1 顔に見えるオブジェクトの例（Ichikawa et al., 2011）。私たちは，実際には顔がないところに顔を見いだしてしまう。

れられている。日常生活場面に目を向ければ，私たちが，この顔の見えについての現象を，わざと楽しんでいることがよくわかる。顔に見える顔以外のものを目の前にしたとき，私たちが，実際に，他者の顔として社会的な対応をするとは想像しにくい。顔に見えるコンセントに向かって熱心に挨拶をしている人は，おそらくいない。一方で，明らかに顔であるにもかかわらず，社会的な反応をしない場合もある。私たちは，特別な条件を除いて，顔写真や，テレビに映った人物像や，鏡に映った自分の顔に対して，会釈をすることはない。顔の持ち主に対応する仕組みは，顔として見る仕組みとは異なるようである。

　こうした，数々の顔にまつわる現象の謎を解こうと試みるとき，設定されうる本質的な問題は，「顔とは何か」という1点に集約される。「どのように処理されるのか」という問題は，その細部に存在するものと考えられるだろう。今日までに，顔をテーマとした研究は，国内外を含め，さまざまなアプローチで数多く取り組まれており，顔という特別なオブジェクトについての心理学的プロセスの理解やその神経科学的メカニズムの解明が進んでいる。こうした取り組みの大部分は，細部の問題に焦点を当てたものであり，研究の進歩によって，顔の処理メカニズムが明らかにされつつある。しかしながら，オブジェクト認知という観点からこれらの取り組みを概説しようとした場合，本質的な問題を問うことを避けるのは難しい。

　これをふまえ，本章では，オブジェクト認知という観点から顔というテーマで論じるにあたり，2つのねらいを設定することにする。1つめのねらいは，オブジェクト認知という観点から，顔とは何か，言い換えれば，顔が人間にとってなんのためのオブジェクトであるか，という本質的な問題について，少なくとも本章においての答えの枠組みを提案することである。2つめのねらいは，

5.1 顔とは何か 121

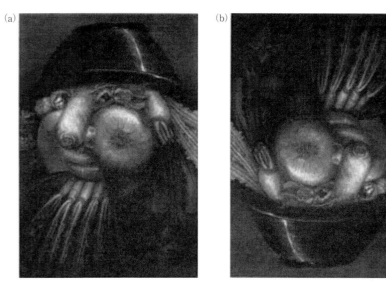

図 5-2 (a) (b) ジュゼッペ・アルチンボルド「庭師」(1590 年頃)。(b) は一見すると ボウルに入った野菜だが，(a) のようにひっくり返すと人の顔に見える。(c) サルバドール・ダリ「ヴォルテールの見えない胸像が出現する奴隷市場」(1940 年)。一見すると奴隷市場を描いた絵画だが，中央にヒトの頭部が見える。

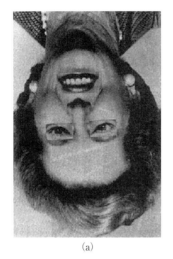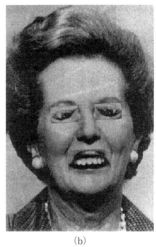

　　　　　　　　(a)　　　　　　　　　　(b)

図 5-3　サッチャー錯視（Thompson, 1980）。口と目の上下が逆転している。(a) 顔が倒立している場合は，それほど違和感を感じないが，(b) ひとたび正立させると，そのグロテスクさに驚かされる。

顔認知という問題を，提案した枠組みの中で取り扱い，そこで，顔がどのように処理されるのかというメカニズムを，これまでに取り組まれた研究の知見を挙げながら，概説することである。

5.2　顔の存在理由

　本節では，「顔とは何か」という本質的な問題について，オブジェクト認知という観点から，答えることをねらいとする。既述のとおり，この本質的な問題は，「顔が人間にとってなんのためのオブジェクトであるか」と言い換えることができる。
　生物に課せられた基本的な課題は，環境に対して適応的に生きることと言ってよいだろう。人間に限って言うならば，一般的に，環境は社会的環境とほぼ同義である。他者と適応的な関係を築き，それを維持できるかどうかは，私たちの生活において，常に大きな問題といえる。そのためには，対面した人物が自分にとって既知の人物であるのか，未知の人物であるのかを判断することは，

きわめて重要である。もし，既知の人物であった場合は，それがいったい誰であるのかということだけでなく，いまどんな対象に関心を抱いており，どんな状態でいるのか（たとえば，体調はよいのか，機嫌は悪いのか，など）ということを，また，未知の人物であった場合は，その性別，おおよその年齢（自分より年上なのか，年下なのか）まで，できるだけ正確に認識する必要がある。こうして認識された人物についての情報は，その後のその人物に対する私たちの行動の決定に影響を与える。

　たとえば，人ごみの中から笑顔で手を振って近づいてくる人物がいたとしよう。私たちは苦労することなく，それが見知らぬ人物であれば，自分ではない相手に対してのアクションと判断して道をあけるだろうし，よく見知った人物であるならば，想起された相手に関する記憶をもとに，自分との関係にあわせて柔軟に対応を変えることができる（待ち合わせていた友人であれば，手を振り返し，会うことを想定していなかった会社の上司であれば，ひかえめな会釈をするかもしれない）。もし，私たちがこうした人物を認識する能力を持っていなければ，快適な社会生活をおくることは非常に難しいものになると想像できる。先ほどの例で言えば，見知らぬ人物と思って道をあけたものの，実は大事な取引先の重役だったとしたらどうだろう。困った状況になるのは明らかであり，適応的な対応ができたとは言いがたい。

　ひとくちに人物を認識すると言っても，対人場面において人物が発信する情報は，体つきや身長，歩き方や声など，膨大に存在している。しかも，そうした情報の多くは，安定した完全な状態で発信され続けているわけではなく，たいていの場合，机や椅子や通りすがりの自転車などの外部の要因によって遮蔽されている。その人物が誰であるかを判断するために，それらのすべての情報を利用するのはきわめて非効率的である。自然な状況で人物を認識する際，私たちは，そうして発信されている情報のうち，限られた一部をオブジェクトとして選びとっているはずである。それでは，人物を認識する上でクリティカルなオブジェクトとは体のどの部分なのだろうか。さまざまな知見から，その答えは概ね「顔」であることがわかっている。人物の認識において，人物が発信する情報のうち，顔は，もっとも信頼できる重要な手がかり（Bruce, 1988; Bruce & Young, 2000; Bruce & Young, 2012）なのである。

　たとえ顔の細部まで見えにくいような状況で，既知の人物を認識しなければならない場面であっても，私たちは，その人物の，体つきや歩き方よりも，顔

を手がかりとすることがわかっている。Burton, Wilson, Cowan, & Bruce (1999) は，防犯カメラで撮影された，画質の粗いビデオクリップを使って，人物同定が人物の持つどの情報をもとに行われるのかを検討した。登場人物が歩いてドアを通り抜けるといった，きわめて自然なシチュエーションを撮影した3秒間のビデオクリップは，顔の情報を使えないように登場人物の頭を隠したもの，体の情報を使えないように登場人物の体を隠したもの，歩き方の情報が使えないようにビデオクリップのうちの数フレームを抜き取り，一定時間ずつ呈示されるよう加工したもの，何も加工をほどこしていないものの4条件が準備された。被験者は，ビデオクリップを観察し，その登場人物が既知の人物か未知の人物か，また，既知の場合は，それが誰であるかの判断を行った。その結果，何も加工をほどこしていない（つまり，すべての情報を使うことができる）条件に対し，顔の情報を使えないようにした条件で著しく同定成績が落ちた一方，体の情報や歩き方の情報が使えない条件では，それほど大きな影響を受けなかった。このことから，既知の人物を認識しようとするときに使われる情報は，体や歩き方よりも顔に優位性があるといえる。

　未知の人物を同定するような場合においても，既知の人物を同定する場合と同様，体の情報に対する顔の情報の優位性が存在することがわかっている。O'Toole, Phillips, Weimer, Roark, Ayyad, Barwick, & Dunlop（2011）は，歩行場面，会話場面といった日常的なシチュエーションを撮影した平均9.6秒の長さのビデオクリップと，そこから抜き出したベストショット（ビデオクリップ中，もっとも近い位置からの正面静止画像）を用いて，人物の再認において，体の情報と顔の情報では，どちらが優位なのか，また，静止画と動画でどのような違いが認められるかを検討している。人物の再認に使える情報について，設定されたのは，顔の情報だけを使えるように加工した（顔以外の情報は黒く遮蔽されている）条件，体および背景の情報を使えるように加工した（顔だけがぼやけて隠されている）条件，何も加工されていない条件の3つであった。被験者は，2つのビデオクリップ（あるいはベストショット）を観察し，その登場人物が同一人物か否かを判断した。その結果，何も加工をされていない（つまり，すべての情報を使うことができる）条件の同定成績がもっともよかったが，顔の情報だけを使える条件と顔だけが隠されている条件とでは，呈示されている視覚情報量が大幅に異なるにも関わらず，顔の情報だけを使える条件の方が，顔だけが隠されている条件よりも同定成績が高かった。また，何も加工をされて

いない条件と顔だけが隠されている条件では静止画よりも動画で同定成績がよくなる効果が認められたが，その効果は顔の情報だけが使える条件では認められなかった。このことから，人物同定における，体の情報に対する顔の情報の優位性は，顔の動的な情報の成分にあるというよりも，一目でわかるような，静的な情報の成分にあるといえる。

以上より，本節のはじめに挙げた本質的な問題「顔が人間にとってなんのためのオブジェクトであるか」の答えは，顔は，「人物を認識するため」の代表的なオブジェクトである，といえる。ここで，「代表的な」と表現したのは，もちろん，人物の認識が顔の情報だけで行われているわけではないことによる。O'Toole et al. (2011) の実験で見たように，人物についての視覚的な情報量が増えれば，よりその人物を認識する精度があがることは，直感的に正しい。したがって，人物の認識過程と顔の認識過程は，完全に一致しているとは言いがたい。しかしながら，人物の認識過程に，顔の認識過程が含まれており，かつ，重要なはたらきをしていることは確実といってよいだろう。ここから再考すれば，顔の認識とは，正しくは「顔をもとにした人物の認識」と表現するべきであり，多くの研究知見やそのレビューにおいて，「顔の認識」と表現されている場合は，こうした意味を内包していると考えられる。本章では，こうした前例にならい，以降では，「顔をもとにした人物の認識」を，「顔の認識」と記述する。

また，このとき，顔を認識することの最終的な目的は，あくまで社会的環境で適応的に行動するというところにあることを忘れてはならない。適応的かどうかの評価がくだされるのは実際に表出される行動に対してのみであり，顔の認識は，どのような行動をとるべきかを判断する際の手がかりにすぎない。顔というオブジェクトは，他者と自己間で発信される社会的情報の入出力をつなぐ，文字通りのインターフェイスとして機能しているといえる。顔というオブジェクトが，他者－自己間のインターフェイスとして機能するためには，その過程において，少なくともふたつの判断がなされる過程が必要である。まず，見たものが顔というオブジェクトとして成立するものかどうかを判断する過程（顔として見る過程）である。この過程において，入力情報がふるいにかけられ，顔か否か，また，顔であった場合に，それが誰かといったような情報の読み出しが行われる。しかしながら，入力情報についての過程のみでは，社会的インタラクションは成立しない。そこで，次に，顔というオブジェクトとして成立

した情報から，自分が行動すべきか否かを判断する過程（顔をもとにした人物の評価過程）が想定される。この過程において，さらに入力情報がふるいにかけられ，自分に関係があるか否か，また，関係があった場合は，それが自分にとってどのような意味を持つのか，自己に関係した情報の読み出しが行われ，とりうる社会的行動の方向付けがなされる。

　顔の認識は，これらの2つの過程を内包した過程と考えられる。しかしながら，これまでに取り組まれてきた研究の多くは，実験的な環境で，顔の静止画像や動画などを刺激として用いて行われているため，顔として見る過程に焦点が置かれている。したがって，一般的に，顔の認識と表現するとき，多くの場合は顔として見る過程のことを示している。また，顔として見る過程がなければ，顔をもとにした人物の評価過程の成立は難しい。そこで，本章でも，顔の認識と表現する場合は顔として見る過程を示すものとし，次節以降では，まず，顔の認識について，中心的に取り上げ，この過程がどのように処理されるのかというメカニズムを，これまでに取り組まれた研究の知見を挙げながら，概説する。顔をもとにした人物の評価過程については，5.8節以降でふたたび取り上げる。

5.3　顔の認識のエキスパートとしての人間

　顔の認識が，社会的な場面で私たちが適応的にふるまうことを可能にしているのであれば，少なくとも，顔の認識機構には，それを実現できるような仕様が設定されていなければならない。吉川（1993）は，顔の認識の特徴として，精密さ，柔軟さ，迅速さを挙げている。この3つの特徴は，私たちが適応的にふるまうために，重要な要素といえる。ここでは，こうした特徴が，具体的に顔を認識する際に，どのような側面に認められるのかを，順に見ていくことにする。

❖精密さ
　1つめの顔の認識の特徴として，精密さがある。ここでの精密さとは，よく似たもの同士の間にあるわずかな違いを検出して，違うと判断する精度が高いという意味で用いている。目や鼻，あごなどの顔を構成する要素がそれぞれに担う，生物学的，行動学的機能（たとえば，前面についた2つの目は，ヒトの両

5.3 顔の認識のエキスパートとしての人間

図 5-4 ある家族写真(3世代)の顔以外の部分を覆ったもの。顔を一目見ただけで人物の関係(誰が子供の母なのか,など)の検討がつくのは,その顔から,おおよその年齢や性別が判断できるからである。

眼立体視を可能にしている)は,ヒトという種の顔に特有の基本形状をあたえており,ヒトの顔同士を非常に似かよったものにさせているが,私たちは,そうした似通った顔が発信する情報のわずかな違いを手がかりに人物を同定している。こうした違いには2つの種類があることが指摘されている。1つは,人物の同定を可能にするような,個々の顔をユニークなものにしている違いであり,もう1つは,顔パターンのシステマティックな違いである(Bruce & Young, 2000; Bruce & Young, 2012)。代表的なシステマティックな違いとして,加齢による変化や,性別についての違いが挙げられる。私たちは,図5-4に示したような顔だけくりぬいた集合写真を見たとき,たとえその人物が誰かということまではわからなくとも,そのおおよその年齢や性別を判断することができる。さまざまな研究において,こうした,顔の発信する情報のわずかな違いを手がかりにした人物の判断が,高い精度でなされることが示されている。

たとえば,Burt & Perrett (1995) は,被験者に20〜54歳までの男性の顔

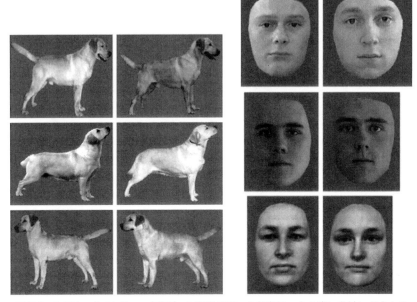

図 5-5　Robbins & McKone（2007）の実験で用いた刺激例。犬の違いを見いだすよりも，顔の違いを見いだすほうが容易である。

写真を見せ，その年齢を判断させた場合の精度の高さ（実際の年齢から2.39歳のばらつき）を報告している。同程度の精度は他の研究や（George & Hole, 2000; Sörqvist & Eriksson, 2007），性別判断（約94％）においても報告されている（Bruce, Burton, Hanna, Healey, Mason, Coombes, Fright, & Linney, 1993）。ただし，こうした視覚刺激の持つ情報のわずかな違いを手がかりにした認識は，顔以外では難しいらしい。Robbins & McKone（2007）は，ドッグショーのジャッジや，ブリーダー，トレーナーなど，犬を認識するプロフェッショナル15名を対象に，犬の再認と顔の再認について比較を行い（図5-5），犬を認識するプロフェッショナルであっても，その犬の再認精度は，ヒトの顔の再認精度に達しなかったことを報告している。

　以上の知見は，顔の認識に見られるような精密さが，いかに訓練をしたとしても，顔というオブジェクト以外のものの認識場面では発揮されにくいものであることを示している。日常生活において，私たちが，接した人物のちょっと

した違いに気づくのは，それが顔というオブジェクトから発信された情報だからである。同じことを顔以外のオブジェクトでしようとすると，きわめて難しいということが想像できる。たとえば，同じオフィスに所属する A さんの片方の眉が，ある日，太くなっていたのであれば，同僚の多くは気づいて，その話題でしばらく持ち切りになるかもしれないが，同じように毎日目にしているはずの，オフィスの壁にかかった時計の針の片方の太さが変わっていても，同じだけの人数がそのことに気づくとは考えにくい。

✤柔軟さ

2つめの顔の認識の特徴として，柔軟さがある。人物の同定をするためには，個々の顔をユニークなものにしている違いの情報と特定の人物とを結びつけ，その違いの情報を持った個人を，常に同じ人物として判断する必要がある。

顔から発信される，個人の同定を可能にするような手がかり情報は，さまざまな状況変化にも柔軟に対応することがわかっている。先の Burton et al.（1999）の知見に見たように，私たちは，普段見たことのないような視点からの映像であっても，それがよく見知っている人物であるならば，苦労することなく同定することができる。

こうした柔軟さは，加齢に伴う変化にも対応している。Bruck, Cavanagh, & Ceci（1991）は，高校の卒業後，25 年経って開催された同窓会に参加しなかったひとを対象に，高校在籍時の写真と，現在の写真を照合してもらう課題を実施している。被験者は，ブックレットに載っている複数名の人物の高校在籍時の顔写真と，その人物だけではなく，異なる人物も含んだ，25 年後の顔写真を見て，同じ人物同士の顔写真をマッチングさせた。その結果，高校に在籍していなかったひとが同じ課題に取り組んだ場合（つまり，初めて見た人物について，過去の顔写真と現在の顔写真をマッチングしなければならない条件）と比べ，被験者の正答率のほうが明らかに高いことが示されている。この知見は，25 年前に獲得した，それぞれの人物の同定を可能にする顔の手がかり情報が，25 年経った後でも変わらずに利用できたことを示唆している。

もちろん，こうした時間的変化に対応するためには，長期間，個々の顔の手がかり情報が保持されている必要がある。人物に関する情報のうち，顔の情報は，他の情報と比べて，長期にわたって保持されることがわかっている。Bahrick, Bahrick, & Wittlinger（1975）は，被験者に卒業アルバムの顔写真，ある

いは名前が印刷されたカードを見せ，それが自分の卒業アルバムに存在してい
たかどうかを判断する課題を実施した結果，顔写真の再認は卒業後約 35 年で
あっても 90％の正答率を保ったのに対し，名前の再認が同じくらいの正答率
を保てたのは卒業後約 15 年であったことを報告している。

✤迅速さ

　最後の顔認識の特徴として，迅速さがある。出先で親しげに話しかけてきた
人物のことを，その場では既知の人物かどうかがわからずに，数日後に，はた
と A さんであったとわかる，といった具合では，不都合である。こうした場
面で適応的にふるまうためには，迅速な顔の認識が必要である。
　さまざまな研究において，顔の認識はきわめて速く行われることが示されて
いる。Grill-Spector & Kanwisher（2005）は，顔だけでなく，花や車，ヨット
など，さまざまなオブジェクトの画像を，1 枚ずつ，短時間呈示して，その画
像がオブジェクトを含んでいるか含んでいないかを答える，オブジェクト検出
課題（たとえば，顔写真であれば「あり」，テクスチャ画像なら「なし」）と，オブ
ジェクトの同定を行なう，同定課題（たとえば，有名人の顔写真であれば，「ハリ
ソン・フォード（Harrison Ford)」か「それ以外」）とで，呈示時間の違いによっ
て，どう反応の正確さが変化するかを検討している。その結果，短い時間の呈
示条件（17 ミリ秒など）では，検出課題のほうが同定課題よりもあきらかに正
確であるものの，呈示時間が増えるにつれてその差は縮まり，167 ミリ秒の呈
示では，その違いはほぼなくなることが示されている。脳磁図（magnetoen-
cephalography, MEG）や事象関連電位（event-related potential, ERP）を使った
神経生理学実験の知見（たとえば，Jacques & Rossion, 2006; Liu, Harris, & Kan-
wisher, 2002）などとあわせて，既知の人物の同定には，250 ミリ秒あれば十分
とされている（Tanaka & Gordon, 2011）。

　顔認識における，精密さ，柔軟さ，迅速さといった特徴は，私たちが，顔と
いうオブジェクトをもとに人物を認識する顔のエキスパート（face expert）
（Carey, 1992; Diamond & Carey 1986）であることを示唆する。これまでに取り
組まれた多くの研究によって，顔の取り扱いに長けたプロセス（顔認識プロセ
ス）が存在することが確かめられている。次節では，この顔認識プロセスにつ
いて，代表的なモデルを挙げつつ，概説する。

5.4 顔認識プロセス

　代表的な顔認識プロセスについての機能的モデルに，Bruce と Young のモデル（Bruce & Young, 1986; Calder & Young, 2005）がある。図 5-6a で見るように，このモデルでは，顔が認識されるまでを，機能的なコンポーネント（図中のボックス）にわけ，系列的な処理経路（図中の矢印）をたどるものとして表現している。

　入力された顔の情報は，まず，その構造について，符号化がなされる（構造の符号化コンポーネントによる知覚的な分析）。その際の符号化としては，2 段階が仮定されている。1 つめの段階は，観察者中心の記述であり，入力された顔の形態的特徴が，観察者が観察した状態のまま記述される。前節で論じたとおり，私たちが誰かの顔を観察するとき，顔が同じ状態のままあり続けることや，常に同じ観察状況であることは考えにくい。このコンポーネントで記述されるのは，こうした変化を含めた顔の情報（たとえば，笑っている A さんの顔の情報）である。

　しかしながら，変化を含めた顔の情報だけでは，観察状況に依存しない，柔軟な顔の認識は不可能である。そこで，2 つめの符号化の段階として，表情とは独立の記述が仮定されている。このコンポーネントでは，観察状況や顔の状態に影響を受けない顔の不変的な情報（たとえば，笑っていても笑っていなくとも一貫して存在する A さんの顔の情報）が取り出され，記述が行われることを仮定している。ここで記述された顔の不変的な情報は，人物の年齢，性別判断，同定などの顔認識に用いられる。ただし，年齢や性別の判断と，同定は，互いに独立した並列的処理過程を経ることが仮定されている。年齢や性別の判断についての処理過程は，選択的視覚処理というコンポーネントで表現される。このコンポーネントにおいて，それぞれの判断に用いられる，特定の種類の顔の不変的な情報に選択的に注意を向けた処理が行われる。

　人物の同定では，いくつかのコンポーネントで表現された，逐次的処理過程が仮定されている。まず，はじめのコンポーネントにおいて，記述された不変的な顔情報と，顔認識ユニットに貯蔵されている，さまざまな人物の顔の不変的情報とを比較し，知っている人物か否かの判断（既知性判断）が行われる（顔認識ユニットの活性化）。ここで知っている人物と判断された場合は，次のコン

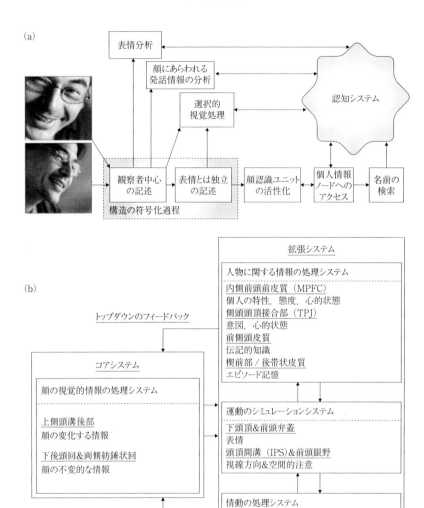

図 5-6 (a) Bruce と Young の機能的モデル（Calder & Young, 2005 をもとに改変）。顔が認識されるまでを，機能的なコンポーネントにわけ，系列的な処理経路をたどる。(b) Haxby らの神経科学的モデル（Haxby & Gobbini, 2011 をもとに改変）。顔認識プロセスを，顔の視覚的情報の分析をするコアシステム（core system）と，その後，拡張して処理をする拡張システム（extended system）の 2 つの処理システムにわけ，それぞれのシステムに関与する脳領域を設定している。

ポーネントで，その人物に関する個人的な情報（観察者と人物の間柄など）が貯蔵されている個人情報ノードにアクセスされ（個人情報ノードへのアクセス），最後のコンポーネントにおいて，それらの情報をもとに，人物の名前を判断し，同定が行われる（名前の検索）。

　さまざまな研究で，この機能的モデルの基本的なプロセスについての妥当性が示されている（Hay, Young, & Ellis, 1991; Young, Ellis, & Flude,1988; Young, McWeeny, Hay, & Ellis, 1986）。たとえば，顔認識について逐次的処理を仮定している機能的モデルでは，名前の生成は系列の最後に位置する処理ステージであり，人物の個人情報へのアクセスのあとに行われるとしている。もし，モデルの仮定どおりに，顔から人物を同定する際にこのような逐次的処理を経ているのであれば，職業のような，人物の個人情報に関する判断をする場合よりも，人物の名前の判断をする方が，時間がかかることが推測される。

　Young, Ellis, & Flude（1988）は，被験者に対し，2 名の人物の顔写真，あるいは書かれた名字を撮影したものを同時に呈示して，2 名が同じ職業かどうか（個人情報に関する判断），あるいは同じファーストネームを持つかどうか（名前の判断）を答えてもらう課題を実施し，刺激に顔写真を用いた場合では，名前の判断よりも職業の判断のほうが明らかに速かったのに対し，刺激に名字の写真を用いた場合では，こうした判断時間の違いは認められなかったことを示している。このことは，入力情報が顔の場合は，認識プロセスが継時的に進むのに対し，文字の場合は，並列的に進むことを示唆している。こうした知見は，私たちの日常的な経験と矛盾しない。道ばたで遭遇したひとの顔を見て，見覚えがあることまではわかるけれども，名前までが思い出せず，気まずい思いをすることは，しばしば取り上げられる失敗談のひとつである。

　しかしながら，この機能的モデルは，顔認識プロセスの心理学的メカニズムを説明しようとするものではあるが，ここで設定されているコンポーネントの機能が，脳内でどのように成立しているのかを直接的に説明するものではない。fMRI（functional magnetic resonance imaging, 機能的磁気共鳴画像法）をはじめとする，脳画像技術の飛躍的な発展（詳細については第 7 章を参照）によって，機能的モデルで提案したコンポーネントに対応した脳領域が存在することがわかっている。

　Haxby ら（Haxby, Hoffman, & Gobbini, 2000; Haxby & Gobbini, 2011）は，脳画像技術を用いた研究で，一貫して，顔を見た場合に，その他の視覚刺激を見た

場合よりも強く反応する3つの領域が報告されることから，この3つの領域を中心とした顔認識プロセスの神経科学的モデルを提案している（図5-6b）。3つの領域とは，ひとつは，下後頭回（inferior occipital gyrus）であり，後頭葉顔領域（occipital face area, OFA）と称される領域である。次は，両側紡錘状回（lateral fusiform gyri）であり，紡錘状回顔領域（fusiform face area, FFA）と称される。最後は，上側頭溝後部（posterior superior temporal sulcus, pSTS）である（これらの脳領域の位置については，7.2節の図7-4などを参照されたい）。

　Haxbyらの神経科学的モデルでは，顔認識プロセスを，入力された顔情報についての視覚的情報の分析をするコアシステム（core system）と，その後，顔からの情報を拡張して処理をする拡張システム（extended system）の2つの処理システムにわけ，それぞれのシステムに関与する脳領域を設定している。コアシステムは，おもに2つの処理システムから構成される。1つめは，表情や，視線，口の動き，ジェスチャなど，顔の「変化」する情報を取り扱うシステムであり，このシステムを担う代表的な脳領域としてpSTSが設定されている。2つめは，人物同定に用いられるような顔の「不変的」な情報を取り扱うシステムであり，このシステムを担う代表的な脳領域としてOFAとFFAが設定されている。

　実際に，コアシステムにおけるこれらの脳領域が，顔の異なるタイプの視覚情報の処理に関与していることが実験的に示されている（Puce, Allison, Bentin, Gore, & McCarthy, 1998; Hoffman & Haxby, 2000; Winston, Henson, Fine-Goulden, & Dolan, 2004; Hasson, Nir, Levy, Fuhrmann, & Malach, 2004）。たとえば，もし，モデルの仮定どおりに，顔の不変的情報の処理が主にFFAで行われ，顔の変化する情報の処理がpSTSで行われているのであれば，同じ顔刺激を見た場合であっても，顔の不変的情報を用いて行われる認知課題をしているときは，FFAでpSTSより強い活動があることが予測され，顔の変化する情報を用いて行われる認知課題をしているときは，pSTSでFFAより強い活動が見られることが予測される。Hoffman & Haxby（2000）は，被験者に連続的に顔写真を呈示し，前の顔写真と同じ視線方向かどうかを判断させる課題と，同じ人物かどうかを判断させる課題を実施して，FFAとpSTSの脳活動の違いを観察している。その結果，同じ人物かどうかを判断させる課題においてはFFAの活動の増加が認められたが，pSTSでは認められず，同じ視線方向かどうかを判断させる課題においては，反対に，pSTSの活動の増加が認められたが，

FFA では認められなかったことを明らかにしている。

ただし，コアシステムとしてはたらく代表的な脳領域が OFA，FFA，pSTS ということは，コアシステムがこれら 3 つの領域に限定されているということと同義ではなく，実際には，3 つの領域の周辺領域も含めた広い範囲がコアシステムとしてはたらくことがわかっている（Haxby, Ungerleider, Clark, Schouten, Hoffman, & Martin, 1999; Haxby, Gobbini, Furey, Ishai, Schouten, & Pietrini, 2001; Ishai, Ungerleider, Martin, Schouten, & Haxby, 1999; Grill-Spector, Knouf, & Kanwisher, 2004; Rajimehr, Young, & Tootell, 2009）。また，顔を見た場合に，その他の視覚刺激を見た場合よりも強く反応する脳領域が，さらに広い範囲に存在することが示されている（Calder, Beaver, Davis, Van Ditzhuijzen, Keane, & Lawrence, 2007; Kriegeskorte, Formisano, Sorger, & Goebel, 2007; Rajimehr et al., 2009; Winston et al., 2004）。

前述の Bruce と Young の機能的モデルと，Haxby らの神経科学的モデルは，顔認識プロセスを，人物同定に用いられるような顔の不変的情報の処理過程と，顔の変化する情報の処理過程にわけたという点で一致している。Bruce と Young の機能的モデルにおいて，表情とは独立の記述コンポーネントで，顔の不変的情報を取り出して記述したり，その後，その情報を用いて顔認識ユニットの活性化コンポーネントで，人物を特定する顔の特徴判断が行われる。さらに，選択的視覚処理コンポーネントで人物を特定しない顔の特徴判断をするような機能は，Haxby らの神経科学的モデルのコアシステムにおける，顔の不変的情報を取り扱う処理システムが対応していることから，主に顔の認識プロセスに関与する脳領域は OFA や FFA といえる。また，Bruce と Young の機能的モデルにおいて，表情分析コンポーネントや顔にあらわれる発話情報の分析コンポーネントで，顔の変化する情報についての判断をするような機能は，Haxby らの神経科学的モデルのコアシステムにおいて，主に pSTS が担っている顔の変化する情報を取り扱う処理システムが対応しているといえる。

本章では，本節より先は，顔の変化する情報と顔の不変的情報のうち，人物同定に用いられるような，顔の不変的情報を中心的に取り扱う。表情や視線に代表される，顔の変化する情報については，次の第 6 章で中心的に取り扱うものとする。

5.5　顔認識プロセスで取り扱われる顔の全体的情報……………………

　前節では，代表的な2つの顔の認識モデルを取り上げ，顔認識についての基本的なプロセスを見てきたが，顔認識プロセスが，見たものが顔というオブジェクトとして成立するものかどうかを判断する過程であるならば，どうやって，処理すべきもの（つまり，顔というオブジェクトとして成立するもの）を，そうでないものから判別しているのだろうか。

　これまでに行われた研究によって，顔を構成する要素と同じ要素を持つ視覚刺激であるにもかかわらず，顔の認識が正常に行われない条件の存在が，明らかにされている。条件は大きくわけて2つある。まず，自然な社会的場面における顔の観察状況の状態（向きなど）が保たれていないこと，次に，顔の構成要素が，「個人差」として表現される自然な範囲に収まっていないことである。こうした条件で喪失される情報が，顔認識プロセスで取り扱われている情報と見なすことができる。現在では，こうした情報は，顔の全体的情報（configural information）とされている。全体的情報とは，「ひとまとまり」として取り扱われる情報のことである。

　顔を構成する要素と同じ要素を持つ視覚刺激があった場合，それが顔というオブジェクトとして成立するかどうかは，その刺激が顔の全体的情報を持つか否かで決められている。顔の全体的情報を持つ場合は，顔という「ひとまとまり」の性質を持ったオブジェクトとして成立し，顔の全体的情報を持たない場合は，少なくとも，まとまりを持ったひとつのオブジェクトとしては成立していない。顔というオブジェクトとして成立した場合は，顔認識プロセスにおいて，顔の変化する情報と，人物同定に用いられるような顔の不変的情報が別々に取り出され，逐次的な処理によって，取り出された情報に対して，最終的に，人物に関する判断がなされるといえる。

　本節では，全体的情報が喪失される，代表的な3つの顔画像の操作方法，スクランブリング法，倒立法，ネガ加工法を紹介する。図5-7のb，c，dは，顔というオブジェクトとして成立している顔画像（図5-7a）に対し，そうした操作を順に施した例を示したものである。以下で，これを作成した具体的な操作内容，および，それぞれの操作が先に挙げた2つの顔の全体的情報を阻害する条件のうち，主にどちらの条件に該当するのかを，実際に正常な顔の認識が

5.5 顔認識プロセスで取り扱われる顔の全体的情報

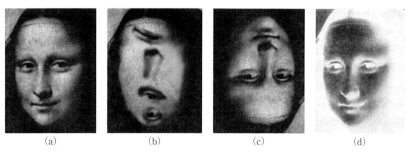

図 5-7 全体的情報が喪失される，代表的な 3 つの顔画像の操作方法。(a) オリジナルに対して，(b) スクランブリングを施したもの，(c) 倒立させたもの，(d) ネガ加工を施したもの。(a) 以外で，顔の認識が難しくなるのを感じるはずである。

難しくなることを示す知見を挙げながら説明する。

❖ スクランブリング法

1 つめの操作方法は，よく，スクランブリング (scrambling) とよばれるものである。いくつかのタイプがあるものの，共通していることは，顔を構成する要素の位置や向きを，自然な状態からくずしてしまうというところにある。図 5-7b に示すのは，顔に含まれる目や鼻などのパーツをスクランブリングして作られた顔画像である。こうして作られたスクランブル顔 (scrambled face) で，顔の認識が困難になることが実験的に示されている。

Tanaka & Farah (1993) が行った，顔のイラストを用いた実験において，スクランブリングが，未知の人物を記憶する際に影響を及ぼすことが示されている。被験者は，まず，学習セッションにおいて，自然な顔，あるいはスクランブル顔のイラストが 5 秒間ずつ繰り返し呈示されるのを観察しながら，同時に読み上げられる人物の名前をもとに，それが誰であるかを記憶した。その後の記憶テストセッションにおいて，記憶した顔と，その顔のパーツの一部分だけが異なる顔のイラスト (図 5-8a) を観察し，「どちらがラリーですか？」といった質問に対し，学習セッションで記憶したほうの顔を選択した。その結果，自然な顔による人物同定の正答率 (73%) に対し，スクランブル顔による正答率 (64%) のほうが低いことが示されている。この結果は，記銘学習時に顔というオブジェクトとして成立していないことで，通常はオブジェクトに対応し

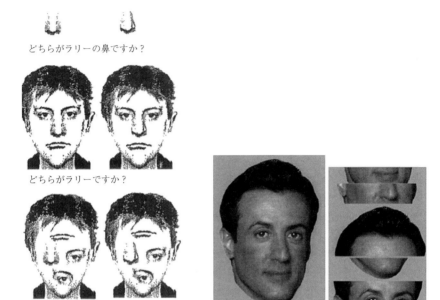

図 5-8 (a) Tanaka & Farah (1993) の実験で用いた刺激例。記憶したものと同じものを選ぶというシンプルな課題でも，スクランブル顔での同定は難しい。(b) Collishaw & Hole (2000) の実験で用いた刺激例。よく見知った人物の顔であっても，その難しさは健在である。

てなされるはずの名前のラベル付けがうまくいかなかったことを示唆している。

すでに記憶されている，よく見知った人物の認識時にも，スクランブリングは影響を及ぼす。Collishaw & Hole (2000) は，被験者に対し，有名人とそうではない人物の顔写真から構成された写真セットのなかから，1枚ずつ顔写真を呈示し，その写真の人物が有名人であるかどうかを判断させた。このとき，図 5-8b のようなスクランブル顔で判断した場合は，自然な顔写真の場合にくらべ，明らかに正答率が低いことを報告している。また，記憶までのアクセスを必要としない，性別判断などの課題でも，同じような効果が認められている (DeGutis, Chatterjee, Mercado, & Nakayama, 2012)。

これらの結果は，顔というオブジェクトの成立に，顔を構成する要素の自然な位置や向きといった情報が，クリティカルに関与していることを示している。

いかにひとりひとりの顔がユニークであり，個人を特徴づけるような違いを持っていたとしても，そうした個人間の顔の違いは，生物学的に決められた範囲の表現に限定されている。スクランブリングは，顔を構成する要素の自然発生的にありえそうな範囲を超えた違いを生成することで，自然な顔が持つ全体的情報を阻害し，スクランブル顔の顔認識プロセスでの取り扱いを妨げるといえる。

❖倒立法

　2つめの操作方法は，顔の倒立（inversion）である。代表的なものに5.1節でとりあげたサッチャー錯視があるが，顔のパーツに対して操作を行わない，スタンダードなものとして図5-7c を示す。この操作方法は，Yin（1969）によって実験的に報告されて以来，もっともよく使われている操作方法である。実験では，未知の人物の顔写真セットを覚えた後，その中に含まれている顔写真1枚と，含まれていない顔写真1枚から構成されるペアを呈示し，どちらが記憶した顔であるかを答える課題を実施している。呈示する顔写真の向きは，正立である条件と倒立である条件があった。その結果，学習時と再認時で同じ呈示の向きをしていたにもかかわらず，倒立条件では，正立条件よりも，正答率が25％以上も悪くなることを示した。また，顔と比較するために実施された，顔以外の刺激の場合（たとえば，家など）では，この傾向は2-10％と低いことが示されている。

　すでに記憶されている，よく見知った人物の認識時にも，倒立は影響を及ぼすことがわかっている（Yarmey, 1971）。学習セッションで，見知らぬ人物の顔，有名人の顔を学習した後，テストセッションで，学習セッションと同じ正立状態か，あるいは倒立状態で呈示された写真を見て，学習セットの中にあったか否かを判断させた場合，有名人の顔に対する判断のほうが，見知らぬ人物の顔に対する判断よりも容易であったものの，どちらの顔の条件でも，倒立条件での判断の間違いが多くなることが示されている。

　同じようなパラダイムを用いた研究で，同様の効果が繰り返し観察されることから（Carey & Diamond, 1977; Diamond & Carey, 1986; Scapinello & Yarmey, 1970），顔以外のオブジェクトと比較して，顔において，倒立させることで認識が難しくなるこうした現象は，一般的に顔の倒立効果（the face inversion effect）と呼ばれている。この効果は，顔というオブジェクトの成立に，正立と

いう自然な顔の観察状況の情報が，クリティカルに関与していることを示している。倒立法は，自然な顔の観察状況が持つ全体的情報を阻害し，倒立顔が顔認識プロセスで取り扱われることを妨げるといえる。

✤ネガ加工法

最後の操作方法は，ネガ加工（negation）である（図5-7d）。一般的な写真のネガ加工は，色と明るさを反転させることで作成される。こうしたネガ加工を施した顔写真は，先に挙げたスクランブリングや上下倒立と異なり，顔の特徴そのものや，その位置の変化がないにもかかわらず，物を再認することが困難であることが実験的に示されている。

はじめにこの現象を報告したのはGalper（1970）である。実験において，被験者はまず学習セッションで，顔写真を自分のペースで1枚ずつ，1度だけ観察し，次にテストセッションで，2枚同時に呈示された顔写真のうち，学習セッションに含まれていた顔写真を答えた。このとき，写真の加工に関する条件が3つあり，学習セッションでもテストセッションでも加工をほどこさない顔写真を見る条件，学習セッションでもテストセッションでもネガ加工をほどこした顔写真を見る条件，学習セッションではネガ加工をほどこした顔写真を見るが，テストセッションでは加工をほどこさない顔写真を見る条件であった。その結果，再認成績は，学習セッションでネガ加工を施した顔写真を見た2条件で悪く，この条件間では違いのないことが示された。テストセッションにおけるネガ加工の有無で違いが認められないことから，再認率の低さは，記銘学習時に顔というオブジェクトとして成立していなかったことによるものと言える。

ネガ加工は，年齢判断や性別判断などにも影響を及ぼす。Santos & Young（2008）は，顔写真を呈示し，その人物の性別や，年齢（若者か高齢者か）の判断をおこなう課題を実施した結果，ネガ加工を施した顔写真で判断する場合に正答率が悪くなることを報告している。

以上の結果は，顔というオブジェクトの成立に，顔の自然な色や明るさの情報が，クリティカルに関与していることを示している。ネガ加工で見られるような目の虹彩と白目の色のコントラストは，あきらかに自然発生的にありえそうな範囲を超えている。ネガ加工法は，スクランブリングと同様，顔を構成する要素の極端な違いを生成することで，自然な顔が持つ全体的情報を阻害し，

顔認識プロセスでの取り扱いを妨げるといえる。

5.6　全体的情報の処理過程の分類

　顔が，顔を構成する個々のパーツの集合体というよりは，ひとつのまとまりを持った，すなわち，全体的な情報を持ったオブジェクトということは，Galton（1879）をはじめ，古くから指摘されており，多くの研究知見において，顔認識プロセスが，顔の部分的な情報よりも，全体的な情報を取り扱うものである証拠が示されている。一方で，全体的情報の具体的な内容や，その処理過程については，いまだコンセンサスが得られておらず，さまざまな提案がなされている（詳細は，Tanaka & Gordon, 2011 を参照）。

　本節では，顔認識プロセスにおける顔の全体的情報の処理過程を説明できるものとして，Maurer, Le Grand, & Mondloch（2002）の全体的情報処理の分類を取り上げる。Maurer et al.（2002）は視覚刺激から顔の全体的情報を検出し，処理する過程を，（1）1 次処理（sensitivity to first-order relation），（2）ホリスティック処理（holistic processing），（3）2 次処理（sensitivity to second-order relation）の 3 つにわけている。以下では，順に，その詳細を説明した後，こうした処理過程が存在することを示す研究知見を紹介し，それぞれの処理段階で得られた顔の全体的情報がどのように顔認識プロセスで取り扱われているかを見ることにする。

❖1 次処理

　Maurer et al.（2002）は，まず，顔の検出に関わる顔の全体的情報を，顔の 1 次関係情報とし，この情報についての処理過程を 1 次処理として設定している。

　Maurer et al.（2002）によれば，顔の 1 次関係情報とは，顔というオブジェクトとして成立しているものが，一貫して持っている典型的な配列に関する情報としている。たとえば，図 5-9 の a と b は，一目で別の人物の顔とわかるが，顔というオブジェクトという点では一致しており，ともに，目が水平に 2 つ並んでおり，その下の中央に鼻があり，さらに，下に口がある，といったような，共通した配列を持っている。こうした典型的な配列のみに注目した場合，配列を構成しているパーツの詳細な特徴の違いは無視される。したがって，顔の 1

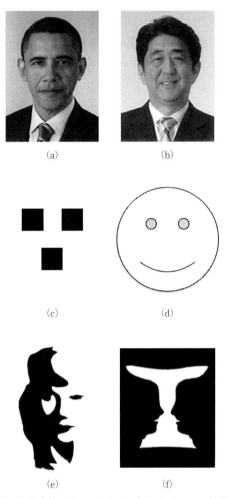

図5-9 顔の1次関係情報を持つもの。(a) と (b) はパーツの詳細な特徴の違いはあるが，その配列は (c)，(d) とも一致している。(e) ムーニーフェイス (Mooney, 1957)。(f) ルビンの壺 (Rubin, 1915/1958)。

次関係情報を表現しようとした場合，図5-9cやdのような，同じ物理的特徴を持ったものや，単純化した図形を典型的配列に配置するだけで十分である。Maurer et al. (2002) は，その他の1次関係情報を持つ視覚刺激の例として，5.1節で紹介したアルチンボルトの絵画や，ムーニーフェイス (Mooney, 1957)

と呼ばれるものを挙げている。ムーニーフェイスは，図5-9eのような，左右非対称の照明下で撮影された顔写真を，白と黒の2値画像に加工して作成された画像である。また，1次関係情報は，正面顔に限らず，図5-9fのような横顔でも持つとされる。1次関係情報を持つという観点から見た場合，図5-9に示したすべての顔は，同じレベルで成立しているといえる。

　さまざまな知見において，顔の1次関係情報が，顔の検出に重要な情報であることが示されている。たとえば，生後間もない赤ん坊でも，1次関係情報をもとにした顔とそれ以外のものの弁別が可能であることが選好注視法により示されている。Johnson, Dziurawiec, Elli, & Morton（1991）の行った，生後平均約37分の赤ん坊を対象とした実験では，図5-10に示したような，顔を模したパターンと，同じ物理的特徴を持ったものに1次関係情報のみを持たせたパターンと，そのパターンを上下倒立させることで，1次関係情報を持たなくなったパターンを作成し，赤ん坊に見せることで，それぞれのパターンがどれほど赤ん坊をひきつけるかを検討している。このうち，左の2つのパターンは見た目こそ異なるものの，ともに1次関係情報を持つという点では一致している。実験は，赤ん坊が実験者の膝に寝かされた状態で行われ，パターンは，実験者によって，一度にひとつずつ，ラケットのような形をしたもの（パドル）で，赤ん坊の顔の周りを，ゆっくりと弧を描くように動かして呈示された。このとき，実験者は，どのパドルがどのパターンのものか，知らずに呈示を行った。赤ん坊がパターンの動きに対して，頭および目の動きで追従した度合いを比べた結果，顔を模したパターンで，1次関係情報を持たないパターンよりも選好が認められ，そのひきつける度合いは，同じ物理的特徴を持ったものに1次関係情報のみを持たせたパターンと同程度であることが示されている。

　注意の機構に問題がある場合でさえ，1次関係情報をもとにした，顔の検出は可能である。Vuilleumier（2000）は，半側空間無視（unilateral spatial neglect）の患者を対象として，顔とそうでない刺激が，どのような影響の違いをもたらすかを観察している。半側空間無視は，脳損傷によって引き起こされる症状であり，損傷がある脳半球と反対側の視野に呈示された刺激に対し，見えていないわけではないにも関わらず，注意を向けることに問題を示す。こうした患者は，無視の生じている視野と，無視がおきていない視野に，同時に別々の刺激を呈示して競合させると，無視の生じている視野に呈示されたほうの刺激は検出できない，ということがおこる。無視の生じている視野に単独で刺激が呈示

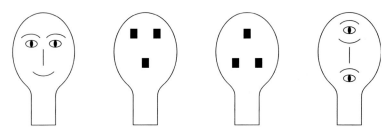

図 5-10　Johnson, Dziurawiec, Elli, & Morton（1991）の実験で用いたパドルの例。左の2つは1次関係情報を持つという点で一致しており，赤ん坊の注意をひきつける。

された場合は，問題なくそれを検出することができることから，競合した場合に刺激が検出されないことの原因は，無視が生じていない視野に対して注意が捕捉されてしまうためと考えられている。こうした患者に対して，Vuilleumier（2000）は，刺激として，1次関係情報を持つ単純化された顔の模式図，それにスクランブリング操作をすることで1次関係情報を持たなくなったパターンを作成し，左右の視野に同時に異なる刺激を呈示し，患者にそれぞれの視野に何が呈示されたかを報告するように求めた。その結果，脳の損傷部位と反対側の視野へ，1次関係情報を持つ単純化された顔の模式図を呈示した場合に，明らかにスクランブリング刺激を呈示した場合よりも検出ミスがおきないことを見いだした。この結果は，いかに，競合条件時に無視が生じやすい視野であったとしても，1次関係情報を持つ単純化された顔の模式図と，1次関係情報を持たないパターンの違いの検出が可能であったことを示している。

　顔の1次関係情報を持った刺激が顔認識プロセスで処理されていることを示す神経科学的知見は多く報告されている。Kanwisher, Tong, & Nakayama（1998）は，fMRIを用いて，1次関係情報を持ったムーニーフェイスにおける倒立操作が，FFAにどのような影響を及ぼすか，脳活動の違いを観察した結果，1次関係情報を持った正立のムーニーフェイスに対し，1次関係情報を持たない倒立操作を施したムーニーフェイスにおいて，FFAの活動があきらかに低下することが示されている。また，同じムーニーフェイスであっても，顔に見えた場合に，顔に見えなかった場合に比べ，FFAの活動が大きくなることが報告されている（Andrews & Schluppeck, 2004; McKeeff & Tong, 2007; Rossion, Dricot, Goebel, & Busigny, 2011）。同様の現象は，アルチンボルドの絵画を

用いた実験（Rossion et al., 2011）でも報告されている。顔の1次関係情報は，横顔にも存在する。Hasson, Hendler, Bashat, & Malach（2001）は，fMRI を用いた実験で，壺の絵にも2人の人物が向かいあった絵にも見ることができる，ルビンの壺（Rubin, 1915/1958）と呼ばれる図地反転図形を用いて（図5-9f），それぞれの絵が見えやすいようにした場合に，どのように FFA の活動が異なるかを検討し，ひとの顔に見えやすい刺激の場合に，壺に見えやすい場合よりも，FFA の活動が高くなることを報告している。

　以上の知見は，顔の検出に関わる顔の全体的情報が，顔の典型的な配列に関する情報，つまり顔の1次関係情報であり，視覚刺激における顔の1次関係情報の有無が，その後，顔認識プロセスで取り扱われるかどうかをフィルタリングしていることを示している。この顔の検出過程において，顔の1次関係情報が，本当に人物の顔から発信されたものか否かということは問題ではなく，たとえ，アルチンボルドの絵のように，個々が，人参やたまねぎといった別のオブジェクトを形成している場合であっても，顔の1次関係情報が成立するのであれば，顔認識プロセスで取り扱われる対象となる。

❖ホリスティック処理

　さて，1次処理によって，顔認識プロセスで取り扱われるべき対象として判別された視覚刺激の情報は，どのような処理過程を経てひとまとまりの全体的情報とされるのだろうか。Maurer et al.（2002）は，次に，1次処理によって顔として検出された視覚刺激の特徴を，ひとつのゲシュタルト（gestalt）としてまとめる処理段階を設定しており，ホリスティック処理と呼んでいる。また，こうした，ホリスティック処理の存在によって，顔の部分的な処理が難しくなるとしている。

　顔として検出されたものに対し，ひとまとまりにする処理過程がはたらくことで，顔の部分的な処理が難しくなることを強力に示す，代表的な2つの課題がある。

　1つめは，Young, Hellawell, & Hay（1987）によって考案された，キメラ顔課題（face composite task）と呼ばれる課題である。この課題においては，2人の人物の顔を，上半分と下半分に分割し，1人の上半分の顔に，もう1人の下半分の顔をぴったりあわせた，キメラ顔（composite face）と呼ばれる刺激を作成する。こうして作成したキメラ顔の例を図5-11に示す。図5-11a, b はキ

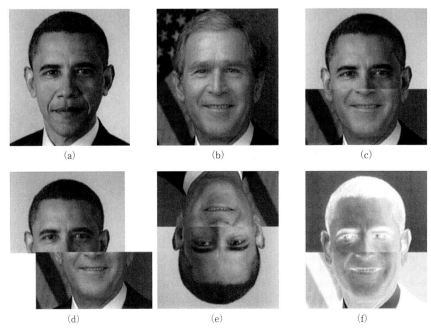

図 5-11 キメラ顔の作成例。(a, b) オリジナルから作成した，(c) キメラ顔，(d) 上下をずらしてあわせたもの，(e) キメラ顔を倒立させたもの，(f) キメラ顔にネガ加工を施したもの。オリジナルと同じ部分の再認が難しくなるキメラ顔効果は，(c) や (f) で強く，(d) や (e) で弱い。

メラ顔を作成するもととなる2人の人物の顔であり，そこから作成したキメラ顔がcである。半分の情報は共有しているにもかかわらず，cは，もとの2人の人物ともそれぞれと異なる，新たな人物の顔になったかのような印象をうける。それに対して，dは上半分と下半分をずらしてあわせたものである。この操作によって，dは，顔の1次関係情報がなくなったとまでは言わないまでも，不完全なものになったと想定される。実験において，Young et al. (1987) は，有名人の顔から作成したキメラ顔，あるいは顔の上下をずらした顔を1枚ずつ被験者に呈示し，その上半分の顔の人物を同定させる課題を行っている。その結果，キメラ顔条件において，あきらかに，ずらした顔条件よりも同定までにかかる時間が長くなることを報告している。

このキメラ顔効果（face composite effect）は，刺激を倒立操作した場合（図

5-11e）は，なくなることが確認されている（Young et al., 1987）。このことは，顔の部分的な処理を難しくするホリスティック処理が，倒立操作をしたことで阻害されたものと考えられている。一方で，キメラ顔効果は，ネガ加工には耐えうるようである。Hole, George, & Dunsmore（1999）は，キメラ顔にネガ加工を施したものを作成し（図5-11f），被験者に，2枚同時に呈示されたキメラ顔のペア（正立で加工のないもの，正立でネガ加工のもの，倒立で加工のないもの，倒立でネガ加工のもの）の上半分が同じものかどうか判断させた結果，ネガ加工をした顔刺激でも，キメラ顔効果が倒立条件でなくなることを報告している。ホリスティック処理が，1次処理を前提として成立している処理過程であることをふまえると，ネガ加工において阻害される顔の全体的情報は，1次処理やホリスティック処理で取り扱われている全体的情報ではないといえる。

　次に，スクランブリングでも既にとりあげた，Tanaka & Farah（1993）によって考案された，顔の部分 - 全体課題（parts-wholes task）を紹介する。被験者は，顔のイラストによる人物の学習を，正立の顔条件，スクランブル顔条件，倒立顔条件で行った後，テストセッションにおいて，2つ同時に呈示される異なる人物の同じ顔パーツのイラストを観察し，特定の人物の正しいパーツを選ぶか，あるいは，2枚同時に呈示される，顔の1部分のパーツを除いて全く同じ顔イラストを観察し，特定の人物の正しいイラストを選んだ。その結果，正立条件でのみ，顔のパーツ呈示条件での判断が難しくなる効果が認められた。このことは，1次関係情報を持つ正立条件の顔でのみ，ホリスティック処理が行われたことで，顔のパーツに対する部分的な処理が阻害されたためと考えられている。つまり，顔として検出された視覚刺激であるならば，私たちは，どうしてもその部分にのみ注目することは難しい。たとえ鼻のような特定のパーツに対しての記述をしたとしても，それは，誰かの顔の中にある鼻に対する記述といえる。

　ホリスティック処理段階までで得られた顔の全体的情報が顔認識プロセスで扱われていることを示す神経科学的知見がある。Schiltz & Rossion（2006）は，人物の顔写真と，同じ上半分を持ったキメラ顔写真について，ともに上下をズラしたものと，ぴったりあわせたものを刺激として作成し，キメラ顔効果についての脳活動について検討している。その結果，キメラ顔条件で，ズラした条件と比べ，FFAとOFAで脳活動が高くなることが示されている。同様の別のキメラ刺激を用いた実験や，実験パラダイムを用いた実験でも，キメラ顔効

果が起きている際の FFA，あるいは FFA と OFA の活動の増加が認められている（Andrews, Davies-Thompson, Kingstone, & Young, 2010; Schiltz, Dricot, Goebel, & Rossion, 2010）。

❖ 2 次処理

　顔が人物認識のためのオブジェクトとして成立するためには，ホリスティック処理までの過程によって，個々の独自の顔が成立するだけでは不十分である。その顔が誰のものなのかを同定するためには，ひとつにまとめあげられた個々の顔の独自の要素を違いとして検出する必要がある。Maurer et al.（2002）は，この個々の違いとして検出される顔の情報を，パーツ間の空間的位置関係情報と設定し，顔の2次関係情報としている。さらに，こうした情報をもとに行われる顔の違いの検出についての処理過程を，2次処理として設定している。

　さまざまな知見において，顔の2次関係情報が，顔の違いの検出に重要な情報であることが示されている。人間の大人は，顔の2次関係情報のちょっとした違いを見分けることができる（レビューとして，McKone & Yovel, 2009）。たとえば，Le Grand, Mondloch, Maurer, & Brent（2001）は，図5-12a のような顔の2次関係情報を変化させた刺激を作り，そのうちの1枚の顔写真を呈示した後にほかの顔写真を呈示し，2つの顔写真が同じものであったかどうかを判断する課題を行っている。その結果，わずかな違いであるにもかかわらず，高い正答率（80%）が示された。また，この正答率は倒立条件（図5-12b）で同様の課題を行った場合は有意に下がる（63%）ことから，顔の2次関係情報は顔認識プロセスで扱われている情報であるといえる。

　顔の2次関係情報は，ネガ加工操作を施した場合（図5-12c）は，検出されにくくなる。Kemp, McManus, & Pigort（1990）は，加工を施していない顔画像の下に，2次関係情報を変えた顔画像，2次関係情報を変えていない顔画像の2つを同時に呈示し，下の顔画像のうち，どちらが上の顔画像と同じかを答えてもらう実験を行っている。このときの2つの顔画像の条件は，正立，倒立，ネガ加工であった。その結果，正立に対して，倒立とネガ加工で明らかに正答率が低く，かつ，この2条件の間には差がないことが示された。ネガ加工操作は，ホリスティック処理に対しては影響を及ぼさなかったことから，ネガ加工において阻害される顔の全体的情報は，顔の検出に関わる情報，個々のユニークなひとまとまりとしての情報ではなく，それらから取り出される，個人識別

5.6 全体的情報の処理過程の分類 149

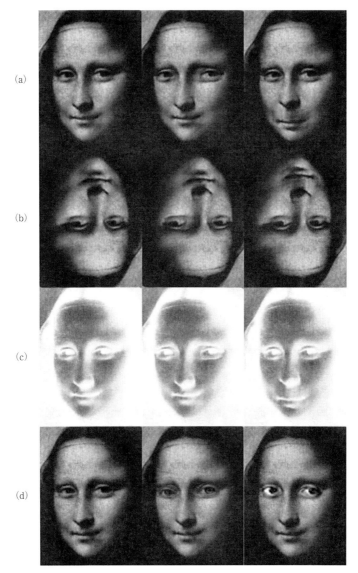

図5-12 顔の2次関係情報を操作した例。同じ顔の中身のパーツを，(a) わずかに配置だけを変えたもの，(b) (a) を倒立させたもの，(c) ネガ加工を施したもの，(d) 顔の2次関係情報は同じで，顔の部分的な特徴のみを変化させたもの。顔の部分的な特徴を変えずとも，配置を変えるだけでユニークな顔として成立するが，その効果は (b) や (c) で弱くなる。

に関わる情報であるといえる。

　実際に顔の2次関係情報処理過程が存在することを示す，神経科学的知見がある。Maurer, Craven, Le Grand, Mondloch, Springer, Lewis, & Grady（2007）は，顔の2次関係情報のみを変化させた刺激のほか，顔の2次関係情報以外に，顔の違いの検出に関与する情報である，顔の部分的な特徴のみを変化させた刺激（たとえば，図5-12d は，目の部分だけが他者のものにすげ変わっている）を作成し，2つのペアの刺激を継時的に呈示して，同じかどうかを答える課題を実施し，それぞれの条件のときの脳活動の違いについて検討している。このとき，先に部分－全体課題で示したように，特徴情報も，ホリスティック処理の影響を受ける情報である。その結果，どちらの課題実施時にも顔認識プロセスに関与する FFA の活動としては違いがなかったが，FFA とは重ならないものの，その近くの領域などで，部分的な特徴の違いを検出しているときよりも，顔の2次関係情報の違いを検出しているときに，活動が高くなることが示されている。このことは，顔をひとまとめにするホリスティック処理とは別に，顔の2次関係情報を使って，顔の違いを検出する処理過程が存在することを証明するものといえる。

　本節では，顔認識プロセスで取り扱われる情報が顔の全体的情報であり，この全体的情報の処理がいくつかの過程に分かれることを，代表的な Maurer et al.（2002）の分類をもとに見てきた。顔というオブジェクトの処理は，視覚刺激の1次関係情報をもとに，顔として検出した後，顔としてまとめあげ，さらに，他の顔との違いを検出するという過程から成立している。これらの過程は，独立しているわけではなく，互いにかかわり合っている。顔として検出されなければ，顔認識プロセスで処理されることはなく，ひとまとまりにされなければ，2次関係情報で表現される個々の顔の違いをもとに，顔の認識をすることは難しい。顔認識プロセスとは，顔の全体的情報の処理に関する過程のことであり，先に挙げた顔認識の3つの特徴，精密さ，柔軟さ，迅速さは，顔の全体的情報の処理に関する過程に由来したものといえる。

　顔の全体的情報の処理の個人差はその人の顔の再認に関する能力を予測できる可能性が示されている。Richler, Cheung, & Gauthier（2011）は，キメラ顔を用いた課題で被験者のホリスティック処理の強さの指標を算出し，その成績と，顔の再認能力を調べるケンブリッジ顔記憶テスト（Cambridge Face Memo-

5.6 全体的情報の処理過程の分類　　　　　　　　　　151

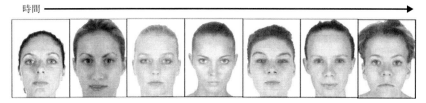

図 5-13　Tangen, Murphy, & Thompson（2011）が作成した刺激例。実際の動画は，http://www.perceptionweb.com/misc.cgi?id=p6968 から見ることができる。

ry Test, CFMT, Duchaine & Nakayama, 2006）の成績の関係を調べている。その結果，ホリスティック処理の効果が強い被験者ほど，顔の再認成績が高いことを示している。その後，この傾向は，ホリスティック処理の強さの測定にキメラ顔課題だけでなく，部分‐全体課題も利用した研究において，繰り返し認められている（DeGutis, Wilmer, Mercado, & Cohan, 2013; Wang, Li, Fang, Tian, & Liu, 2012）。この知見は，顔認識が得意な個人は，顔の全体的情報に関する処理能力が高いことを示唆している。顔認識プロセスのエキスパートとは，顔の全体的情報に関する処理のエキスパートといえる。

　全体的情報に関する一連の処理は，自動的な過程である可能性が高い。Tangen, Murphy, & Thompson（2011）の示したユニークな錯視は，個々の顔の独自の要素を「違い」として検出するはたらきが，非常に強固なものであることを示している。Tangen et al. (2011) は，目の位置でそろえた顔写真のセットを作成し，1秒間に4，5枚を連続的に呈示し続けると，やがて呈示されているひとつひとつの顔が，個々の顔の違いが強調された，グロテスクな顔写真に見えてくることを報告している（図5-13）。また，こうした効果は，目で位置合わせをしなかったり，顔写真の切り替えをゆっくりにしたり，写真と写真の間に短いギャップを入れることで減少するとしている。まだこの錯視の生起メカニズムについては明らかにされていないものの，同じカテゴリーに属するオブジェクトの連続的な呈示であるにもかかわらず，個々人の顔の違いが強調されるということは，少なくとも，顔として検出した後，顔の違いを検出するまでの過程が，非常に短い時間のうちに行われるものであり，かつ，その違いに人間はとても敏感にできていることを示唆している。

5.7 顔認識プロセスで取り扱う情報の優位性と限界 ……………………

❖顔認識プロセスで取り扱う情報の優位性

顔の全体的情報の処理に関する一連の過程において，顔の構成要素である目や鼻などのパーツは，平等に取り扱われているのだろうか。たとえば，顔の1次関係情報の成立において，目と鼻は完全に同じ重みを持っているのだろうか。

多くの研究知見において，顔の構成要素の情報の取り扱われかたには，パーツ間で格差があり，特に目が特別なはたらきをすることが示されている。たとえば，古くから，顔の中でも，目は，特に注意を捕足することがわかっている。

人がどこに注意を向けているのかを調べるためによく用いられる典型的な手法として，視線の動き（眼球運動）を観察するという方法がある。複数の要素から構成された複雑なものを見ているあいだ，観察者の視線はさまざまに移動するが，このとき，視線の停留時間は，すべての要素に対して一定ではなく，いくつかの要素に対する停留時間が，ほかの要素に対するものよりも長くなる。こうした視線の停留時間の違いを，観察者の要素に対する注意の違いから生じたものと判断するのである。Yarbus（1967）が行った古典的な実験では，顔写真を1分間自由に観察するように教示された場合の視線移動のパターンが記録されている。それによれば，観察者の視線は，顔を構成するパーツの中でも特に目に停留しやすいことが示されている（図5-14）。

顔において目に注目しやすいことと関連して，倒立効果は目で起こりにくい。Goffaux & Rossion（2007）は，目の特徴だけが異なる顔のペア，および鼻と口の特徴だけが異なる顔のペアを準備して，一枚ずつ逐次的に呈示し，呈示した2つの顔が同じか異なるかを答えてもらう課題を実施し，その倒立効果について検討している。その結果，倒立効果は，目よりも鼻と口で起こりやすいことを報告している。その一方で，倒立効果の起こりやすさは，口の領域に注目するように操作をした場合に反転する（Sekunova & Barton, 2008）。目の倒立効果の起こりにくさは，私たちが顔を見るときは目に注意が向きやすいことによるためといえる。こうした，目への注目は，顔を覚える際にも影響を及ぼす。Hills, Ross, & Lewis（2011）は，顔を学習させた後の再認課題において，目に注意を向けさせた場合と，口に注意を向けさせた場合で，どのように再認成績が異なるかを検討した結果，目に注目した場合のほうが，口に注目した場合よ

5.7 顔認識プロセスで取り扱う情報の優位性と限界　　　153

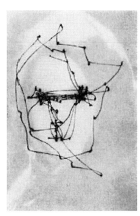

図 5-14　顔写真を自由観察した場合の視線移動のパターン（Yarbus, 1967）。観察者の視線は，顔を構成するパーツの中でも，特に目に停留しやすい。

りも再認成績が高いことを報告している。さらに，倒立効果は，目に注目した場合よりも，口に注目した場合に大きくなることが示されている。

　ネガ効果についても目は特別なはたらきをする。このことを見せてくれるのが，トニー・ブレア錯視として紹介された，ポジとネガのコントラストで作成したキメラ顔である（Anstis, 2005）。図 5-15 にその例を示す。a はノーマルな顔画像，b はネガ加工したもの，c は目がポジでそれ以外をネガ加工したもののキメラ顔，d は目をネガ加工したもので，それ以外はポジになっている（オリジナルのトニー・ブレア錯視では，コントラストの入れ替えを行なうパーツは目，口，髪になっているが，ここでは目のみの入れ替えを行っている）。ネガ加工をした顔画像で再認が困難になることは先に示したとおりだが，c はネガが占める領域としては b とほとんど変わらないにも関わらず，b に認められるほどの再認のし辛さはないことに気づくだろう。Gilad, Meng, & Sinha（2009）は有名人のコントラストキメラ顔を作成し，被験者に同定させる課題を実施し，b のような完全なネガ顔の同定成績（54.35％）に対し，目だけポジにしたキメラ顔で明らかに成績が向上する（92.32％）ことを報告している。また，入れ替えたポジの目の領域部分のみを顔のシルエットに埋め込んだ画像の成績はネガ顔よりも低いことから（13.37％），この効果が単純に目の情報のみによるものではないとしている。さらに，目の他に，額のみ，鼻のみ，口のみポジのコントラ

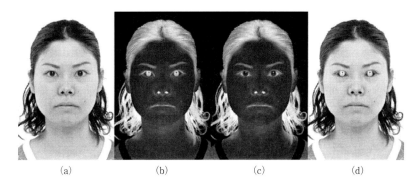

(a)　　　　　　　(b)　　　　　　　(c)　　　　　　　(d)

図 5-15　トニー・ブレア錯視（Anstis, 2005 をもとに作成）。(a) ノーマルな顔画像，(b) (a) をネガ加工したもの，(c) 目がポジでそれ以外はネガ加工したもののキメラ顔，(d) 目のみネガ加工したもの。ネガが占める領域としては (c) と (b) とほとんど変わらないが，(c) のほうが再認しやすく，(d) は目以外は (a) と変わらないが，その違いは劇的である。

ストキメラ顔で比較した場合でも，目を入れ替えた条件でのみ，同定成績がよくなることを確認している（Sormaz, Andrews, & Young, 2013）。

　以上の知見は，顔認識プロセスにおいて，顔の構成要素が平等に扱われるわけではないだけでなく，成立するオブジェクトとして違いがある可能性を示唆している。目に注意をしない場合は，個人識別をしにくいオブジェクトといえるだろう。実際に，本書の第 7 章で紹介されている顔の認識プロセスに問題があるとわかっている，顔の認識の問題を症状にもつ相貌失認（prosopagnosia）の患者は，顔の 1 カ所だけが異なる 2 枚の顔写真を逐次的に呈示して，同じか否かを答えてもらう課題において，口の変化の検出には問題がないものの，目の変化の検出には問題があることがわかっている（Bukach, Grand, Kaiser, Bub, & Tanaka, 2008; Rossion, Kaiser, Bub, & Tanaka, 2009）。正常な顔認識プロセスを経るためには，注意機構に支えられた，目の情報の入力が必要といえる。こうした顔認識プロセスにおける目の優位性は，目が発信する情報の重要さを反映している可能性がある。

❖ 顔認識プロセスで一度に取り扱う情報の限界

　ひとつの視覚刺激に，いくつもの 1 次関係情報が成立するような場合，それぞれの 1 次関係情報が同時に検出され，その後の過程においても，同時に扱わ

5.7 顔認識プロセスで取り扱う情報の優位性と限界　　155

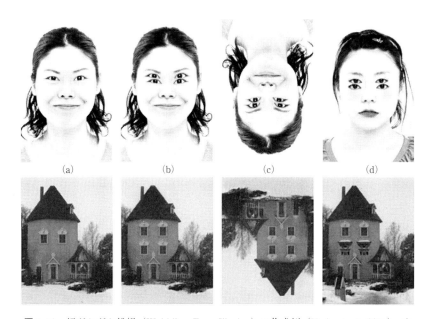

図 5-16　顔ガクガク錯視（Wobbling Face Illusion）の作成例（Ueda et al., 2011）。オブジェクトの一部のパーツをコピーし，もとの画像に追加して作成される。(a) オリジナル，(b) (a) から作成した錯視画像，(c) (b) を倒立させたもの，(d) 異なるパーツをコピーしたもの。上段の顔画像について，4つの目を持った人物の顔として見ることはきわめて難しく，どこを見ていいのかわからないような，不自然で不安定な印象を受けるが，同じような印象は，下段の家の画像からは受けにくい。

れ，ひとつのオブジェクトとして成立するようなことはあるのだろうか。
　顔ガクガク錯視（Wobbling Face Illusion; Ueda, Kitaoka, & Suga, 2011）は，その生起メカニズムに，顔認識プロセスで取り扱うことができる顔の情報に限界があることを仮定している。図 5-16b にこの例を示す。図 5-16a のノーマルな顔画像に対して，顔ガクガク画像は，もととなる顔画像の，目や口などの一部のパーツをコピーし，もとの顔画像に追加することで作成される。こうして作成された画像は，もとの人物の顔の構成要素が維持されているにもかかわらず，4つの目を持った人物の顔として見ることはきわめて難しく，どこを見ていいのかわからないような，不自然で不安定な印象を受けざるをえない。
　Ueda ら（Ueda et al., 2011; Ueda & Kitaoka, in press）は，顔のパーツ（目）

を増やした画像（顔ガクガク画像）と，顔以外のオブジェクトである，家のパーツ（窓）を増やした画像を作成し，被験者に，刺激画像から不安定な印象を受けるか否かを判断させる課題を実施している。その結果，顔ガクガク画像において，家のパーツを増やした画像よりも，あきらかに不安定な印象が多く報告され，刺激を倒立状態で呈示した場合（図5-16c）には，その印象は減少した。この結果は，顔ガクガク画像の，見るものに与える不安定な印象の生起に，顔認識プロセスが関わっていることを示唆している。顔認識プロセスで一度に扱える情報に限界がなく，顔ガクガク画像が正常な顔認識プロセスを経るのであれば，「4つ目の顔」というひとつのオブジェクトが成立するはずであり，そこに，不自然な印象が判断されることはありえない。したがって，顔ガクガク画像に特異的な印象は，ひとつの刺激画像に存在する，複数の1次関係情報に対して，複数のオブジェクトが成立することで生じている可能性が高い。図5-16bに関して言えば，ひとつめのオブジェクトは，上の一対の目を中心に成立し，ふたつめのオブジェクトは，下の一対の目を中心に成立するといえる。

　さて，もし，ひとつの刺激画像に対して，複数の顔というオブジェクトが成立するのであれば，それぞれのオブジェクトに対して，独立の，顔に関する何かしらの判断が可能であるはずである。Ueda et al. (2011) は，さらに，顔ガクガク画像を作成する際，追加パーツである目の大きさを変えることで，成立が仮定される2つのオブジェクトの年齢の印象を操作することを試みている。図5-16dにおいて，上の目はオリジナルの顔画像のものであり，下の目は，オリジナルのものを大きくして追加したものである。大きく，顔の下側に位置した目は，赤ん坊の顔の特徴であることから（たとえば，Enlow, 1982），上の目と下の目で独立したオブジェクトが成立するのであれば，上の一対の目を中心に成立するオブジェクトに対して判断される年齢よりも，下の一対の目を中心に成立するオブジェクトに対して判断される年齢の方が，幼くなるはずである。被験者は，こうした操作をした顔ガクガク画像を見て，まず，ひとつの顔として年齢判断ができるか否かを判断し，できる場合は年齢判断を行い，できない場合は，上の一対の目に注目した場合と，下の一対の目の注目した場合で，別々に年齢判断を行った。その結果，ひとつの顔として年齢判断ができる被験者はほとんどいなかった（10%）。さらに，上の一対の目に注目した場合よりも，下の一対の目に注目した場合で，あきらかに年齢を低く判断することが示されている（上：24.6歳，下：15.7歳）。

以上の結果から，顔認識プロセスで一度に扱える情報には，限界があるといえる。顔ガクガク錯視では，ひとつの刺激画像に対して，複数の顔というオブジェクトが成立し，それがきわめて短いスパンで入れ替わるために，見るものに不安定な印象を与えると考えられる。こうしたオブジェクト間の入れ替わりは，ネッカーキューブに代表される，多義図形と類似している。

顔ガクガク錯視の生起に顔認識プロセスが関与していることは，他の研究でも示されている。Hancock & Foster（2012）は，被験者に有名人のノーマルな顔画像，または顔ガクガク画像を見せ，同定させる課題において，顔ガクガク画像において，成績が低下することを報告している。また，この効果は，刺激画像を倒立させた場合には，弱くなることを示している。

5.8　顔をもとにした情動による人物の評価機構 ⋯⋯⋯⋯⋯⋯⋯⋯⋯⋯

顔をもとにした人物の認識の最終的な目的は，社会的場面で適応的にふるまうというところにある。私たちは，顔認識プロセスにおいて成立した顔というオブジェクトから得られた情報を手がかりに，自分がその顔の持ち主に対してとりうる行動を，無数に存在する選択肢の中から選び，決定している。顔が，他者 – 自己間のインターフェイスとして機能するためには，顔認識プロセスだけでなく，自己と結びつけてどのように顔の持ち主に対応するかを判断する過程が必要である。

社会的場面に限らず，私たちは，自分がどんな行動をとるかについて，ほぼ四六時中，意思決定をしている。こうした行動の意思決定において，情動が主要な役割を果たしていることがよく知られている。情動と行動選択の関係に言及した代表的な仮説としては，ソマティック・マーカー仮説（somatic marker hypothesis）が挙げられる（Damasio, 1994）。ソマティック・マーカー仮説によれば，何かしらの刺激に対応した判断を私たちがする際，刺激に対して自動的になされるポジティブあるいはネガティブな情動的評価（ソマティック・マーカー）が，その刺激に対して接近するか回避するかという意思決定に影響を与えるとしている。顔を見た場合にも，情動に関係する脳部位の活動があることがわかっている。こうした脳部位の代表的なものとして，扁桃体（amygdala），眼窩前頭皮質（orbitofrontal cortex, OFC），島皮質（insular cortex）がある（図7-4a も参照）。これらの部位のはたらきが，顔というオブジェクトとして成立

したものから読み取った情報を，自己と結びつけてどのように顔の持ち主に対応するか，判断することを可能にしているメカニズムと考えられる。そこで，本節では，まず，それぞれの部位が顔を見た場合に活動することを，これまでに取り組まれた研究の知見を挙げながら概説し，そうした活動が，他の認知機能や行動に影響を与えることを示す研究を紹介する。

❖扁桃体

　顔から読み取られる人物についての印象が，ポジティブなもの，ネガティブなものに関係なく，強い場合に，扁桃体の活動が高くなることが認められている。

　Winston, O'Doherty, Kilner, Perrett, & Dolan（2007）は，fMRI を用いた実験において，男女の顔写真を見て，その魅力や年齢について判断している間の脳活動を観察している。その結果，課題の種類や，被験者の性別，および，見ている顔写真の性別に関係なく（つまり，異性の顔でも同性の顔でも），高い魅力と判断された顔写真と，低い魅力と判断された顔写真を観察している時の扁桃体の活動が，中程度の魅力と判断した顔写真を観察している場合と比べ，高くなることを見いだしている。同様の傾向は，他の研究でも認められている（Cloutier, Heatherton, Whalen, & Kelley, 2008; Liang, Zebrowitz, & Zhang, 2010）。

　顔から読み取られる「信頼できるかどうか」という印象（信頼感）でも，同じような扁桃体の活動が認められている。Said, Baron, & Todorov（2009）は，事前に信頼度について調整したキメラ顔を作成し，fMRI を用いて，被験者がこれらのキメラ顔に対して，4 段階の信頼感の印象評価を行っている時の脳活動を観察している。その結果，高い信頼感と判断されたキメラ顔と，低い信頼感と判断されたキメラ顔を観察しているときの扁桃体の活動が高くなることを見いだしている。

❖眼窩前頭皮質（OFC）

　OFC は報酬系に含まれる領域であることがよく知られている（レビューとして，O'Doherty, 2004）。報酬系は，報酬的な刺激があったときに活性化して，快の情動を引き起こす。多くの fMRI 研究において，観察者にとってポジティブな印象をもたらす顔を見た場合に，ポジティブではない印象をもたらす顔を見た場合よりも，OFC の活動が高くなることが認められている。

たとえば，魅力的な顔を見た場合は，魅力的ではない顔を見た場合よりも，OFC の活動が高くなる（Aharon, Etcoff, Ariely, Chabris, O'Connor, & Breiter, 2001; O'Doherty, Winston, Critchley, Perrett, Burt, & Dolan, 2003; Kranz & Ishai, 2006; Bray & O'Doherty, 2007; Ishai, 2007; Winston et al., 2007; Cloutier et al., 2008; Liang et al., 2010; Tsukiura & Cabeza, 2011a）。Aharon et al.（2001）は，男性の被験者に対し，予備調査によって平均的な魅力と判断された男女と，高い魅力と判断された男女の顔写真を呈示し，受動的に顔写真を観察している際の脳活動について調べている。その結果，高い魅力の男女の顔写真を見た場合の OFC の活動が，平均的な魅力の男女の顔写真を見た場合と比較して，高くなることを見いだしている。また，高い魅力の女性の顔写真を見た場合と高い魅力の男性の顔写真を見た場合で比べた場合は，高い魅力の女性の顔写真を見た場合でOFC の活動が高いことを見いだしている。

　また，大人の顔を見た場合と比較して，幼児の顔を見た場合にも，OFC の活動が高くなる（レビューとして，Parsons, Stark, Young, Stein, & Kringelbach（2013）。特に，その効果は，母親において，自分の子どもで大きいことがわかっている。Nitschke, Nelson, Rusch, Fox, Oakes, & Davidson（2004）は，3 〜 5 カ月児を持つ母親を対象に，自分の子どもの顔写真，自分の子どもと同じ月齢くらいの見知らぬ子どもの顔写真，親しい大人の顔写真，見知らぬ大人の顔写真を呈示し，それらの顔写真を観察している間の脳活動について調べている。その結果，自分の子どもの顔写真を見た場合の OFC の活動が，見知らぬ子どもの顔写真を見た場合よりも高くなることを見いだしている。また，知り合いの大人の顔写真を見た場合と，見知らぬ大人の顔写真を見た場合で比べたときには，こうした OFC の活動の違いは認められなかったことから，OFC の活動は，既知か未知かの違いによるものではないとしている。

　こうした知見は，観察者にとってポジティブな印象をもたらす顔は，快の情動を引き起こす，報酬としてはたらいていることを示している。

✤島皮質

　いくつかの fMRI 研究において，観察者にとってネガティブな印象をもたらす顔を見た場合に，ネガティブではない印象をもたらす顔を見た場合よりも，島皮質の活動が高くなることが認められている。

　Tsukiura & Cabeza（2011a）は，女性の被験者に対して男性の顔写真を呈示

し，その魅力について，8段階で評価をしている際の脳の活動を計測した結果，低い魅力と判断された顔写真を見ている場合の島皮質の活動が，高い魅力と判断された顔写真を見ている場合と比べ，高くなることを見いだしている。同様の傾向は，他の研究でも認められている（O'Doherty et al., 2003; Krendl, Macrae, Kelley, Fugelsang, & Heatherton, 2006）。

　信頼感でも，同じような島皮質の活動が認められている。Winston, Strange, O'Doherty, & Dolan（2002）は，被験者に男性の顔写真を呈示し，顔写真の男性が，高校生か大学生か，あるいは，信頼できるか否かを判断している時の脳活動を観察している。その結果，行っている課題に関係なく，低い信頼感と判断された顔写真を見ている場合の島皮質の活動が，高い信頼感と判断された顔写真を見ている場合と比べ，高くなることを見いだしている。同様の傾向は，他の研究でも認められている（Krendl et al., 2006）。

　こうした，顔を見た場合の，情動に関係する脳部位の活動は，顔というオブジェクトが成立した場合，私たちが自動的にその顔の持ち主の情動的評価を行っていることを示している。ここでの人物の情動的評価は，その人物に対し，どのようにふるまうか（接近するか，回避するか）の意思決定に影響を与えていることは明らかだろう。Aharon et al.（2001）の実験で見たように，魅力的な同性の顔よりも異性の顔で認められる報酬系の高い活動は，配偶者選択という方向づけが存在することを示し，Nitschke et al.（2004）の実験で見た，他人の子どもの顔よりも，自分の子どもの顔での報酬系の高い活動は，養育という方向付けが存在することを示していると考えられる。

❖顔の記憶

　実際に，顔に対して自動的に行われる人物の情動的評価による方向付けによって，その後のふるまいが変容する可能性があきらかにされている。

　初対面の後のふるまいに，確実に影響を及ぼすと期待できるものに，顔の記憶がある。顔に対して自動的に行われる人物の情動的評価が，顔の記憶に影響を及ぼすことがわかっている。Tsukiura & Cabeza（2011b）は，fMRIを用いて，顔の魅力と記憶の関係について検討している。被験者（女性）の課題は，呈示される男性の顔写真の魅力について，8段階で評定した後，観察した人物についての記憶テストをすることであった。その結果，魅力的と判断した顔に

おいて，中立と判断した顔や，魅力的でないと判断した顔よりも，記憶テスト
での成績がよく，さらに，魅力的と判断した顔を見ている場合にのみ，OFC と，
記憶の処理で重要なはたらきをすることで知られている海馬の脳活動が，正の
相関を示すことを見いだした。この結果は，魅力的な顔を見た時のポジティブ
な情動的評価が，その顔の記憶をさせやすくするはたらきを持っていることを
示している。

　顔におけるネガティブな情動的評価も，ポジティブな情動的評価と同様，顔
を記憶させやすくするはたらきがあることがわかっている。Tsukiura, Shige-
mune, Nouchi, Kambara, & Kawashima（2013）は，fMRI を用いて，女性の被
験者に対して男性の顔写真を呈示し，その顔の人物が悪い人に見えるか否かを
8 段階で評定した後，観察した人物についての記憶テストを行なう課題を実施
している。その結果，悪い人と判断した顔において，中立と判断した顔や，悪
い人でないと判断した顔よりも，記憶テストでの成績がよく，さらに，悪い人
と判断した顔を見ている場合にのみ，島皮質と，海馬の脳活動が，正の相関を
示すことを見いだした。この結果は，悪い人の印象を与える顔を見た時のネガ
ティブな情動的評価が，その顔の記憶をさせやすくするはたらきを持っている
ことを示している。

　こうした，顔の記憶時における，OFC や島皮質と海馬の相互作用による，
強くポジティブ，あるいは強くネガティブな印象を与える人物の記憶のされや
すさは，社会的場面で適応的にふるまうためには，単純に，人物同定に必要な
顔の情報のみを記憶するのではなく，その人物が，自分にとって，近づくべき
人物であるのか，避けるべき人物であるのかを記憶することが重要であること
を示している。情動的評価を伴って人物を記憶することは，他の場面において，
そうした人物を顔から同定した場合に，過去に自分が下した情動的評価にアク
セスすることで，人物に対応したふるまいをすることを可能にしているといえ
る。

　顔についての情動的プロセスに問題がある可能性が指摘されている障害があ
る。カプグラ症候群（Capgras syndrome, Capgras & Reboul-Lachaux, 1923）の患
者は，顔をもとに人物を同定できるにも関わらず，その人物が偽物だという間
違った信念を示す。カプグラ症候群の患者は，親しい人物の顔写真を見たとき
に認められるはずの，情動的な反応である，皮膚電気反応（skin conductance
response, SCR）が生じないことが報告されていることから（Brighetti, Bonifacci,

Borlimi, & Ottaviani, 2007; Ellis, Young, Quayle, & De Pauw, 1997; Hirstein & Ramachandran, 1997），親しい人物の顔を見ても，その顔の持ち主に対応した，ポジティブな情動が喚起されないために，親しい人物を偽物と判断するような，誤った信念を持つと考えられている（Ellis & Lewis, 2001）。こうした知見は，正常なコミュニケーションの成立には，人物を顔から同定するだけではく，人物に対応したふるまいを可能にする情動的プロセスが重要であることを証明しているといえるだろう。

5.8　顔から社会的行動へ

　オブジェクト認知という観点から顔というテーマを論じるにあたり，本章で設定したねらいは，「顔が人間にとってなんのためのオブジェクトであるか」，という本質的な問題について，少なくとも本章においての答えの枠組みを提案することと，顔認知という問題を，提案した枠組みの中で取り扱い，そこで，顔がどのように処理されるのかというメカニズムを，これまでに取り組まれた研究の知見を挙げながら，概説することであった。

　そのために，まず顔を，「社会的場面で適応的にふるまうことを目的とした，人物を認識するためのオブジェクト」であり，他者と自己間で発信される社会的情報の入出力をつなぐ，インターフェイスとして機能しているものと設定した。さらに，インターフェイスとして機能するために必要な顔として見る過程，および顔の持ち主に対応する過程を，それぞれ，顔認識プロセス，情動的プロセスとして，これらの過程がどのようにして起こるのかというメカニズムを，神経科学的基盤という観点から見てきた。

　これらの顔についてのプロセスの存在は，私たちが，単純に，顔のエキスパートということだけでなく，社会的行動のエキスパートであることを示している。正常な顔についてのプロセスが成立しなければ，適応的にふるまうことは難しい。実際に，こうした傾向を示す，発達障害がある。

　自閉症スペクトラム障害（autism spectrum disorders, ASDs）は，主に，社会的相互関係やコミュニケーションへの問題に特徴づけられる，神経発達障害である（American Psychiatric Association, 2013）。自閉症スペクトラム障害の患者は，顔の認識に問題を示すことでよく知られている。たとえば，Klin, Jones, Schultz, Volkmar, & Cohen（2002）は，自閉症の青年・成人と，そうではない

ひとを対象に，1967 年の映画 "Who's Afraid of Virginia Woolf?" から取り出した 30-60 秒のビデオクリップ 5 本を観察中の眼球運動を計測した。その結果，自閉症において，そうではないひとよりも，あきらかに顔に対する停留時間が短くなり，顔以外のものに対する停留時間が長くなることを報告している。同様の傾向は，風景のなかに顔を埋め込むなどして作成した，不自然なグレースケールの写真を観察するような場合でも認められている（Riby & Hancock, 2009）。

　自閉症スペクトラム障害は，ほかのオブジェクトの再認には問題がなくとも，顔の認識には問題を示す（詳しいレビューとして Weigelt, Koldewyn, & Kanwisher, 2012）。たとえば，Snow, Ingeholm, Levy, Caravella, Case, Wallace, & Martin（2011）は，自閉症スペクトラム障害と，そうではないひとを対象として，顔と扇風機を記憶させた後に再認する課題（Face-Fan Memory Task）を実施した結果，自閉症スペクトラム障害ではない被験者では，顔写真と扇風機の再認の成績は変わらなかった一方で，自閉症スペクトラム障害では，扇風機の再認成績は，自閉症スペクトラム障害ではない被験者と変わらなかったにも関わらず，顔で著しく成績が落ちることを見いだしている。

　以上の知見は，自閉症スペクトラム障害に一般的に認められる症状は，顔が人物を認識するためのオブジェクトとして成立しにくいことで，他者 – 自己間のインターフェイスとして，正常に機能することが難しいことに由来する可能性を示唆する。私たちは，顔を見て他者を知り，顔を通して他者と関わりあっている。

　また，本章で論じてきた顔についてのプロセスは，はじめに取り上げた，数々の顔にまつわる現象のいくつかが，なぜ起こるのかを説明する。たとえば，私たちが，アルチンボルドの絵のように，個々が，人参やたまねぎといった，別のオブジェクトを形成しているものに対しても顔を見てしまうのは，顔認識プロセスにおいて，顔の検出を行なうためのフィルタリングに，顔の典型的な配列に関する情報である，顔の 1 次関係情報を用いているからである。実際の顔ではないものに対しても，顔認識プロセスでの処理を可能にするフィルタリングは，一見，雑なようにも思われるが，顔を検出できないことのリスクのほうが大きいためと考えられる。次に，サッチャー錯視に見たように，実際の顔であっても，逆さまにしたとたんに，認識し辛くなるのは，顔認識プロセスにおけるフィルタリングが，正常な状態ではない社会的対象を除くような仕様に

なっていることを示唆する。

　しかしながら，まだ明らかにされていない謎が残されている。私たちは，生放送のテレビの向こうによく知っている有名人がいるからといって声はかけないし，鏡の向こうの己の姿を見て，挨拶をすることはない。既知の人物が，リアルタイムで発信している顔の情報という点で，これらの状況は，人ごみの中で，既知の人物を検出したときと変わらないといえる。にもかかわらず，こうした場合の適応的なふるまいは，適応的であるはずのふるまいをしないということになる。いかに適したふるまいを選択したとしても，行動として発現されれば，不適応と見なされることがあるということは，顔というオブジェクトから得た情報をもとに選択した行動が，適応的なものであるか，社会的文脈に照らし合わせて評価し，適応的ではないと判断された場合は，それを抑制するプロセスがあることを示唆している。

　行動が適応的かどうかを評価するプロセスが，顔認識プロセスや，自動的な情動的プロセスとは異なるものであることを示すものとして，認知症患者に見られる，ミラー・サインと呼ばれる症状が挙げられる。この症状を示す患者は，自分の鏡像を自分と認識できず，話しかけたりしてしまう（Rubin, Drevets, & Burke, 1988）。その一方で，そうした症状を示すにも関わらず，他者の鏡像は正しく認識できる場合もあることが報告されている（Spangenberg, Wagner, & Bachman, 1998; Breen, Caine, & Coltheart, 2001; Villarejo, Martin, Moreno-Ramos, Camacho-Salas, Porta-Etessam, & Bermejo-Pareja, 2011）。したがって，こうした患者は，顔認識プロセスや自動的な情動的プロセスは保たれているにも関わらず，鏡像が自分ではないという誤った信念を持っていると判断できる。

　正常な自己鏡像の認識には，信念の妥当性を様々な文脈情報をもとに評価する能力が必要であることが提案されており（レビューとして，Coltheart, Langdon, & McKay, 2011），研究が進められている。Sugiura, Miyauchi, Kotozaki, Akimoto, Nozawa, Yomogida, Hanawa, Yamamoto, Sakuma, Nakagawa, & Kawashima（2014）は，fMRIを用いた実験において，遅延された，あるいは遅延されていない，自分や他者の鏡像動画を呈示し，刺激に合わせて口を開閉する課題を行っている間の脳の活動について観察している。このとき，被験者にとって，自然に鏡を見ている状態における予測に反するのは，自己の動画が遅延している条件（自己顔であるにもかかわらず，自分が生成している運動と不一致）と他者の動画が遅延していない条件（自分の顔と不一致であるにもかかわらず，

自分が生成している運動と一致）である。その結果，右半球の前頭葉に，これらの条件で特異的に反応する脳の領域を見いだし，この領域が，より有効な信念を選ぶような，信念の妥当性を評価するプロセスに関係する可能性を指摘している。

こうした信念の妥当性を様々な文脈情報をもとに評価するプロセスが，行動が適応的かどうかを検討するプロセスに該当するのであれば，このプロセスにおいて，自己以外の顔というオブジェクトに対して持ちうる，コミュニケーションが成立する相手か否かという信念も取り扱われることが予想される。今後の活発な研究によって，信念の妥当性を様々な文脈情報をもとに評価するメカニズムが解明されていくことが強く期待される。

第6章　表情認知

6.1　表情とは何か ……………………………………………………………

　第5章では，顔が人物を認識するためのオブジェクトであり，他者と自己間の社会的情報の入出力をつなぐ，インターフェイスとして機能しているものと設定した。この際，顔の発信する情報には，人物同定に用いられるような，顔の不変的情報と，表情や視線に代表される，顔の変化する情報があることを説明した上で，前章では，顔の不変的情報についてのみ取り上げた。本章では，もうひとつの顔の発信する情報である，顔の変化する情報について取り扱う。顔の変化する情報は，表情や視線のほか，瞳孔のサイズや顔色など，多く挙げることができるが（Adolphs & Birmingham, 2011），本章では，そうしたなかでも最も広く研究されてきた，表情にフォーカスをあてる。

　表情を表出することについての基本的なモチベーションに，他者の存在があることは，研究者のみならず，衆目の一致するところだろう。実際に，表情が，他者の存在を前提とした社会的文脈で生起されやすいものであることがわかっている。古典的なところでは，Kraut & Johnson（1979）は，ボーリングゲームをしているときや，ホッケーの観戦中，またはパブリックな歩道を歩いているときのような，きわめて自然な状況での笑いの生起について観察している。その結果，ボーリングゲーム中では，自分のパフォーマンスの善し悪しに関係なく，ボーリングのピンに対してよりも，友人たちに対して笑いが多く観察されること，ホッケーの観戦中では，自分の応援しているチームのプレイの善し悪しに関係なく，友人といる場合にそうでない場合よりも笑いが多く観察されること，さらに，歩行中も，その日の天気の善し悪しに関係なく，友人といる場合にそうでない場合よりも笑いが多く観察されることを示している。こうした，社会的文脈における表情の生起の促進は，聴衆効果（audience effect）と呼ばれており，挙げた例のほかに，ものを食べたり，匂いを嗅ぐような場面や（たとえば，Brightman, Segal, Werther, & Steiner, 1977; Gilbert, Fridlund, & Sabini,

1987; Kraut, 1982），他者が痛みを感じているのを観察するような場面（たとえ
ば，Bavelas, Black, Lemery, & Mullett, 1986），ユーモラスなものを刺激として与
えられるような（たとえば，ヘッドフォンで面白い内容の話を聞く）場面（たとえ
ば，Bainum, Lounsbury, & Pollio, 1984; Chapman, 1973, 1975; Chapman & Wright,
1976; Freedman & Perlick, 1979）でも認められることがわかっている。聴衆効
果は，生後 10 カ月という発達のかなりはやい段階ですでに認められており
（Jones, Collins, & Hong, 1991），また，そばに他者がいないような状況でも引き
起こされることが，顔面筋の EMG（electromyography, 筋電図）を用いた研究
で明らかにされている（Fridlund, 1991）。私たちは表情を，意図的にしろ，無
意図的にしろ，自身の情動を他者に伝えるために用いている。

　本章では，表情がはたらく仕組みについて，これまでに取り組まれた研究の
知見を挙げながら，概説することをねらいとする。2 者以上の人物で構成され
た社会的場面で，表情を利用して適応的にふるまうことを考えた場合，その人
物間で，少なくとも 2 つの仕組みが共有されている必要がある。1 つは，表情
を表出する仕組みである。ある情動は，表出者によらず，基本的に同じ顔の
「変化」として表出される必要がある。2 つめは，表情を認識する仕組みである。
他者の顔の「変化」は，受け手によらず，基本的に同じ表情カテゴリーとして
認識される必要がある。これを踏まえ，本章では，まず，内的状態の表出を可
能にする基盤について取り上げた後，知覚した顔の変化を表情として認識する
基盤について取り上げる。最終的に，第 5 章から続く顔をテーマとした話のま
とめとして，第 5 章と第 6 章の議論をもとに，顔によって支えられている社会
的システムがどのような目的のもとに成立し，どのようなはたらきをしている
かを論じる。

6.2　表情を表出する仕組み

　本節より，情動の顔による表出を可能にする基盤について取り上げる。表情
が適応的なコミュニケーションツールとして成立するためには，情動が，基本
的に同じ顔の変化として表出される必要がある。

　ところで，ひとくちに顔の変化といっても，加齢のような長いスパンの変化
もあれば，頬のピクリとした動きのような極めて短いスパンの変化もあり，そ
の時間的変化の位相の違いの幅は大きい。表情と見なせるのは，どのような変

化なのだろうか。Ekman & Friesen（1975）は，顔がさまざまな信号を同時に発信している多重信号システムとした上で，こうした顔の変化する信号を，その時間的変化の位相の違いに注目して２つの段階に分類している。１つめは，加齢に伴う，皺の増加や肌の張りの減少などのような，長いスパンで徐々に生ずる顔貌の変化であり，ゆっくりした信号（slow facial signals）とされる。もう１つは，顔の筋肉のはたらきによって生ずる一時的な顔貌の変化であり，素早い信号（rapid facial signals）とされる。さらに，こうした顔の変化のうち，表情に該当するのは，素早い信号としている。顔は，素早い運動変化を通して，持ち主の情動を伝達しているといえる。

　顔面の運動変化である以上，表情も，人間の表出するあらゆる他の運動変化と同様，脳からの運動指令に応じた筋肉の収縮によって表出する変化である。したがって，特定の情動が，表出者によらず，基本的に同じ顔面の運動変化として表出されるためには，まず，特定の情動に結びついた顔面の運動変化を引き起こすために生成された運動指令を実現する，共通の解剖学的基盤が必要とされる。

❖表情の解剖学的基盤

　すでに述べたように，顔面の運動変化を可能にしているのは，表情表出に関する運動指令に応じた顔面にある筋肉の伸縮である。いかに繊細で複雑な運動変化を可能にする運動指令があっても，それを実現できるだけの筋肉群がなければ，表情を表出することはできない。顔面の筋肉は顔面骨の上に存在する，顔面の皮膚直下にある薄い筋群であり（図6-1），基本的に，誰もが同じ構造を持っているとされる（Schmidt & Cohn, 2001）。興味深いことに，こうした顔面の筋構造には個人差があることが解剖学的研究によって明らかにされている。顔面筋はしばしば左右非対称（一方のみが大きかったり，または，なかったりする）であり，いくつかの顔面筋がない個人がいる（Waller, Cray, & Brrows, 2008）。顔面における繊細で複雑な運動変化は，これらの顔面筋群の互いの連動作用（島田, 2000）によって，成立している。どれほど繊細で複雑な顔面の運動変化を表出することができるかは，こうした顔面筋群の互いの連動作用に基づいた，顔の可動性（facial mobility）に依存するといえる。

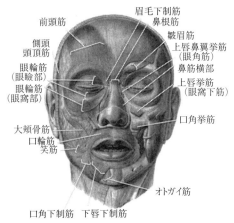

図 6-1　顔面筋（Clemente, 1997 を改変）

❖FACS

　顔の可動性をコーディングするために開発された手法に，FACS（Facial Action Coding System, Ekman & Friesen, 1978）がある。ここでは，改訂版（Ekman, Friesen, & Hager, 2002）を取り上げる。

　FACSにおいては，顔面の筋肉群のはたらきを考慮した上で，可視的な顔面の運動変化を最小単位に分解し，その組み合わせですべての顔面の運動変化を表現できるとする。こうした最小単位は，アクションユニット（Action Unit, AU）とアクションディスクリプタ（Action Descriptor, AD）と呼ばれ，AUは解剖学的基盤が明確なもの，ADは解剖学的基盤が明確ではないものとされる。AUについては，顔の上部の運動変化に関する9種，顔の下部の運動変化に関する18種を含めた32種が設定されており，ADについては9種が設定されている。図6-2に，例として代表的なAUを示す。それぞれのAUには，どのような運動変化であるかを説明する様態の記述があるが，顔面の運動変化のコーディングには，それぞれのAUに与えられた番号を用いる。たとえば，AU1の様態は眉の内側が上がる（inner brow raiser）ことであり，その解剖学的基盤が内側前頭筋（frontalis pars medialis）の収縮，また，AU2の様態は眉の外側が上がる（outer brow raiser）ことであり，その解剖学的基盤が外側前頭筋（frontalis pars lateralis）の収縮であるが，眉全体を上げるという顔面の運

	AU	動作	解剖学的基盤	例
1	inner brow raiser	眉毛の内側を上げる	内側前頭筋	
2	outer brow raiser	眉毛の外側を上げる	外側前頭筋	
4	brow lowerer	両眉毛を互いに寄せて下げる	眉頭下制筋, 眉毛下制筋, 皺眉筋	
5	upper lid raiser	上眼瞼を上げる	眼瞼挙筋	
6	cheek raiser and lid compressor	頬を上げ, 上下の瞼に力を入れる	眼窩部眼輪筋	
7	lit tightener	瞼を硬化させる	眼瞼部眼輪筋	
9	nose wrinkler	鼻背にしわを作る	上唇鼻翼挙筋	
10	upper lip raiser	上唇を上げる	上唇挙筋	
11	nasolabial furrow deepener	鼻唇溝を深める	小頬骨筋	
12	lip corner puller	口角を引く	大頬骨筋	
14	dimpler	えくぼを作る	頬筋	
15	lip corner derpressor	口角を下げる	口角下制筋	
16	lower lip depressor	下唇を下げる	下唇下制筋	
17	chin raiser	オトガイを上げる	オトガイ筋	
18	lip pucker	口をすぼめる	上唇切歯筋, 下唇切歯筋	
20	lip stretcher	口裂を伸ばす	笑筋	
22	lip funneler	唇をじょうご状に突き出す	口輪筋	
23	lip tightener	唇を硬化させる	口輪筋	
24	lip pressor	口を閉める	口輪筋	
25	lips part	口裂を開ける	下唇下制筋：もしくは、オトガイないし口輪筋の弛緩	
26	jaw drops	下顎を下げる	咬筋：外側内側翼突筋の弛緩	
27	mouth stretches	口を開く	翼突筋, 顎二腹筋	
28	lips suck	口をすぼめる	口輪筋	

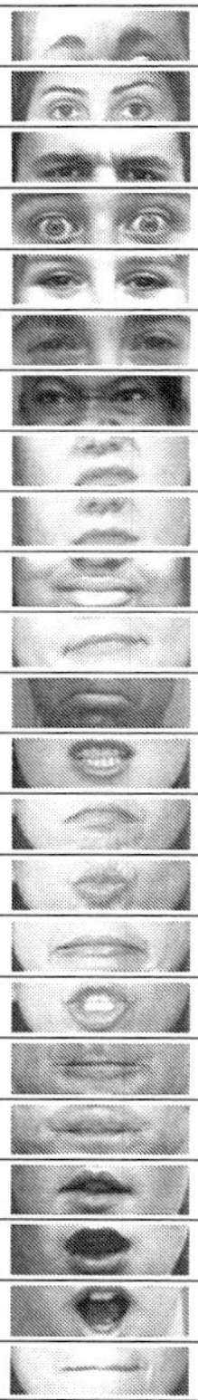

図6-2　代表的なアクションユニットとその解剖学的基盤（山田, 2007を改変）

動変化の場合，この2つの AU の組み合わせの変化と見なす。具体的には，AU1＋2とコーディングする。

その記述力の高さから，FACS は，顔面の運動変化の標準的なコーディング方法として，神経科学（たとえば，Rinn, 1984, 1991）や，コンピュータ・ビジョン（たとえば，Bartlett, Ekman, Hager, & Sejnowski, 1999; Cohn, Zlochower, Lien, & Kanade, 1999; Pantic & Rothkrantz, 2000; Tian, Kanade, & Cohn, 2005），コンピュータ・グラフィックスやアニメーション（たとえば，Breidt, Wallraven, Cunningham, & Buelthoff, 2003; Parke & Waters, 1996）など，さまざまな領域で広く用いられている。

❖ダーウィンの3原理

情動と特定の顔面の運動変化の密接なリンクについては，進化的起源という観点からの説明が試みられてきた歴史がある。これを最初に論じたのはチャールズ・ダーウィンであり（Darwin, 1872/1998），特定の情動と表情の結びつきが強いとした上で，情動に対する顔面の運動変化が持つ機能の違いに注目して，表情の成立に関する3つの原理を提示している。この3原理は，現代でも通用するものとして広く引用され続けており（金沢，1993），ここでも簡単に紹介する。

1つめの原理は，特定の情動に関係した状況にダイレクトに適応するための顔面の運動機能についてのものであり，有用な連合的習慣の原理（the principle of associated serviceable habits）と呼ばれている。この原理では，表情を，環境にある外的な刺激によって誘発された，自己の情動の変化に対処するための適応的な行動の一部として成立した顔面の運動変化が，やがて内的な状態変化と直接結びついたものとして見なしている。たとえば，食べてはならないものを食べてしまったことで，気分が悪いといった内的状態の変化が生じた場合，その対処行動である吐き出すことに付随した顔面の運動変化が生じるが，やがて，その顔面の運動変化が，気分が悪いという内的状態に付随するようになることを示す。

2つめの原理は，顔面の運動変化のコミュニケーション機能についてのものであり，相反の原理（the principle of antithesis）と呼ばれている。この原理では，表情を，他者の顔面の運動変化に対応するための顔面の運動変化が，やがて，対応時の内的状態と直接結びついたものとして見なしている。たとえば，

特定の情動の対処反応として，威嚇行動に付随する顔面の運動変化（牙をむき出す）を表出している上位の個体がいた場合，下位の個体がとるべき適応的な行動は，自己の不利益を避けるために，上位個体の内的状態を調整するための反応（服従）をとることといえる。このとき，服従行動に付随する顔面の運動変化（牙を隠す）に，やがて，服従行動時の内的状態が付随するようになることを示す。

　最後の原理は，内的状態変化に付随する生理的な機能についてのものであり，神経系の構造による作用の原理（the principle of action of the nervous system）と呼ばれている。この原理では，表情を，表出のもととなる内的状態の変化の一部であったり，その副産物として見なしている。具体的な例としては，顔の紅潮などの，内的状態の変化に伴う生理的変化が顔に表出する場合が挙げられる。

❖基本6情動

　私たちが普段表出している表情は，特定の情動に定着した顔面の運動変化ということになるが，そのもととなる情動には，どのようなものがあるのだろうか。つまるところ，情動のレパートリーは顔の可動性を決める重要なファクターとなる。

　過去半世紀の間に取り組まれた研究において，いくつかの情動カテゴリーが，普遍的で，生得的なものであり，かつ，進化的起源を持つことが実証されている（Ekman, 1999; Izard, 2007; Panksepp, 2007）。代表的なものとして，喜び（happiness），驚き（surprise），恐れ（fear），悲しみ（sadness），怒り（anger），嫌悪（disgust）の6つが，基本6情動として広く知られている。こうした情動カテゴリーは，かつてヒトがよく遭遇した普遍的なイベントや対象に対応したものであり（Scherer, 1997a, 1997b），そうした状況に対処するための行動を準備する，組織化された生理学的反応と考えられている（Levenson, 1999, 2003; Matsumoto, Nezlek, & Koopmann, 2007）。

　ところで，基本6情動として挙げた情動カテゴリーにおいて，喜びのようなポジティブな情動よりも，それ以外の，どちらかといえばネガティブな情動のほうが複雑に分化されており，種類が多い印象を持つことだろう。この傾向はネガティブバイアスとして報告されている（Rozin & Royzman, 2001）。Rozin & Royzman（2001）の考えによれば，そうしたバイアスが存在する理由のひとつ

として，かつてのヒトにとって，ネガティブなイベントの方が，個体に与える影響が大きいだけでなく，それによって要求される，取りうる対応の種類が複雑で多いことを挙げている。身体の危険を伴うのはたいていネガティブなイベントといえるが，どのような類いの危険であるかによって，取りうる最適の対処行動は異なるといえる。

❖基本 6 表情の様態

普遍的な情動が，普遍的な表出を形成した（Ekman, 1993; Izard, 2007; Sauter, Eisner, Ekman, & Scott, 2010）として，Ekman（1972）は，基本 6 情動と結びついた表情の典型的な様態について整理している。さらに，FACS（Ekman & Friesen, 1978）において，そうした様態に関与する AU を挙げている。山田（2007）に詳しくまとめられているため，ここでは各情動カテゴリーの典型的な表情（図 6-3a）について，簡単に紹介しよう。

喜びの典型的な表情は，FACS において AU6 + 12 とコーディングされる，大頬骨筋の収縮による口角の上昇と，眼窩部眼輪筋の収縮による持ち上がった頬が特徴である。この特徴は，自然に表出された表情に見られ，特にデュシェンヌ・スマイル（Duchenne's smiles）と呼ばれる。それに対し，ポーズされた「偽りの笑い」では，口角の上昇（AU12）だけが認められるとされている（図 6-3b, Duchenne de Bologne, 1862/1990）。

驚きの典型的な表情は，FACS において AU1 + 2 + 5 + 26 とコーディングされる，前頭筋の収縮による眉全体の上昇と，眼瞼挙筋の収縮による開かれた眼，咬筋あるいは外側内側翼突筋の弛緩による開いた口が特徴である。開いた口は AU25 や AU27 としてコーディングされることもある。

恐れの典型的な表情は，かなり複合的であり，FACS において AU1 + 2 + 4 + 5 + 20 + 25 とコーディングされる。すでに記述した眉全体の上昇と開かれた眼に加え，眉頭下制筋，眉毛下制筋，皺眉筋の収縮による眉間を引き寄せる動き，笑筋と下唇下制筋の収縮（あるいはオトガイ筋，口輪筋の弛緩）による開いた状態で引き延ばされた口が特徴とされる。

悲しみの典型的な表情は，FACS において AU6 + 15 とコーディングされる，すでに記述した持ち上がった頬と，口角下制筋の収縮による下がった口角が特徴である。AU1（眉の内側の上昇）が加えられることもある。

怒りの典型的な表情は，FACS において AU4 + 5 + 7 + 17 とコーディングさ

6.2 表情を表出する仕組み　　175

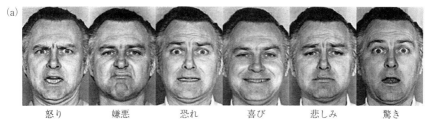

怒り　　　嫌悪　　　恐れ　　　喜び　　　悲しみ　　　驚き

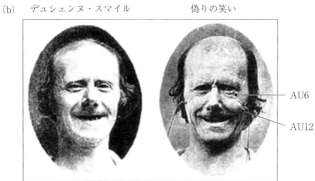

図 6-3 (a) 基本6情動と結びついた表情の典型的な様態（オリジナルの写真は Ekman & Friesen, 1976 から使用）。(b) デュシェンヌ・スマイル（左）とポーズされた「偽りの笑い」（右）（オリジナルの写真は Duchenne de Bologne, 1862/1990 から使用）

れる．すでに記述した引き寄せられた眉間と開かれた眼のほか，眼瞼部眼輪筋の収縮による硬化させた上下まぶた，オトガイ筋の収縮による下唇の押し上げが特徴である．

　嫌悪の典型的な表情は，FACS において AU9+17 とコーディングされる，上唇鼻翼挙筋の収縮により寄せられた鼻背と，すでに記述した下唇の押し上げが特徴である．

❖表情と生理学的変化

　実際に，情動を喚起する刺激を呈示したり，情動を喚起するような状態をイメージさせた場合，その情動と対応する自動的な顔面の運動変化が観察されることが報告されている（たとえば，Greenwald, Cook, & Lang, 1989; Lang, Greenwald, Bradley, & Hamm, 1993; McTeague, Laplante, Cuthbert, Strauss, & Bradley, 2009; Van Oyen Witvliet & Vrana, 1995）。

　Lang, Greenwald, Bradley, & Hamm（1993）は，被験者に情動を喚起させる写真を呈示し，呈示された刺激に伴う快経験，および覚醒経験を評価している間の顔面の筋運動を EMG を用いて計測している。その結果，快経験と，喜びの表情の代表的な運動変化である口角の上昇（AU12）を生成する大頬骨筋の活動が正の相関を示し，恐れや怒りの表情表出に含まれる眉を下げる運動変化（AU4）を生成する皺眉筋の活動が負の相関を示すことを明らかにしている。

　また，こうした内的状態の変化に付随する自動的な表情の表出を抑制すること（expressive suppression）で，交感神経系および心臓血管系などの内的な生理反応が増加することが明らかにされている（たとえば，Gross, 1998; Gross & Levenson, 1993; Gross & Levenson, 1997; Harris, 2001; Richards & Gross, 1999, 2000）。Gross（1998）は，被験者に不快な情動を喚起する動画を呈示し，被験者自身の情動的反応を隠すように教示した場合の生理的反応について観察している。その結果，何も教示をされなかった被験者に比べ，顔面の運動変化を含む，情動変化の表出は減少したが，交感神経系および心臓血管系の活動が上昇したことが確認されている。

　こうした情動に対する表情表出の自動的特性は，表情表出が，おかれた状況に対処するための行動の一部であるという見解を支持するものである。この過程において，情動は，あくまで対処行動を準備するために組織化された生理学的反応であり，目的になることはないといえるだろう。

❖ポーズされた表情

　本節では，情動の顔による表出を可能にする基盤について概観してきたが，表情の表出において，情動が必ずしも伴うものではないことは，私たち自身がしばしば経験するところである。たとえば，電車で偶然にも隣あわせた初対面の人物とおしゃべりをしなければならないような場合，私たちは，相手の失礼にならないように，ちっともおかしいとは思えないジョークに笑ってみせたりする。私たちは，随意的に，本来は特定の情動に結びついているはずの表情の様態をポーズすることができる。こうした，情動を伴わないポーズされた表情と，情動に付随した表情とでは，どのような違いがあるのだろうか。本節の最後に，この問題について取り上げる。

6.2 表情を表出する仕組み

ポーズされた表情と，自然に表出された表情の間に違いがあることが実験的に明らかにされている。たいていの場合，ポーズされた表情は，自然に表出された表情よりも，表出強度が強く（たとえば，Cohn & Schmidt, 2004; Schmidt, Cohn, & Tian, 2003），全体的に長続きせず（たとえば，Hess & Kleck, 1990; Cohn & Schmidt, 2004; Schmidt, Bhattacharya, & Denlinger, 2009; Schmidt, Cohn, & Tian, 2003），表出の立ち上がりが唐突で（たとえば，Hess & Kleck, 1990; Cohn & Schmidt, 2004; Schmidt, Bhattacharya, & Denlinger, 2009），表情の左右対称性に欠ける（たとえば，Cohn & Schmidt, 2004; Ekman, Hager, & Friesen, 1981）。

Schmidt, Cohn, & Tian（2003）は，自発的に表出された笑いと，社会的文脈によって，ポーズとして引き出された笑いの違いについて検討している。被験者は，自発的な笑いを誘発する条件では，ひとりでコメディのフィルムを観察し，ポーズされた笑いを誘発する条件においては，政治的内容についてのインタビューを受ける課題に参加し，インタビュアーの意見を説得することが求められ，その間の顔面の運動変化および生理指標が計測された。その結果，デュシェンヌ・スマイルに特徴的な AU6 の変化に有意な違いは認められなかったものの，自発的に表出された笑いのほうが，ポーズとして引き出された笑いよりも，変化度合いは小さいものの，持続時間が長いことを認めている。

こうした自然に表出された表情とポーズされた表情の間で認められる違いは，たとえ同じ顔面の運動変化であったとしても，それぞれの表情が，異なるメカニズムに基づいていることを示唆する。実際に，自然に表出された表情とポーズされた表情のメカニズムが異なることは，パーキンソン病（Parkinson's disease, PD）の患者の代表的な症状である，仮面様顔貌（masked face）に見ることができる。パーキンソン病が進行すると，患者の表情は徐々に乏しくなり，無表情で，仮面のような特有の顔貌を呈するようになる。こうしたパーキンソン病患者に，情動を喚起するような動画を呈示した場合，情動経験についての自己評価は健常被験者と違いがないにもかかわらず，自然に表情を表出することが難しくなることがわかっている。その一方で，意識的に表情をポーズすることには，あまり問題がないことから（たとえば，Smith, Smith, & Ellgring, 1996; Simons, Pasqualini, Reddy, & Wood, 2004），パーキンソン病による主な障害は，自然に表情を表出する過程にあると考えられている。

❖表情表出の２つの機能

　情動に付随した表情と，情動を伴わないポーズされた表情の存在は，表情の
２つの異なる機能側面を反映していると考えられる。前者は，自己の情動の変
化に対処するための，いわば自己の情動を他者に伝えるための機能であり，後
者は，他者の情動を調整する機能である。これらの機能の間の明確な違いは，
特定の情動の変化に対して準備されうる表情のレパートリーにあると考えられ
る。自己の情動の変化に対処する場合は，最も適応的な表出は進化的起源に由
来するひとつに限定されるが，他者の情動の変化を調整する場合は，「どう調
整するか」（あるいは，されたいのか）というモチベーションの違いや，状況に
よって，適応的な表情が変わりうるため，ひとつに限定されるとは考えにく
い。憤懣やるかたないという情動を抱えながら怒りの形相を表した他者と対面した
場合，その人物が「誰でもよいから当たり散らしたい」のか，誰でもよいから
自分と同じような情動を持ってほしいのかというモチベーションの違いによっ
て，調節に最適の表情は，明らかに違ったものになると推察される。こうした
場面で準備されうる表情のレパートリーは，調整すべき対象の他者との社会的
関係の複雑さに比例すると考えられる。したがって，他者の情動を調整する機
能側面においては，先に述べたような，情動のレパートリーだけでなく，社会
的関係の複雑さも，顔の可動性を決める重要なファクターになると考えられる。

　実際に，社会的関係の複雑さと，表情表出のもととなる，顔の組織の可動性
の間に関係があることが，サルを対象としたサル用のFACSを使った調査
（Dobson, 2009）によって明らかにされている。より複雑な行動の成立は，その
行動に関わる筋肉のタイプを増やすことや，筋肉をコンビネーションとして使
うことで達成されている（Changizi, 2003）ことから，Dobson（2009）は，代表
的な顔の変化する情報である表情の複雑さを表すものとして，顔の可動性を設
定し，サルにおける集団サイズと顔の可動性について検討している。その結果，
集団サイズが大きくなればなるほど，その顔の可動性が高くなることを報告し
ている（図6-4）。社会的な集団サイズが大きくなるほど，社会的関係が複雑に
なることで，集団の凝集性を維持することが困難になり，集団の凝集性を促進
するための行動に対して選択がはたらくとされている（Dunbar, 1993; Mae-
stripieri, 1999; McComb & Semple, 2005）。したがって，少なくとも，私たちが
表出できる顔の複雑な表情は，大きくなった集団サイズに応じて高まった，社
会的関係の複雑さのニーズを反映した結果と見なすことができる。

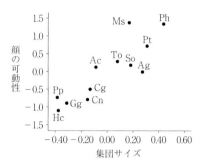

図6-4 サルにおける集団サイズと顔の可動性（Dobson, 2009）。社会的な集団サイズが大きくなるほど，その顔の可動性が高くなる。Ac＝クロホエザル；Ag＝ジェフロイクモザル；Cn＝ブラッザモンキー；Cg＝アビシニアコロブス；Gg＝ゴリラ；Hc＝クロテナガザル；Ms＝シシオザル；Pt＝チンパンジー；Ph＝マントヒヒ；Pp＝シロガオサキ；So＝ワタボウシタマリン；To＝ダスキールトン

6.3 表情を認識する仕組み

　次に，知覚した顔の変化を表情として認識する基盤について取り上げる。表情が適応的なコミュニケーションツールとして成立するためには，他者の顔の変化が，受け手によらず，基本的に同じ表情カテゴリーとして認識される必要がある。知覚対象としての表情を考えた場合，表出場所が顔というオブジェクトであるということをのぞけば，他のあらゆるオブジェクトに見られる運動変化と基本的には変わらない。顔の運動変化が，受け手によらず，基本的に同じ表情カテゴリーとして認識されるためには，まず，顔面の運動変化を，他のオブジェクトの運動変化とは異なるものとして取り扱う仕組みが備わっている必要がある。

❖表情の検出

　表情の検出過程は，顔以外のオブジェクトの変化する情報の検出過程と異なる可能性が実験的に示されている。たとえば，刺激として呈示した情景の中から変化を検出する課題において，情景中に起きている変化に気づかない，変化の見落とし（change blindness）としてよく知られた現象がある（詳細については第3章を参照）。顔というオブジェクトに限らず，環境中に起こる変化を検出

する能力は，環境で適応的に行動する上で重要といえるが，私たちは，情景の変化の前後にブランクが挿入されていたり，情景が，連続的ではあるものの，とてもゆっくりと変化した場合には，たとえその変化前後の違いが大きなものであったとしても，変化があったことに気づきにくい（たとえば，Rensink, 2002; Simons, 2000）。

David, Laloyaux, Devue, & Cleermans（2006）は，代表的な顔の変化する情報である表情に注目し，顔の変化と顔以外のオブジェクトの変化で変化の見落とし現象に違いが認められるかどうかを実験的に検討している。顔の変化は，中立表情の人物の表情が，ポジティブあるいはネガティブな表情へ変わるもので，顔以外のオブジェクトの変化は，人物の衣服や背景の一部などの色が変わるものであった。その結果，顔の変化のほうが，情景の変化の前後にブランクが挿入されている場合でも，情景が連続的にゆっくりと変化する場合であっても，変化の見落としがされにくいことを報告している。

ところで，こうした表情の検出過程においても，先に述べたネガティブバイアスが存在することがわかっている。群衆の中の顔効果（face-in-the-crowd effect）としてよく知られた現象がある。Hansen & Hansen（1988）は，視覚探索課題において，喜び表情の中にある怒り表情を探索する場合のほうが，怒り表情の中にある喜び表情を探索する場合よりも速く検出されることを見いだしている（図6-5）。このような，ポジティブな表情に対するネガティブな表情の探索の優位性は，多くの研究で繰り返し確認されている（Eastwood, Smilek, & Merikle, 2001; Fox, Lester, Russo, Bowles, Pichler, & Dutton, 2000; Horstmann, 2007; Horstmann, Scharlau, & Ansorge, 2006; Öhman, Lundqvist, & Esteves, 2001）。

❖表情カテゴリーのラベル付けについての2つの立場

顔の変化する情報を，何かしらの基準に照らし合わせて，特定の表情カテゴリーに分類し，ラベル付けを行なう過程については，情動の心理学的なモデルという枠組みで論じられてきた歴史があり，表情分類の基準について異なる立場をとった，代表的な2つのモデルがあることがよく知られている。それぞれの立場の主張で最も異なるところは，先に挙げたような情動カテゴリーを，相互に関係のない，離散的なものとしてとらえるか，それとも，その間になにかしらの関係や連続性を見いだすか，という点にある。前者は基本情動モデル（たとえば，Ekman, 1984, 1992; Izard, 1991; Tomkins, 1962, 1963）であり，カテゴ

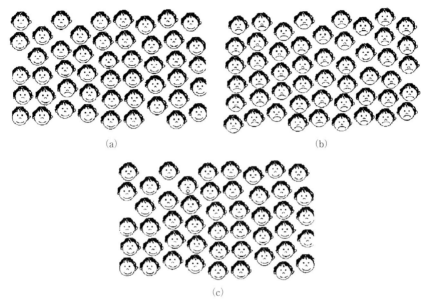

図 6-5 群衆の中の顔効果（Hansen & Hansen, 1988）。喜び表情の中にある怒り表情を探索する場合のほうが，怒り表情の中にある喜び表情を探索する場合よりも速く検出できる。

リー知覚モデルとしてよく知られている。カテゴリー知覚モデルにおいては，先に説明した情動カテゴリーに，1対1で対応している表情の存在を仮定している。したがって，どのような表情であっても，直接的に対応づけられた情動のラベル付けが行われるとする。それに対し，後者では，情動カテゴリー間の連続性を説明するような，少数次元で構成された情動空間を仮定しており，この情動空間を，表情分類の基準として用いるとしている。つまり，ある表情の持つ情動情報は，この心理的判断空間（psychological judgement space）上にマッピングされ，その空間的な位置関係から，最終的に，特定の表情カテゴリーへ分類，ラベル付けが行われるとする。こうした立場は，Schlosberg（1952, 1954）に端を発しており，次元知覚モデルとして知られている。

次に，それぞれのモデルの詳細と，それを支持する研究について，順に紹介する。

❖カテゴリー知覚モデル

すでに述べたように，カテゴリー知覚モデルでは，私たちの脳内において，それぞれの情動カテゴリーが離散的なものとして表現されており，そうした情動カテゴリーに1対1で対応した表情があると仮定している。この立場をとった場合，わたしたちが他者に見るあらゆる表情は，必ず対応した情動カテゴリーがあることになるので，ある表情を目にした瞬間，苦労することなく，その情動を判断できるということになる。

カテゴリー知覚モデルを支持する有力な知見として，モーフィングを用いて作成した画像を刺激とした，いくつかの代表的な研究（たとえば，Etcoff & Magee, 1992; Calder, Young, Perrett, Etcoff, & Rowland, 1996; Young, Rowland, Calder, Etcoff, Seth, & Perrett, 1997）がある。モーフィングとは，画像処理技術のひとつであり，いくつかの元画像を合成することで，本来は存在しない，元画像の間の画像を，物理的な距離を正確に操作して作成することができる。たとえば，図の 6-6a は，Calder et al. (1996) の実験で用いられたものになるが，元画像として典型的な喜び表情，怒り表情，恐れ表情を用いて，その中間画像を，モーフィングによって作成している。それぞれの典型表情を 100% として，もう一方の典型表情を 0% とした場合，モーフィングを用いることで，10%，30%，50%，70%，90% という，実際には存在しない中間表情を，物理的に等間隔の刻みで作成することができる。

Calder et al. (1996) はこうした画像を刺激系列に用いて，ABX 課題と呼ばれる課題を実施している。ABX 課題では，これらの顔画像の中から，物理的に等間隔の対（刺激 A と刺激 B）を選んで，逐次的に呈示した後，どちらか一方の刺激（刺激 X）を再呈示して，刺激 A と刺激 B のどちらであったかを判断することを被験者に求める（図 6-6b）。さて，もし，情動カテゴリー間が連続的であるならば，物理的に等間隔になるよう作成された刺激系列画像も連続的なものとして判断されなければならない。すなわち，実験において，すべての刺激対は，物理的に等間隔であるので，その弁別成績はいずれも変わらないはずである。しかしながら，実際は，表情カテゴリーをまたぐような刺激対の弁別のほうが容易であり，表情カテゴリーをまたがない，典型表情に近い刺激対の弁別のほうが困難であることを認めている（図 6-6c）。こうしたカテゴリー間の弁別の優位性は，情動カテゴリーが離散的であることを示すものと考えられている。

6.3 表情を認識する仕組み 183

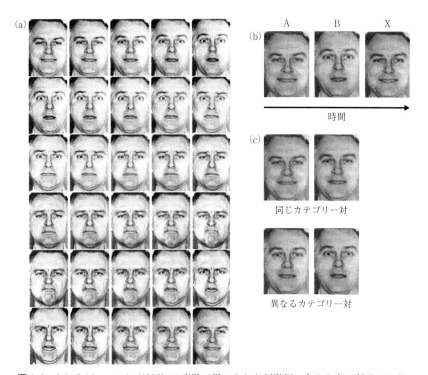

図 6-6 (a) Calder et al.(1996)の実験で用いられた刺激例。左から右に行くにした
がって，90%，70%，50%，30%，10%の中間表情が示されている。1行目が喜
び‐驚き，2行目が驚き‐恐れ，3行目が恐れ‐悲しみ，4行目が悲しみ‐嫌悪，
5行目が嫌悪‐怒り，6行目が怒り‐喜びの連続体となっている。(b) ABX 課
題。被験者は，継時的に呈示される刺激 A と刺激 B を観察後，再呈示される
刺激 X がどちらであったかを判断する。(c) 刺激対の例。物理的に等間隔の刺
激対であっても，同じカテゴリー対の場合よりも異なるカテゴリー対のほうが，
弁別が容易。

　fMRI を用いた表情認識研究のメタ分析の結果において，カテゴリー知覚モ
デルを支持するような報告がされている。Vytal & Hamann（2010）は，表情
刺激に限らず，視覚刺激，聴覚刺激，嗅覚刺激を用いて情動を喚起させた研究
に対してメタ分析を実施し，驚きを除く5つの基本情動（喜び，悲しみ，怒り，
恐れ，嫌悪）に関係する脳領域の活動について検討している。情動カテゴリー
が離散的なものであるならば，それぞれの情動が喚起されたときの脳内機序は
異なることが予測される。分析の結果，メタ分析に含まれた実験間で，それぞ

れの情動に関与する脳領域の活動の相関が高く，かつ，それぞれの情動に伴う活動パターンは，離散的であることを確認している（口絵図6-7）。

具体的には喜び情動で一貫して活動が認められる領域は，吻側前帯状皮質（rostral anterior cingulate cortex, rACC）と右上側頭回（right superior temporal gyrus, rSTG）であるが，残りのすべての情動と活動の違いが認められたのはrACCのみで，rSTGについては，嫌悪を除いた3つの情動との間で活動に違いを認めている。悲しみ情動で一貫して活動が認められる領域は，左内側前頭回（left medial frontal gyrus, lMFG）と左尾状核頭（left caudate head）であり，どちらの領域も残りのすべての情動との間で活動の違いを認めている。怒り情動で一貫して活動が認められる領域は，左下前頭回（left inferior frontal gyrus, lIFG）と右海馬傍回（right parahippocampal gyrus, rPHG）であり，どちらの領域も残りのすべての情動との間で活動の違いを認めている。恐れ情動で一貫して活動が認められる領域は扁桃体と右島皮質であり，残りのすべての情動と活動の違いが認められたのは右島皮質のみで，扁桃体については，怒りを除いた3つの情動との間で活動に違いを認めている。嫌悪情動で一貫して活動が認められる領域は両側IFG／島皮質のあたりで，残りのすべての情動との間で活動の違いを認めている。

ただし，カテゴリー知覚モデルを支持する研究における，実験手続き上の問題点も指摘されている。Calder et al. (1996) の実験で用いられているような典型的な表情画像は，日常的に私たちの表出するものとはかなり異なる，強調された，プロトタイプ的なものであり，また，モーフィングによって作成された中間表情画像も，自然な表出にはよらない，きわめて人工的なものである。日常の自然な文脈で表出された表情の多くは，限られた情動カテゴリーでは正確に分類することは難しいといえるだろう。

Du, Tao, & Martinez (2014) は，ふだん私たちの用いている表情は，6つの基本情動の典型表情よりも多いとし，基本情動カテゴリーのいくつかが混合することで，新しい合成情動カテゴリー（compound emotions categories）が構成されることを提案し（たとえば，喜びながらの驚きと，怒りながらの驚きは，明確に異なる合成情動カテゴリーとなる），また，そうした情動カテゴリーに対応した典型表情があるとしている。さらに，230名の表出した表情に対してFACSを利用した解析を行い，6つの典型表情に加えて，6つの情動のうちの2つあるいは3つを合成させた15種類の合成情動カテゴリーに対応した，他者から

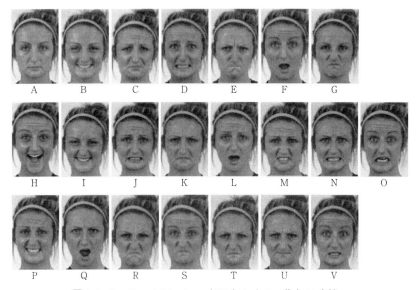

図 6-8　Du, Tao, & Martinez（2014）による，基本 21 表情。

視覚的に弁別可能な 15 種類の表情が存在する（つまり，6 + 15 = 21 の表情）ことを報告している（図 6-8）。

✥次元知覚モデル

　実際のところ，日常的な場面で表出された表情の解釈において，私たちは，その表情の情報のみを利用しているとは考え難い。たとえば，図 6-9a の，自然に表出された女性の表情を情動カテゴリーに分類しようとする場合，類似している典型的な表情カテゴリーが恐れや驚きと言えそうなところから，これらの表情と一致した情動状態にあると推測するかもしれない。しかしながら，ひとたび図 6-9b を見て，女性の表情が表出された文脈はポップコンサートであることを知れば，周りの人物の表情や，そのしぐさなどから，女性が，むしろ喜びながら強い興奮状態にあることは容易に判断できる。私たちが表情を認識する際には，その時に利用できる，文脈をはじめとするあらゆる適切な情報をもとに調整を行っている（Aviezer, Hassin, Ryan, Grady, Susskind, Anderson, Moscovitch, & Bentin, 2008; Barrett & Kensinger, 2010）。

　　　(a) どんな表情に見えるか？　　　　　　(b)
図6-9　自然に表出された表情（Liggett, 1974）。日常的な場面で表出された表情のみによる情動の認識は難しい。

　表情に基づく他者の情動の認識におけるミスは，表情から直接その情動カテゴリーを認識できるというカテゴリー知覚モデルでは説明ができないとして，次元知覚モデルが提案されている。先に述べたように，次元知覚モデルでは，情動カテゴリー間の連続性を説明するような，少数次元で構成された情動空間を仮定しており，表情の持つ情動情報は，この心理的判断空間上にマッピングされ，情動カテゴリーの分類，ラベル付けは，その空間的な位置関係から，文脈などの情報などを用いて最終的に付与されるものとしている。このとき，情動カテゴリー間の境界は明確には存在せず，似ている表情同士は近くに，似ていない表情同士は遠くに配置されることになる。したがって，特定の表情に対して，近い位置に配置された他の情動の表情と判断されることはありうるが，遠い位置に配置された他の情動の表情と判断されることはあまりないと言うことができる。
　Schlosberg（1952, 1954）以来，もっともよく知られた次元知覚モデルに，Russell（1980, 1997）の円環モデル（circumplex model）がある（図6-10）。このモデルでは，「快－不快」と「覚醒度」の2次元を，広範な文化的・言語的背

6.3 表情を認識する仕組み

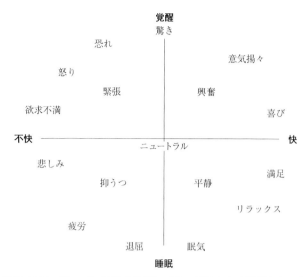

図 6-10 円環モデル（Russell, 1997 を改変）。「快 - 不快」と「覚醒度」の直交空間を，表情から情動を判断するための心理的判断空間としている。

景にわたって見いだされる，プリミティブで普遍的な側面を記述したもの（Russell, 1991）としており，これらの直交空間（Cartesian space）を，表情から情動を判断するための心理的判断空間としている。Russell & Bullock（1985）は，4, 5 歳児，および大人の 3 群を対象に，表情を表出した 20 枚の顔写真を，似ているもの同士で，2, 3, 4, 7, および 10 個の山に分類する課題を行い，表情のペア間の類似度を算出し，これを，幾何学的布置を可能にする多次元尺度構成法（multi-dimensional scaling, MDS）を用いて分析し，それぞれの表情が，幾何学空間上に，どのように布置されるのかを観察している。その結果，年齢に関係なく，ともに「快 - 不快」と「覚醒度」と解釈できる 2 軸の直交空間上に，喜び，怒り，悲しみなどの表情が円環状に配列されることを確認している。さらに，Russell, Lewicka, & Niit（1989）は，カナダ，ギリシャ，香港などの異なる文化圏に所属する人物を対象とした実験を行い，やはり文化圏に関係なくこうした 2 次元構造を見いだしたことから，それぞれの次元を普遍的なものとしている。

　Takehara & Suzuki（1997）は，円環モデル内で隣り合う基本 6 情動の典型

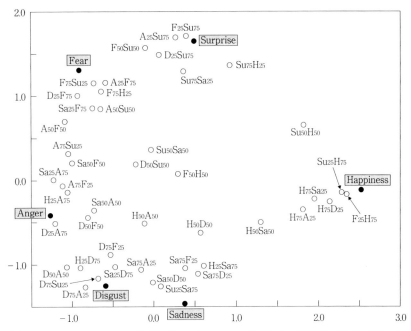

図 6-11 Takehara & Suzuki（2001）によって見いだされた心理空間（竹原，2004 を改変）。横軸が「快‐不快」で縦軸が「覚醒度」。典型表情が黒丸でモーフィング表情は白丸で表現されている。H は喜び，Sa は悲しみ，D は嫌悪，A は怒り，F は恐れ，Su は驚きを表し，数字はそれぞれの合成比率を表している。

的な表情のあいだでモーフィングを実施し，作成した中間表情画像を刺激に，それぞれの表情画像がどれほど基本 6 情動を表出したものであるかを評定させる実験を行い，その評定結果を MDS で分析している。その結果，Russell らと同様の 2 次元構造が導きだされ，表情の布置も円環になることを確認している。また，典型表情の表出強度を変えて行った実験においても（Takehara & Suzuki, 2001），同様の傾向を見いだしている（図 6-11）。これらの結果は，表情に基づく情動の判断が次元知覚モデルで説明できることを支持する知見とされている。

さらに，Yik, Russell, & Steiger（2011）は 12-PAC モデル（12-Point Affect Circumplex model，図 6-12）を発表している。12-PAC モデルは，4 つの主要な情動の次元知覚モデル，つまり Russell（1980）の快‐不快と覚醒度だけでなく，

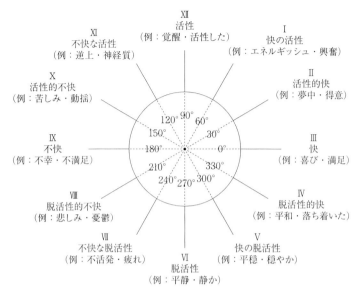

図 6-12　12-PAC モデル（Yik et al., 2011 を改変）

Thayer（1996）の緊張覚醒とエネルギー覚醒，Larsen & Diener（1992）の快‐不快と覚醒度の8分割モデル，Watson & Tellegen（1985）のポジティブ情動，ネガティブ情動を統合させたものであり，30度ずつ離れた12のセグメントから構成される。Yik et al.（2011）は12-PACモデルの妥当性について検討した上で，このモデルを用いることで，情動についての検討が，これまでよりも正確に行えるとしている。

❖ハイブリッドモデル

　以上までで，表情の認識の2つの代表的なモデルと，それを支持する知見について概説したが，それぞれの立場をとった研究は今なお盛んに続けられており，現状として，明確な決着はついていないと考えてよいだろう。

　また，どちらか一方のモデルが，より私たちの表情認識過程を説明するというよりも，私たちの表情認識過程が，どちらのモデルの特性も併せ持つような，ハイブリッドなものであると見なす立場も提案されており（Christie & Friedman, 2004; Panayiotou, 2008; Russell, 2003），それを支持するような興味深い研

究の報告がされている。たとえば，Fujimura, Matsuda, Katahira, Okada, & Okanoya（2012）は，喜び‐恐れ，怒り‐嫌悪の系列について，モーフィングで作成した表情画像を刺激として用いて，情動カテゴリーの判断を求める同定課題（つまり，喜びと恐れ，あるいは怒りと嫌悪のどちらの情動を表したものに見えるか）と弁別課題（ABX 課題），および，次元的判断を求めるアフェクト・グリッド（Affect Grid, Russell, Weiss, & Mendelsohn, 1989）課題を行っている。アフェクト・グリッド課題では，快‐不快軸，覚醒軸で構成された9×9のセルで表現された情動空間が呈示され，その中から表情が示す情動の位置のセルを選択する。その結果，喜び‐恐れ系列において，次元的判断を求められた際にモーフィング率にしたがって連続的な評価がなされた一方，等間隔に並ぶのではなく，2つのカテゴリーに分かれていることを見いだし，表情から情動を判断する際には，カテゴリー知覚と次元知覚が同時に生起するものとしている。また，その後の研究（Matsuda, Fujimura, Katahira, Okada, Ueno, Cheng, & Okanoya, 2013）において，同様のモーフィング表情画像を観察している間の脳活動について，fMRI を用いて検討している。その結果，カテゴリーの境界に相当するモーフィング表情で活動が弱まる部位（右 FFA）と，表情に含まれる感情の強さに従って線型的な活動の変化を見せる部位（島，扁桃体，内側前頭前野）があることを見いだし，前者が離散的処理，後者が連続的処理をしているとしている。

　こうしたハイブリッドモデルの立場をとった研究はまだ数が少なく，これからの取り組みが精力的に行われることが期待される領域である。

　本節では，顔の変化する情報が，受け手によらず，基本的に同じ表情カテゴリーとして認識されるための共通の過程，すなわち，顔の変化する情報を，何かしらの基準に照らし合わせて，特定の表情カテゴリーに分類，ラベル付けを行なう過程について，カテゴリー知覚モデルと次元知覚モデルという代表的な2つのモデルを挙げて概説した。表情を認識するメカニズムがどちらのモデルを支持するにせよ，表情が適応的なコミュニケーションツールとして成立するためには，こうした知覚した顔の変化を表情として認識する基盤は必要不可欠といえる。

6.4 表情認識の手がかり ....

前節では，知覚された顔の変化が特定の表情カテゴリーに分類，ラベル付け
されるまでの過程について取り上げたが，どのような顔の変化する情報が，こ
うした過程の対象となるのだろうか。顔の変化する情報が，受け手によらず，
基本的に同じ表情カテゴリーとして認識されるためには，それに先立って，同
じ顔の変化する情報が，表情認識の手がかりとして取り扱われる必要がある。
本節では，表情認識に関わる顔の変化する情報がどのような特性を持っており，
脳内でどのように取り扱われるのかという問題を取り扱う。

❖物理的な特性

　表情認識の手がかりとなる顔の変化する情報の物理的な特性について明らか
にした知見に，Yamada（1993）がある。Yamada（1993）は，線画を用いて，
基本6情動の典型表情の表出に伴う眉・目・口の形状を決定する特徴点の相関
的変異構造とカテゴリー判断の関係について検討し，2つの構造変数の存在を
見いだしている（図6-13a）。1つは，眉の湾曲の程度や目と口の開き具合に関
係する特徴点の変位であり，「湾曲性・開示性（curvedness／openess）」と呼ば
れる。もう1つは，眉や目のつり上がりや垂れ具合と口角の引き下げと引き上
げに関わる特徴点の変位であり，「傾斜性（slantedness）」と呼ばれる。この傾
斜性に関しては，同じく線画を用いたり，表情画像を用いた，その後の取り組
み（渡邊・鈴木・山田，2006; Yamada, Matsuda, Watari, & Suenaga, 1993）によっ
て，顔の上部（眉・目）と下部（口）で分かれる（「眉・目の傾斜性」と「口の傾
斜性」）ことが明らかにされており，表情認識に関わる顔の変化の構造変数は3
つであることが提案されている。また，こうした物理的特性の変化が，表情カ
テゴリーの判断に関係することがいくつかの研究によって確認されている（小
川・鈴木，1999; Yamada & Shibui, 1998）。こうした知見によれば，「湾曲性・開
示性」は覚醒度に該当する活動性，「傾斜性」は快 – 不快の評価と高い相関を
示すとされる。

　こうした知見をもとに，山田（2000）は，顔の変化する情報が，表情認識の
手がかり情報として取り扱われ，特定の表情カテゴリーへの分類，ラベル付け
がされるまでの一連の過程のモデルを提案している（図6-13b）。それによれば，

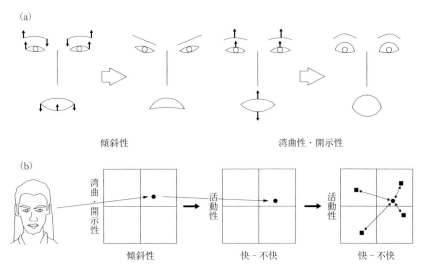

図6-13 (a) 2種類の顔の構造変数（山田，2000より），(b) 顔面表情の知覚的判断過程に関する情報処理モデル（山田，2000を改変）

私たちが表情を認識する際には，まず表情認識に関係する視覚的情報（手がかり）が抽出され，次に，表情が示す情動の評価がなされ，最終的に，特定の表情カテゴリーへ分類，ラベル付けがなされる。

❖時間的な特性

表情が顔の変化するダイナミックな情報である以上，表情認識の手がかりとなる情報は，物理的な特性だけでなく，時間的な特性としても表現されるはずである。実際に，表情認識において，表情の表出速度といった時間的な特性の変化が影響を及ぼすことが実験的に明らかにされている（たとえば，Bould, Morris, & Wink, 2008; Kamachi, Bruce, Mukaida, Gyoba, Yoshikawa, & Akamatsu, 2001; Sato & Yoshikawa, 2004）。

たとえば，Kamachi, Bruce, Mukaida, Gyoba, Yoshikawa, & Akamatsu (2001) は，モーフィングを用いて表情表出速度を3段階（fast: 200ms, medium: 867ms, slow: 3367ms）に変化させた動画を作成し，それを刺激として呈示した場合の表情カテゴリー判断について検討している。その結果，速度条件によって，正答率が変化することを見いだしている。それによると，驚きや喜び表情

は，速度が遅くなるにつれて正答率が下がり，逆に，悲しみ表情は速度が速くなるにつれて正答率が下がることを報告している。

　また，表情カテゴリーの判断に用いられる手がかり情報が，同時ではなく，逐次的に伝達されることが示唆されている（Jack, Garrod, & Schyns, 2014）。Jack et al.（2014）は，FACS の 41 個の AU からランダムに選択された複数個の AU それぞれに対して潜時やピークの強さなどの時間的なパラメータを設定し，統合させたアニメーションを刺激として用いた実験を実施している。課題は，こうした刺激を観察し，6 つの基本情動の典型表情のうち，どの表情カテゴリーかを判断するものであった。その結果，表情認識において，表出の早い段階で関わる AU（たとえば，AU5, 9 など）と遅い段階で関わる AU（たとえば，AU1, 2, 10 など）があることを明らかにし，さらに，前者が伝達するのは生物学的に定着した信号であり，低次のカテゴリー分類（たとえば，接近の表情か，回避の表情か）に関与する一方，後者が伝達するのはより複雑な信号であり，これによって，基本 6 情動の分類が可能にされるとしている。

❖表情処理過程の独立性

　表情認識の手がかりとなる顔の変化する情報は，顔の不変的情報とはある程度独立した，特別な処理過程が想定されていることは，すでに前章で紹介した。Bruce と Young（Bruce & Young, 1986; Calder & Young, 2005）の顔認識プロセスについての機能的モデルにおいては，顔の変化する情報を取り扱うプロセスは，表情分析というコンポーネントとして表現されている。Haxby ら（Haxby, Hoffman, & Gobbini, 2000; Haxby & Gobbini, 2011）の顔認識プロセスの神経科学的モデルでは，表情や，視線，口の動き，ジェスチャなど，顔の変化する情報を取り扱うシステムを担う代表的な脳領域として pSTS（posterior superior temporal sulcus）を設定している。実際に，pSTS が顔の変化する情報に対して特異的に活動を示すことは，5.4 節でとりあげた Hoffman & Haxby（2000）の実験で見たとおりである。

　顔の変化する情報と顔の不変的情報の処理の独立性をサポートする研究は数多く報告されている。たとえば，顔の不変的情報の認識（つまり，人物同定）にのみ問題を示し，顔の変化する情報の認識にはそれほど問題を示さない相貌失認（prosopagnosia）患者の症例は，これまでに多く報告されている（Bruyer, Laterre, Seron, Feyereisen, Strypstein, Pierrard, & Rectem, 1983; Duchaine, Parker,

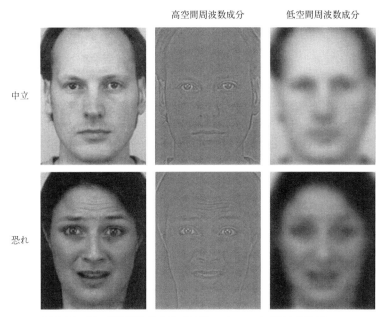

図6-14 顔の空間周波数成分（Vuilleumier et al., 2003 を改変）。

& Nakayama, 2003; Humphreys, Avidan, & Behrmann, 2007; Riddoch, Johnston, Bracewell, Boutsen, & Humphreys, 2008; Tranel, Damasio, & Damasio, 1988)。また，視覚刺激の高空間周波数成分は詳細な特徴の情報に関与し，低空間周波数成分は大まかな特徴の情報に関与しているとされているが (Goffaux & Rossion, 2006; Shulman & Wilson, 1987)，表情の認識においては，顔の低空間周波数成分のほうが有効である可能性が，fMRIを用いた研究で明らかにされている。Vuilleumier, Armony, Driver, & Dolan (2003) は，情動に関係する脳部位として前章でとりあげた扁桃体の活動が，恐れ表情の高空間周波数成分よりも低空間周波数成分で高まることを報告している（図6-14）。

　一方で，顔の変化する情報と顔の不変的情報の処理過程は，完全に独立しているわけではなく，インタラクションが存在することがよく知られている。いくつかの研究で，人物の顔の同定において，その人物の表出している表情が影響を及ぼすことが報告されており，ポジティブな表情（喜び）を表出している場合の方が，ネガティブな表情（悲しみ，怒り，恐れ）を表出している場合よ

6.4 表情認識の手がかり 195

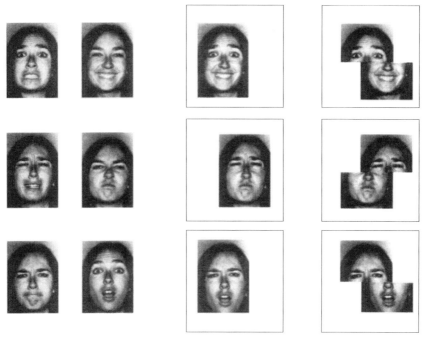

図 6-15 Calder et al. (2000) の実験で用いた刺激例。オリジナル表情画像（左）の上半分と下半分を用いて作られたキメラ顔画像（中央）と，上半分と下半分をずらした顔画像（右）。中央のキメラ顔画像のほうで，右のずらしている顔画像よりも，顔の半分に表出されている表情の同定が難しくなる。

りも，再認されやすい（たとえば，D'Argembeau & Van der Linden, 2007; D'Argembeau, Van der Linden, Etienne, & Comblain, 2003; Foa, Gilboa-Schechtman, Amir, & Freshman, 2000; Gilboa-Schechtman, Erhard-Weiss, & Jeczemien, 2002; Kottoor, 1989; Leigland, Schulz, & Janowsky, 2004; Mather & Carstensen, 2003; Ridout, Astell, Reid, Glen, & O'Carroll, 2003; Shimamura, Ross, & Bennett, 2006)。

❖表情の全体的処理

顔の変化する情報の処理においても，顔の不変的情報の処理と同様，全体的処理が行われていることが明らかにされている（Calder, Young, Keane, & Dean, 2000; Calder & Jansen, 2005; Durand, Gallay, Seigneuri, Robichon, & Baudouin, 2007; Ueda, 2011; White, 2000）。

たとえば，Calder, Young, Keane, & Dean（2000）は，顔の上半分がひとつの基本情動の典型表情（たとえば，怒り）で，下半分がそれとは異なる情動の典型表情（たとえば，喜び）で構成されるような，表情間のキメラ顔（図6-15）を刺激として用いた実験を実施している。その結果，表情間のキメラ顔でも，顔の同定課題と同様，キメラ顔効果があることを確認している。すなわち，顔の上下をずらしていた場合よりも，ずらしていない場合で，顔の半分に表出されている表情の同定にかかる時間が長くなり，正確でなくなることを見いだしている。また，White（1999）は，表情認識においても顔の倒立効果が認められることを報告している（Durand, Gallay, Seigneuri, Robichon, & Baudouin, 2007; Fallshore & Bartholow, 2003）。

こうした顔の表情の認識過程における全体的処理は，顔の部位によって強さが異なる可能性が示唆されている。Ueda（2011）は，ひとつの基本情動の典型表情を表出した顔に，それとは異なる情動の典型表情をした顔のパーツをはめ込んだ（たとえば，喜び表情の顔に，驚き表情の口）キメラ顔（図6-16a）を作成し，全体的処理の影響を受ける度合いについて，パーツ間（目と口）で検討している。はじめにキメラ顔画像を観察した後に呈示される，基本6情動の典型表情を表出した際のパーツの画像の中から，キメラ顔画像に埋め込まれていたパーツと同じものを選択する課題の結果，キメラ顔の条件において，そうではない条件と比較して，再認が困難になるキメラ顔効果が確認され，かつ，その効果は口よりも目で強いことを報告している（図6-16b）。このことから，Ueda（2011）は「目は口ほどにものを言わない」可能性があると論じている。

6.5　表情から情動を感じる過程

前節までで，表情認識の手がかりとなる情報の具体的な特性と，脳内での取り扱われかたを概観し，知覚された顔の変化が特定の表情カテゴリーに分類，ラベル付けされるまでの過程を見てきたが，視覚情報から特定の情動カテゴリーに分類し，ラベルをあてがっただけでは，適応的な社会的行動ができるとは考えにくい。たとえば，会議などの複雑な社会的場面において，何かしらの刺激によって怒り情動を喚起された人物の顔の変化から，その情動カテゴリーのラベル（怒り）を正しく付与することができたとしても，その人物の情動と自己を正しく結びつけることができなければ，その人物をなだめるなどの最適な

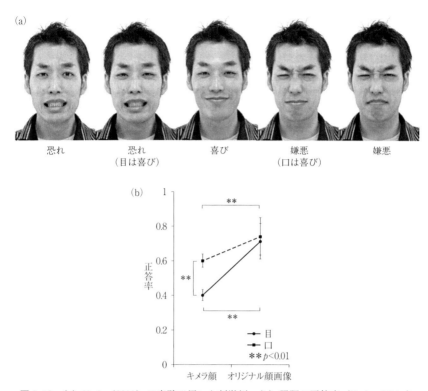

図 6-16 (a) Ueda (2011) の実験で用いた刺激例。(b) 課題の正答率 (Ueda, 2011 を改変)。パーツの再認が困難になるキメラ顔効果は，口よりも目で強い。エラーバーは標準偏差を表す。

行動をとる判断をすることは難しい。したがって，適応的にふるまうためには，表情を認識する共通の仕組みの最終段階として，表情から読みとった情動を正しく自己と結びつける過程が必要といえる。

❖情動のシミュレーションモデル

知覚した他者の表情から読みとった情動と自己を結びつける過程については，一般的に，情動のシミュレーションモデルという枠組みで論じられている。このモデルにおいては，私たちが，他者の顔の変化する情報をその人物の内的状態の変化の情報へと変換する際には，対象とする人物が内的状態を変化させ，

顔の運動変化を表出するまでの過程を再現している，つまり，シミュレーションしていると考える。他者の発信する社会的信号の認識において，こうしたシミュレーションを自動的に行なう過程が重要であることを示す知見が積み重ねられている。

　実際に，私たちは，他者の表情表出を見たときに，無意識的に，顔の運動の変化を真似ることがわかっている（たとえば，Dimberg, Thunberg, & Elmehed, 2000; Dimberg, Thunberg, & Grunedal, 2002）。Dimberg, Thunberg, & Elmehed (2000) は，ターゲット刺激として，喜び表情や怒り表情といった，情動を表出した顔画像を30ミリ秒間呈示した後に，マスク画像として中立表情の顔画像を5秒間呈示することで，ターゲットの呈示に被験者が気づかない状態を作り出し，それを観察している間の被験者の顔面の筋運動をEMGを用いて計測している。その結果，ターゲットの呈示には気づいていないにもかかわらず，ターゲットとして喜び表情を呈示した場合には喜び表情の表出の際に収縮する大頬骨筋が，怒り表情を呈示した場合には怒り表情の表出の際に収縮する皺眉筋が活動することを明らかにしている。

　他者をシミュレーションするのは，こうした顔の運動の変化のみではない（レビューとして，Bernhardt & Singer, 2012）。たとえば，Singer, Seymour, O'Doherty, Kaube, Dolan, & Frith (2004) は，fMRIを用いて，他者が苦痛を経験している場面を観察している際の脳活動について，男女の恋愛関係にあるカップルを対象に検討している。実験においては，被験者自身（たとえば女性）がスキャナ内で撮像中に手に電気ショックを受けているときの脳活動と，スキャナ外でカップルの一方（たとえば男性）が手に電気ショックを受けているのを，鏡を利用してスキャナ内で観察しているときの脳活動が計測された。その結果，実際に電気ショックを受けている場合と，恋人が電気ショックを受けているのを観察している場合とで，両側島前部（bilateral anterior insula, AI），吻側前帯状皮質（rostral anterior cingulate cortex, rACC）などの領域が同じように活性化することを明らかにしている。また，これらの領域の活動と，共感性（empathy）を測定する質問紙の自己評価が高い正の相関を示すことを報告している。

　こうした知見は，顔の運動の変化だけではなく，情動などの内的状態の変化のシミュレーションまでが自動的に行われることを示している。私たちが，他者の社会的信号を正しく認識するためには，相手の内的状態の変化を，共感している必要があるといえる。しかしながら，顔の運動の変化のシミュレーショ

ンと内的状態の変化のシミュレーションで比べた場合，どちらのシミュレーションの方が先に行われるかという問題が残る。これについては，EMGを用いた研究によって，顔の運動変化のシミュレーションの方が先である可能性が示唆されている。Dimberg & Thunberg（2012）は，Singer et al.（2004）が使用したものと同じ質問紙を利用して，情動的な共感性が高いひとと低いひとを選別し，被験者とした実験を行っている。実験において，被験者は，喜び表情や怒り表情といった，情動を表出した顔画像を観察し，その間の顔面の筋運動が計測された。その結果，情動的な共感性が高いとされる被験者においては，表情筋の反応が，一致する表情刺激を観察した場合において，不一致の表情刺激を観察した場合よりも速い（たとえば，大頬骨筋の反応が，喜び表情を観察した場合で，怒り表情を観察した場合よりも速い）ことが認められたが，情動的な共感性が低いとされる被験者では，違いが認められなかったことを報告している。したがって，正しい内的状態の変化のシミュレーションには，自動的な顔の運動変化のシミュレーションが必要である可能性が高いといえる。

❖社会的支援

　ところで，日常的な場面では，こうした社会的信号の流れが送り手から受け手への一方的なものに限定される状況は考えがたい。2者以上の構成員で成立している社会的場面で適応的にふるまうためには，構成員間で，円滑に両方向の社会的信号の受け渡しが行われている必要がある。受け手が，ある人物の表情から読みとった情動を，共感によって正しく認識した後は，それを踏まえた社会的信号の送り手となると考えられる。このとき，それを知覚する受け手（かつての送り手）は，少なくとも，その社会的信号に，先立って自分が発信した社会的信号とのつながりを期待していると推測できる。

　実際に，他者の顔が，自分が表出する顔の変化に対して応答的に変化することを期待している傾向が，赤ん坊ですでに認められることが報告されている。母親とその赤ん坊を対象とした，Still-faceパラダイム（Tronick, Als, Adamson, Wise, & Brazelton, 1978）として知られる方法を用いた実験においては，母親は，いつも母親が赤ん坊へしているような応答的な対応ではなく，赤ん坊の行動に対して無反応に（つまり，顔を変化させないように）接することが求められる。すると，母親の顔の不変的情報そのものには違いが生じていないにも関わらず，赤ん坊は，すぐに母親の異変を検出した反応を示す（図6-17）。

図 6-17 Still-face パラダイム (Tronick et al., 1978) の実験風景 (https://www.youtube.com/watch?v=apzXGEbZht0 の動画をもとに作成)。母親が無反応に接すると,顔の不変的情報そのものには違いが生じていないにも関わらず,赤ん坊は,すぐに母親の異変を検出する。

社会的文脈での他者の応答的な反応については,これまで,社会的支援 (social support) の枠組みで論じられている。応答時の情動的な反応は,社会的支援の重要な要素であり,相手のストレスを軽減させる (Uchino, Cacioppo, & Kiecolt-Glaser, 1996)。いくつかの研究において,他者への社会的信号の抑制が,他者にネガティブな影響を与えることが明らかにされている (Butler, Egloff, Wlhelm, Smith, Erickson, & Gross, 2003; Gross & John, 2003; Srivastava, Tamir, McGonigal, John, & Gross, 2009)。たとえば,Butler, Egloff, Wlhelm, Smith, Erickson, & Gross (2003) は,面識のない女性のペアに対して気が動転しそうな映画を見せた後,その内容について話し合う課題を行い,その間の一方の人物の反応の違いがもう一方の人物にどのような影響を与えるか,生理的反応を測

定することで検討している。その結果，表情などの自然な情動反応をすることを抑制した相手と接した場合，自然な反応をした相手と接した場合よりも，血圧が大きく上昇することを見いだしている。このことは，自分の発信した表情などの情動的な手がかりに対して共感的な反応が得られない相手や，鈍感な相手とはコミュニケーションが円滑に行われないことを示唆する。

6.6　無表情について

　本節では，最後に，前節までで取り扱わなかった表情について取り上げる。表情認識研究分野において，特殊な位置づけとして取り組まれてきたテーマに無表情（neutral face）がある。無表情は，一般的に，中性表情や中立表情と訳される。また，顔面筋の動作を伴う情動の典型的な表出を表情とした場合，無表情とは，顔面筋の動作のない状態といえる（渡邊, 2004）。

❖無表情の情動価
　先述の次元知覚モデルの立場においては，次元の直交する原点を中性点（neutral）としており（たとえば，Russell, 1997），無表情はこの原点に位置づけられると考えられてきた。しかしながら，無表情を刺激として用いたいくつかの研究において，無表情がまったく何かしらの情動価を持たないわけではないことが報告されている（Carrera-Levillain & Fernandez-Dols, 1994; Jellema, Pecchinenda, Palumbo, & Tan, 2011; Shah & Lewis, 2003; 岡田・渡邊, 2011; 渡邊・前田・山田, 2003）。たとえば，Shah & Lewis（2003）は，25枚の演技された表情写真を用いたマッチング課題を実施し，無表情の心理次元における布置について検討している。その結果，快−不快と強度の2次元が見いだされ，その2次元から構成される心理空間上に23枚の表情写真は円環状に布置された一方，2枚の無表情写真は，快−不快次元では中間付近の位置に布置されたものの，強度次元では，負の方向に布置されることを見いだしている。同様の傾向は，他の研究でも報告されている（Carrera-Levillain & Fernandez-Dols, 1994; 渡邊ら, 2003）。たとえば，日常的なコミュニケーション場面での無表情の評価について検討した実験（岡田・渡邊, 2011）では，無表情が不快として判断されることが示されている。また，表情変化動画を刺激として用いた実験において，動的な表情変化の文脈が無表情の認識に影響を及ぼすことが実験的に明らかにさ

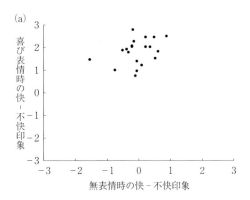

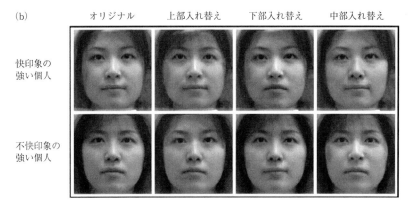

図 6-18 (a) 無表情・喜び表情時の快−不快印象評価（上田・須賀，2006 を改変）。無表情でも喜び表情でも，一貫して快印象を与えやすい個人と，与えにくい個人がいる。(b) 上田らの作成したキメラ顔（上田・須賀，2008 を改変）。快印象を与えやすい個人のほうで口角が上昇しているため，口角が含まれる顔の下部を入れ替えると，快−不快印象が逆転する。

れている。Jellema, Pecchinenda, Palumbo, & Tan（2011）は，怒りや喜びの情動を表出した表情と無表情の中間表情をモーフィングで作成し，それぞれの表情表出状態から無表情に至るまでの動画を刺激に用いた実験を行っている。その結果，怒り表情から変化した無表情はわずかに喜び表情として，喜び表情から変化した無表情はわずかに怒り表情として評価されることを見いだしている。

　無表情の時に読み取られる快−不快印象に個人差があることも報告されている。上田・須賀（2006, 2007, 2008）は，無表情の時の快−不快印象の個人差が，

6.6 無表情について

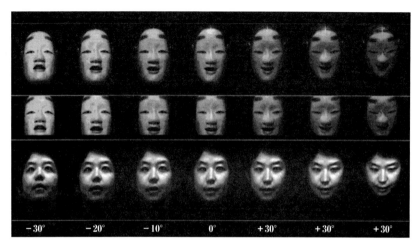

図 6-19 Lyons et al.（2000）の実験で用いられた刺激例。下向きの能面は喜び，上向きの能面は悲しみと判断されやすい。

喜び表情の時の快 - 不快印象の個人差と関係があることを見いだし，その印象の違いが，相手がもとから持つ顔の形態の個人差に起因するものとしている。また，そうした印象の違いの決定要因が口角の形態特徴であるとして，無表情に快印象を読み取られやすい個人の口角は上昇しており，逆に，不快印象を読み取られやすい個人の口角は下がっている傾向があることを明らかにしている（図 6-18）。

❖能面の研究

無表情の代名詞として能面という表現がよく用いられるが，私たちは，能面の表情をどのように認識しているのだろうか。これまでに，いくつかの研究において，能面の表情の認識についての検討が行われている（Lyons, Campbell, Plante, Coleman, Kamachi, & Akamatsu. 2000; Kawai, Miyata, Nishimura, & Okanoya, 2013; Miyata, Nishimura, Okanoya, & Kawai, 2012）。たとえば，Lyons et al.（2000）は，能面を上下方向に傾きを変化させた刺激を作成し，それが喜び表情か悲しみ表情かを判断する課題を実施している。その結果，下向きの能面は喜び，上向きの能面は悲しみと判断されやすいことが示されている（図 6-19）。同様の印象変化は，向きの持つ陰影情報のみを付加させた場合でも認

められることがわかっている（Kawai, Miyata, Nishimura, & Okanoya, 2013）。これらの知見は，表情認識の手がかり情報に，顔面の運動変化だけではなく，頭部の向きの変化に伴う陰影情報も含まれることを示すものといえるだろう。

6.7　社会的システムにおける顔のはたらき

オブジェクト認知という観点から，表情認知というテーマについて論じるにあたり，本章で設定したねらいは，社会的システムにおいて表情がはたらく仕組みについて，これまでに取り組まれた研究の知見を挙げながら，概説することであった。この際，本章では，2者以上の人物で構成された社会的場面において，表情が適応的なツールとして成立するためには，構成員の間で，少なくとも表情を表出する仕組みと表情を認識する仕組みという2つの仕組みを共有している必要があるとして，これらのメカニズムがどのようなものかを見てきた。本節では，第5章から続く顔をテーマとした話のまとめとして，第5章と第6章の議論をもとに，顔によって支えられている社会的システムがどのような目的のもとに成立し，どのようなはたらきをしているかを論じる。そのためには，前章で，人物を認識するためのオブジェクトとして定義した顔において，表情がどのような役割を担っているのかを明確にする必要がある。そこで，まずこの問題について取り扱う。

❖表情を伴ったオブジェクトとしての顔

表情をはじめとする顔の変化する情報は，なぜ適応的なツールになりえたのだろうか。言い換えれば，表情をはじめとする変化を伴った顔は，人物の認識において，どんな側面に特化したオブジェクトなのだろうか。この問題は，私たちが，他者のどんな側面を認識することを目的として，その人物の複雑な情動変化の情報を用いているのかを明らかにすることと言い換えることができる。

人物の情動の変化に伴って変化することが予測されるものに，行動がある。行動は，同じ空間に存在する物理的に別の個体が直接的に影響を及ぼすことができる唯一の方法と考えられる。送り手の情動の変化は，行動を介在して受け手に影響を与えうるからこそ，社会的信号としてはたらいている可能性が高い。

情動の変化と行動との関係については，身体化された認知（embodied cognition）という研究領域で主に検討されている。身体化された認知とは，私たち

の情報処理が，人間に特有の神経システムや肉体，および，外的な物理的世界との相互作用のしかたなどを反映して形作られているとする考え方であり（Barsalou, 1999; Clark, 1999; Wilson, 2002），こうした身体化理論が，人間の社会的心理を理解する上で，主要な概念的フレームワークになりつつあるとされている（Niedenthal, Barsalou, Winkielman, Krauth-Gruber, & Ric, 2005; Schubert & Semin, 2009）。

　情動的な身体化という観点で言えば，Davidson（たとえば，Davidson, 2004）による接近－回避モデル（approach-withdrawal model）がある。接近－回避モデルでは，行動を接近という方向を持つものと回避という方向を持つものにわけ，それぞれが別のシステムによって成立しているとしている。接近行動は望んだ目標に向かって動く文脈で表出されるものであり，左前頭葉（left frontal cortex）の活動を中心とした欲求システムのはたらきによるものとされている。このシステムに含まれる情動として，喜びや怒りがあるとされる。一方，回避行動は避けたい脅威や見たことのない刺激から動いて遠ざかる文脈で表出されるものであり，右前頭葉（right frontal cortex）の活動を中心とした防御システムのはたらきによるものとされている。このシステムに含まれる情動として，恐れ，嫌悪，悲しみがあるとされる。同じシステムにあることから，接近的な内的状態の変化（喜びや怒りなど）は目標に対する接近に関わる行動を促進し，回避的な内的状態の変化（恐れなど）は目標に対する回避に関わる行動を促進すると考えられている。

　実際に，喚起された情動に関係があるとされる行動は促進される（Cacioppo, Priester, & Berntson, 1993; Chen & Bargh, 1999; Duckworth, Bargh, Garcia, & Chaiken, 2002; Marsh, Ambady, & Kleck, 2005; Rotteveel & Phaf, 2004; van Peer, Roelofs, Rotteveel, van Dijk, Spinhoven, & Ridderinkhof, 2007）。接近的な情動を喚起する刺激として喜び表情，回避的な情動を喚起する刺激として怒り表情を用いて，呈示された刺激が喜び表情か怒り表情かを，引き寄せるという接近行動を促すボタンと，遠ざけるという回避行動を促すボタンのどちらかで答える課題において，情動と行動が一致する条件（接近情動－接近行動の組み合わせ，回避情動－回避行動の組み合わせ）で反応は速くなる（van Peer et al., 2007）。

　接近－回避についての表出が内的状態の変化を引き起こすこともある。意図的な表情表出（ポーズされた表情）に伴って内的状態が変化することが報告されている。Kraft & Pressman（2012）は，Strack, Martin, & Stepper（1988）

が開発したペンテクニックという，意図的に表情を表出させる手法を用いて，被験者に意図的な接近表情（デュシェンヌ・スマイル）を表出させ，ポーズされた表情と，ストレス反応の関係について検討している。ペンテクニックとは，「後に，口にくわえたペンで線を描いてもらう」というカバーストーリーのもと，ペンを歯でくわえるよう教示し，その状態を一定時間維持してもらうことで，被験者に意識させずに，デュシェンヌ・スマイルに関連した表情筋を収縮させる手法である。実験において，被験者は，表情表出をしない群とポーズされた笑い（デュシェンヌ・スマイルではない）を表出する群，ペンテクニックによってデュシェンヌ・スマイルを表出する群にわけられ，非利き手で，鏡映像だけを見ながら，繰り返し星形をトレースするなどのストレスフルな課題を行い，その間の心臓血管反応などを指標としたストレス反応が観察された。その結果，笑いを表出した2群，および，特にデュシェンヌ・スマイル群において，ストレス反応が減少することを見いだしている。

　この知見は，コミュニケーション機能を担う意図的な表情表出が，他者の情動だけでなく，自己の情動の調節もする可能性を示唆する。目的志向的にふるまう場合において，行動に先じた，目的の行動と同じシステムに属する表情の意図的表出は，やはり同じシステムに属する情動を喚起し，行動の実行を準備するようなはたらきがある可能性がある。こうした自己の情動の調整機能が備わっていなければ，日常生活で，ずいぶん不便な思いをすることは容易に想像できる。たとえば，好ましくない相手に対して，接近的にふるまわなければならないような場合，社交的（意図的）な笑いを表出することは，相手に対するストレス反応を減らして，接近行動を実行しやすくする可能性がある。

　以上の知見は，送り手の情動の変化を知ることで，その人物が将来実行する可能性のある行動を予測しうること，また，その予測材料に，情動の変化に付随する自発的な表情表出のみならず，意図的に表出された表情も利用できることを示しているといえる。

　以上より，表情をはじめとする変化する情報を伴った顔は，人物の認識において，その将来の行動を予測することに特化したオブジェクトである，とまとめることができる。社会的文脈で適応的にふるまうために，私たちは，対面した人物の顔の変化する情報から，その人物が将来に起こしうる行動を予測し，発現されることによって自分にとって不利益となる行動に対しては，表情のコミュニケーション機能をもって，その人物の情動を調整したり，あるいは回避

的にふるまい，利益となる行動に対しては，表情のコミュニケーション機能をもって，その人物の行動を促進したり，接近的にふるまっている可能性がある。

❖顔によるシミュレーション機能

　前章から本章にかけて，顔がどれほど重要なオブジェクトであり，社会的環境で適応的にふるまう上で，顔というオブジェクトを利用することが，いかに適したものであるかを見てきた。私たちは，顔というオブジェクトを通して人物を知り，その表情を通してその人物が将来起こしうる行動を予測していると考えられる。

　顔によって支えられている社会的システムはどのような目的のもとに成立し，どのようなはたらきを持っているのだろうか。顔の発信する社会的信号が，顔以外の非言語的信号（たとえば，ボディタッチあるいはグルーミングなど）と比べて，特に優れている点は，共感を可能にするシミュレーション機能であると考える。シミュレーション機能は，他者の将来とりうる接近‐回避行動を予測し，事前の調整を可能にする。社会的行動は，ひとたび発現されれば，その影響は当事者のみならず，周囲にも影響を及ぼす可能性が高いと推測される（たとえば，攻撃行動であれば，ネガティブバイアスのはたらきによって，すぐに周囲に検出され，回避行動の対象となるだろう）ことから，事前の調整を可能にする機能は，少なくとも当事者同士のためだけにあるのではなく，同時に周囲の人物（あるいは見知らぬ誰か）のために存在しており，特定の個人間でのみ成立した独立したシステムというよりも，社会集団で協調的に機能しているひとつのシステムと考えるほうが妥当と考える。

　共感やシミュレーション機能と関係がある重要な概念に，心の理論（theory of mind）がある。心の理論とは，他者の立場をシミュレーションするのに必要な能力であり，4歳前後で獲得されるとされている。この能力に問題があるとされる発達障害に，前章で紹介した，社会的相互関係やコミュニケーションへの問題に特徴づけられる自閉症スペクトラム障害がある（Baron-Cohen, Leslie, & Frith, 1985）。自閉症スペクトラム障害の患者は，視線方向や表情のような顔の運動変化の認識に問題があることが報告されていることから（たとえば，Baron-Cohen, Campbell, Karmiloff-Smith, Grant, & Walker, 1995; Baron-Cohen, Jolliffe, Mortimore, & Robertson, 1997; Baron-Cohen, Wheelwright, Hill, Raste, & Plumb, 2001; Riby, Doherty-Sneddon, & Bruce, 2008），自動的なシミュレーショ

ン機能の問題が指摘されている。自閉症スペクトラム障害患者に認められる社会的相互関係やコミュニケーションへの問題は、こうしたシミュレーション機能の問題によって、他者のシミュレーション機能と協調的にはたらくことが難しいためである可能性がある。

　本章では、オブジェクト認知という観点から、顔の変化する情報のうち、表情にフォーカスをあて、その認識について、これまで明らかにされてきたことを概観してきた。しかしながら、前章でも述べたとおり、ここで取り上げたテーマは膨大に存在する表情認知に関する研究のごく一部にすぎず、それ以外の表情認識に関与する認知的要因は多く存在する。たとえば視線などの、他の顔の変化する情報とのかかわり合いや、他の感覚情報との統合過程、発達、文化などの要因である。それだけではなく、表情認識のモデルをはじめとして、いまだ明らかになっていない点は多い。今後は、これまで行われてきた伝統的なアプローチに加え、神経生理学的なアプローチから、より包括的なモデルに基づく仮説検証が精力的に行われることが期待される。

第7章 オブジェクト認知の神経機構

7.1 神経科学的アプローチ

　第1章や第2章で触れた Marr は，認知科学において計算理論（computational theory），表現とアルゴリズム（representation and algorithm），ハードウェア実装（hardware implementation）の3つのレベルを区別したことで有名だ（Marr, 1982/1987）。彼自身は計算理論を重視し，ハードウェアのレベルから始めて心理学的メカニズムすなわち心のアルゴリズムにアプローチするのは「鳥の飛行を羽の研究のみによって理解しようとするようなもので，決してうまくいかない」とした。心のハードウェアはもちろん神経系である。中でも，オブジェクト認知のような高次の知覚機能であれば大脳皮質が重要だ。心身問題にまつわる議論はひとまず措くとしても，心の働き，少なくとも知覚が脳で実現されていることは疑いようもない。オブジェクト認知の神経機構の研究は大きく進展し，心理学的モデルが再考を迫られるようにさえなっている。

　Marr の時代のあと，神経活動計測技術は急激に進歩した。fMRI（functional magnetic resonance imaging, 機能的磁気共鳴画像法）をはじめ，PET（positron emission tomography, 陽電子断層撮像法），光学内因性信号計測（optical intrinsic signal imaging），多ニューロン記録（multi-unit recording）などの手法が多くの知見をもたらしている。ここではこれら技術の詳細には立ち入らないが，いずれもニューロン「集団」の「機能」を観察できることが重要だ。1枚の羽の構造だけを調べても鳥の飛行は理解できないだろうが，飛行中の鳥の羽の集まりがどんな挙動を示すか——どんな力を受け，気流にどんな変化を与えるか——を調べることは飛行の理解につながるだろう。神経科学の中でもニューロンのネットワークのふるまいや機能を対象とする領域はシステム神経科学（system neuroscience）と呼ばれ，オブジェクト認知の研究も主にこの領域のものである。

　心的機能の神経機構を研究するとき，おおまかに2つのアプローチがある。1つ目は，既知の現象や心的表象に対応する神経活動（の起こる部位），いわゆ

る神経基盤（neural basis, neural correlate）を探そうというものである。つまり既知の心的機能のハードウェア実装の解明であって，Marr が想定していた古典的ともいえる方向性である。2つ目のアプローチは逆に，ある神経活動が何を表象しているのかを解明しようとするものである。すでに心理学的理論に存在するものが見つかるだけかも知れないが，心理学的にもまったく新しい発見につながる可能性がある。どちらも重要である。

　本章では，視覚オブジェクト認知の神経心理学的研究，電気生理学的研究，脳機能計測法による認知神経科学的研究を概観する。神経科学的現象は，直接に観察できない心理学的仮説構成概念とは違い，「現実にヒト（あるいは実験動物）の中で起きている」というリアリティを持っている。心理学が机上の空論にならないためにも，神経科学的知見との整合性は近年つとに重視されるようになった。楽天的な研究者ならば，そろそろ Marr の言う3つのレベルすべての解明が見えてきたと思っているかも知れない。

7.2　オブジェクト認知に関わる脳の領域……………………………………………

　言語や記憶の研究と同様，視覚オブジェクト認知についてもまず検討されたのは，脳のどの部位が担っているかだ。現在の教科書的解答は後頭葉・側頭葉下部の視覚皮質，ヒトなら特に LOC（lateral occipital complex, 外側後頭複合体），マカク属のサル（アカゲザルやニホンザル）では IT（inferior temporal cortex/inferotemporal cortex, 下側頭皮質）である（図7-1）。ヒト LOC は，オブジェクト像を観察している時と，同じオブジェクト像をモザイク状にシャッフルした画像（色や明るさは同等だがオブジェクト像になっていない）を観察している時の脳の活動を fMRI や PET で比較し，前者で活動が高くなる場所である（Grill-Spector, Kourtzi, & Kanwisher, 2001; Malach et al., 1995; Sergent, Ohta, & Mac-Donald, 1992）。サルでは，微小電極（microelectrode）を大脳皮質に刺入して個々のニューロンの電気的活動を記録（単一細胞記録法，single-unit recording）すると，オブジェクト像を見せているときに多数のインパルスを発するニューロンが IT で多く見つかる（Gross, Rocha-Miranda, & Bender, 1972; Tanaka, 1996）。しかし初めから話はそう単純ではなかった。

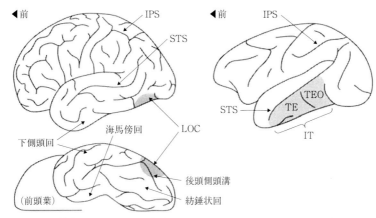

図 7-1　ヒト（左）とアカゲザル（右）の大脳（縮尺は異なる）。ヒトの脳は左側頭葉を下面から見た図（小脳や脳幹は除かれている）を併せて示す。サルの IT は STS より腹側（ventral）の領域で，TE と TEO に分けられる。LOC は機能的な領域であり，脳溝などの解剖学的特徴で部位が定義されるわけではないが，およそ図で示したあたり，後頭葉外側下部に同定される。

❖神経心理学

　fMRI などの脳機能計測技術ができる以前，脳の機能局在について最初に科学的知見をもたらしたのは神経心理学（neuropsychology）だ。神経心理学では，頭部外傷や脳血管障害による脳損傷の心的機能への影響を調べる。脳は視覚にとっても重要である。眼球や，大脳が網膜からの情報を受け取る後頭葉初期視覚野（V1）に問題がなく，視力や視野などは正常でも，より高次の大脳視覚皮質の損傷によりオブジェクト認知などの高次視覚機能に問題が生じることがあり，視覚失認（visual agnosia/optic agnosia）と呼ぶ。いわゆる高次脳機能障害の一種である。神経科学的な症例をエッセー風に紹介する医師オリバー・サックスの著書に『妻を帽子とまちがえた男』（Sacks, 1985）という一冊があるが，この題はまさに視覚失認を表している。知人の写真を見ても誰だかわからず，自分の足と靴を間違え，手にとったバラの花は匂いをかいで初めてバラと認識したという[1]。視覚失認と言っても多様だが，オブジェクト認知に関わるものとして，現実に目の前にあるオブジェクトの認識に問題のある物体失認（object agnosia），写真や絵の認識に問題のある画像失認（picture agnosia），顔の認識に問題のある相貌失認（prosopagnosia）などが区別される。文字の視覚認知

に問題があれば，失読（alexia）など言語行動の障害をもたらす。症例を含めた視覚失認の紹介としては本田（2007）や鈴木（2010）がある。

　さて，視覚物体認識については神経心理学でも側頭葉の関与が推測されており，たとえば右側頭葉が顔の再認に関与することを示す報告（Milner, 1968）などがあった。ところが，実は側頭葉だけでなく後頭葉から頭頂葉にかけての領域（occipito-parietal cortex）の関与も注目されてきた。たとえば 20 世紀神経心理学の泰斗 Luria は，『ヒトの高次脳機能（*Higher cortical functions in man*）』（Luria, 1966）で，オブジェクトの知覚障害と失認を後頭葉および後頭・頭頂葉についての章に含めている。すでに 20 世紀初頭には，第一次世界大戦で頭部外傷を負った多数の症例から，側頭葉の損傷と頭頂葉の損傷が異なったタイプの視覚失認をもたらすという示唆も得られていたようである（Grüsser & Landis, 1991, p. 107）。

　視覚失認は連合型失認（associative agnosia）と統覚型失認（apperceptive agnosia）に大きく分類される。Farah（1995）や Grüsser & Landis（1991）がこの点を整理しているが，前者は視覚情報とオブジェクトの知識との連合の障害，後者は視覚特徴を統合して一つのまとまった形状として知覚する機能の障害とされている[2]。どちらもオブジェクト認知の障害を引き起こし，目にしたオブジェクトの命名が難しい。しかしその性質は異なる。典型的な連合型失認では，形状の知覚は比較的保たれており，2つの図形が同じか違うかのマッチング判断が可能で，オブジェクトの絵の模写もできる（図 7-2b）が，それが何かを認識できない（手に取って触る，においをかぐなど他の感覚を用いれば認識できる）[3]。これに対して統覚型失認では，単純で断片的な視覚的特徴は処理できるが，それをまとまりのあるオブジェクト形状として統合できないので，連合型失認で

1）こういった症例を整理し責任病巣を正確に同定するのは困難なことが多い。外傷や脳血管障害で脳の特定機能部位だけが選択的に障害されることは稀で，たいてい複数の機能に関わる広い部位が障害されるからだ。また，ある心的機能が必ずしも脳の1領域のみに依存しているわけではないことも理由である。オブジェクトを再認するには，初期視覚情報処理から注意，記憶まで様々な機能が関与する。そのどこに問題が起きても，何らかの形でオブジェクト認知に困難が生じうる。これはある程度複雑なシステムならば当然のことで，たとえばバッテリー，エンジン，シャフトのどれに問題があっても自動車は走らない。一方で，脳のように高度に並列的なネットワークでは，どこかに問題が生じても全体としてはあまり影響なく動作することもあり得る。

2）連合型失認をカテゴリー化（categorization）機能の障害とする説もある。

3）視知覚に問題がなく，目で見たオブジェクトの用途をパントマイムで示すことなどは可能だが命名にのみ困難があるときは，視覚性失語（optic aphasia）とみなされる。物体失認との境界は必ずしも明確でない。

7.2 オブジェクト認知に関わる脳の領域

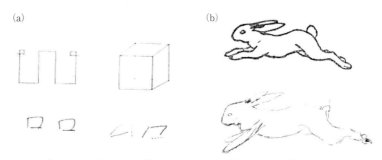

図 7-2　視覚失認の症例における模写課題の例。いずれも上段が見本，下段が模写。(a) 統覚型失認の場合。線分を統合してまとまりのあるオブジェクト形状にすることができない（若井，1998，図 1A）。(b) 連合型失認の場合。正確に模写されているが，これが何であるかを呼称できなかった（鈴木ら，1997，図 5）。

は可能な図形のマッチングや模写も難しい（図 7-2a）。重篤な例では○や△のような単純な形状でも弁別できないことがあり，これは特に形態失認（visual form agnosia）とも言われる。連合型と統覚型の中間のようなケース（図形の弁別や模写が一応は可能だが，時間がかかり困難を伴う，など）を統合型失認（integrative agnosia）とすることもある（太田，2010; Riddoch & Humphreys, 1987）。

　大脳左右両半球のオブジェクト認知関連領域だけが障害されるという症例はそう起こるものではないため，それぞれの型の視覚失認の責任病巣は必ずしも明確でない。しかしおおまかに言えば，V1 〜 V3 などの比較的初期の視覚野は保たれながらそれに隣接する後頭葉視覚皮質に損傷があると物体失認が起こる。近年は fMRI などを用いた詳細な検討も行われており，LOC の損傷は統覚型失認，特に形態失認を引き起こすと考えられる（Bridge, Thomas, Minini, Cavina-Pratesi, Milner, & Parker, 2013）。これに対し，連合型失認では LOC より前方の側頭葉下面領域（紡錘状回など）の損傷の関与が指摘されている（Freiberg, Schindler, Ochoa, Kwan, & Farah, 1994）。一方で，頭頂葉との境界領域の損傷もしばしば報告される。形態知覚が比較的保たれている統覚型失認では非典型的見えでのオブジェクト認知に特に困難のある例が見られるが（たとえば Layman & Greene, 1988），Warrington & Taylor（1973）はこれが主に右頭頂葉後部の損傷で起こることを示している。一見，これは現在の「教科書的解答」と矛盾するようだが，後で見るように誤りというわけではない。

❖神経生理学

　次に発展したのが，1つのニューロンの活動を微小電極で計測する電気生理学研究である。視覚ニューロンの研究は，1960年代にHubelとWieselがネコのV1ニューロンの機能を解明（Hubel & Wiesel, 2005）して以降，より高次の視覚皮質へと進展してきた。V4では色や複雑な線形状に反応するニューロンが，さらに側頭葉ではさまざまなオブジェクト形状に反応するニューロンが見つかった。もう少し詳しく言えば，麻酔下のサルの網膜にオブジェクト像を投影した時，あるいは覚醒状態で課題遂行中のサルがオブジェクト像を注視している時に，視覚刺激がない時や他の視覚刺激を見ている時に比べて強く発火するニューロンである。有名なのはいわゆる顔細胞（face cell）で，サルやヒトの顔，単純化したマンガ絵の顔などに反応する。顔細胞は上側頭溝（STS, superior temporal sulcus）やITに存在し（図7-1; Bruce, Desimone, & Gross, 1981; Desimone, Albright, Gorss, & Bruce, 1984），後にfMRIでも顔に対する活動が確かめられた（Logothetis et al., 1999）。

　サルITはV4に隣接し，前部のTEと後部のTEOに分けられる。TEとTEOの機能的差異はあまり明確でないが，総じてTEOよりTEのニューロンの方が複雑な刺激に反応する。ITニューロンが反応するオブジェクト像・形状は多様だが，重要なのは，反応に選択性（selectivity）があることだ。つまり，ニューロンAはオブジェクト像a（たとえば自転車）によく反応するが別のオブジェクト像b（たとえば電車）には反応せず，ニューロンBはaには反応せずbによく反応する，という性質がある。これは，オブジェクトを識別するための視覚情報処理をしていると解釈できる。事実，ITの切除は視覚パターンやオブジェクトの学習を損なう（Gross, 1973）。

　こうしたことがわかってきたところで，オブジェクト認知の神経機構について決定的な枠組みを与えたのが，いわゆる「2つの視覚経路」理論（図7-3; Mishkin, Ungerleider, & Macko, 1983）である。網膜からの信号は視神経を通り，外側膝状体（LGN, lateral geniculate nucleus）を経由して後頭葉のV1へ入力されるが，そのあと側頭葉へ向かう腹側経路（ventral pathway）と頭頂葉へ向かう背側経路（dorsal pathway）に分かれ，前者は主に物体視，後者は主に空間視の機能を持つ。より単純に，腹側経路は「何が（what）」を処理し，背側経路は「どこに（where）」を処理する，とも言われる。それぞれの経路の具体的な役割についてはなお議論があるものの（たとえば背側経路は視覚による運動制

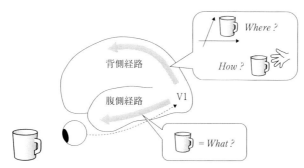

図 7-3　「2 つの視覚経路」理論（Mishkin, Ungerleider, & Macko, 1983）。腹側経路は既知のオブジェクトの速やかな再認のための処理を，背側経路はオブジェクトの空間的位置の情報やオブジェクトに対する動作に必要な情報の処理を行なうとされる。オブジェクトの再認・同定という意味での（狭義の）オブジェクト認知は腹側経路の機能だが，どちらの経路もオブジェクト像の視覚情報処理を行なっている。

御に関係するので，how の経路とも表現される；Goodale & Milner, 1992），機能の異なる 2 つの経路に分かれるという基本的な枠組みは広く受け入れられている。そして腹側経路がまさに視覚オブジェクト認知の神経基盤だと考えられるようになった。

　確かに，いろいろな知見がこの考えを支持する。前述のとおり IT にはオブジェクト像に反応するニューロンがあるし，IT を切除したサルは 2 次元ないし 3 次元オブジェクトの弁別学習ができなくなる（Gaffan, Harrison, & Gaffan, 1986; Mishkin et al., 1983）。ヒトでも側頭葉およびその内側に隣接する海馬が記憶に関係することはよく知られていたから，記憶と照合してオブジェクトを再認するための処理の場であって不思議はない。以来，視覚オブジェクト認知機構の神経素子としての IT ニューロンの特性が研究されている。ヒトでは主にfMRI によって腹側視覚皮質の機能が検討されている。最初にオブジェクト認知関連領域として報告されたのは LOC で，後頭葉の外側下部皮質を中心に，側頭葉との境界領域や紡錘状回後部に及ぶ。LOC が実際にオブジェクト認知機能に関連することは，活動がオブジェクト同定課題の成績と相関すること（Grill-Spector, Kushnir, Hendler, & Malach, 2000）や，活動が刺激の物理的形状より知覚された形状に対して順応を示すこと（Kourtzi & Kanwisher, 2001）などからも示される。さらに LOC に限らず，後頭葉から側頭葉下面にかけての皮

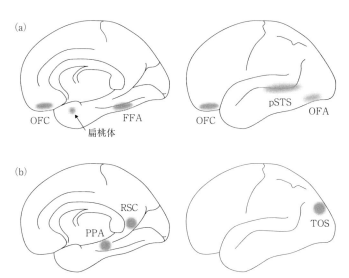

図 7-4 (a) 顔の処理に関係するとされるヒトの脳領域（詳しくは 5.4 節, 5.8 節を参照）。島（insula）は側頭葉の裏側に隠れており，この図では見えない。(b) 情景の処理に関係するとされる領域。(a)(b) ともに左側の図は大脳右半球内側面を，右側の図は大脳左半球外側面を示すが，ここに示す領域はいずれも左右両半球に存在しうる。

質にさまざまなオブジェクト関連活動が見られることが次々と発見された。たとえば顔に対して特に活動する領域である FFA（fusiform face area）が LOC に隣接する紡錘状回（主に右半球）の領域に見出された（Kanwisher, McDermott, & Chun, 1997；図 7-4a）。他にも，文字で書かれた単語の知覚に関係する紡錘状回・後頭側頭溝（主に左半球）の VWFA（visual word form area；Cohen et al., 2000；4.4 節を参照），情景知覚に関係する海馬傍回の PPA（parahippocampal place area；Epstein & Kanwisher, 1998；図 7-4b），身体やその一部（手など）の知覚に関係する外側後頭側頭皮質の EBA（extrastriate body area；Downing, Jiang, Shuman, & Kanwisher, 2001）といった具合だ。こういった領域の損傷は相貌失認や純粋失読（pure alexia）などを起こすと考えられる。ただ，後で見るように本当にカテゴリー特異的な領域と言えるのかについては議論がある。

❖背側経路とオブジェクト認知

それでは，なぜ頭頂葉皮質の損傷が物体失認に関係するとしばしば報告されるのだろうか。答えは単純で，条件によっては背側経路もオブジェクト像の視覚情報処理をしているからである。たとえば，偶然的見えのオブジェクト像を観察している時には典型的見えのオブジェクト像の時に比して頭頂葉皮質の活動が増すが（Sugio et al., 1999; Terhune et al., 2005），これは右頭頂葉損傷が偶然的見えでのオブジェクト認知障害に関係するという知見（Warrington & Taylor, 1973）と符号する。ハンマーなどの道具の画像を観察する時には他のオブジェクト（家，動物，顔）の場合に比べて頭頂葉後部の活動が高まる（Chao & Martin, 2000）が，これは背側経路が運動の視覚制御（道具を持ったり使ったりするとき，手と道具を見ながら行なうことで視覚が運動を助けること）に貢献することと関連する。また，頭頂葉は空間的注意に関係が深いことも考慮する必要がある。視覚オブジェクト認知では多くの場合，オブジェクトが視空間的注意によって選択される。したがって注意機構に問題があればオブジェクト認知にも影響が生じて不思議はない。同時失認（simultanagnosia）[4]はその例と言える。

では，頭頂葉と LOC や IT は何が違うのだろうか。ヒントを与えてくれるのは再び神経心理学だ。オブジェクトの再認はできるがオブジェクトの方向の判断が難しいという物体方向失認（object orientation agnosia）とでも言うべき症例が存在し（Harris, Harris, & Caine, 2001; Karnath, Ferber, & Bülthoff, 2000; Turnbull, 1997），健常者でも右頭頂葉への TMS（transcranial magnetic stimulation, 経頭蓋磁気刺激；局所的に磁場をかけることで脳の電気的活動を一時的に阻害する手法）で同様の「症状」が生じるという（Harris, Benito, Ruzzoli, & Miniussi, 2008）。サルでも，頭頂葉切除ではオブジェクト形状の弁別はできるが方向弁別ができなくなり，逆に IT 切除ではオブジェクト形状の弁別ができないが方向弁別はできるという（Eacott & Gaffan, 1991; Walsh & Butler, 1996）。実際にヒトでオブジェクトの方向の判断時に頭頂葉が特に活動するという知見もある（Niimi, Saneyoshi, Abe, Kaminaga, & Yokosawa, 2011）。

ちなみに面（surface）や単純な幾何学的形状の方向判断には頭頂間溝（IPS;

4）同時失認（simultanagnosia）は，複数のオブジェクトを同時に認識することが難しい症状。たとえば2つの図形が同じかどうかを判断するマッチングが難しい，複数のオブジェクトからなる情景の理解が難しいなどの現象が起こる。また，複数の文字をまとめて単語として認識しづらいので，文の読みにも困難が生じる。武田・海野（2006）などを参考のこと。

intraparietal sulcus）皮質が関与することがサルでもヒトでも知られており（たとえば Shikata et al., 2001; Tsutsui, Sakata, Naganuma, & Taira, 2002），Marr の言う $2\frac{1}{2}$ 次元スケッチに相当する機能とも言えよう。これは，リーチングのようなオブジェクトに対する運動（たとえば，手をのばして棒をつかむ）の視覚制御に関連するものと考えられている。

　こうして見ると，腹側経路が主に既知のオブジェクトのすみやかな同定・再認（狭義のオブジェクト認知）を担うのに対して，背側経路はオブジェクトの方向知覚や詳細な立体構造の分析などのためのオブジェクト像の処理をしていると考えられる。オブジェクトの再認のためには，方向などの観察条件の違いは捨象して不変な（invariant）オブジェクト表象を得る必要がある。これは腹側経路の機能である。しかしオブジェクトの方向を判断する，道具を手にとって使うといった場合には，むしろ方向の違いによるオブジェクト像の変化をこそ処理しなければならない。偶然的見えでのオブジェクト認知にも，方向や奥行き情報などに関わる付加的な処理が必要なのだろう。

7.3　オブジェクト認知は脳でどう行われているか

　オブジェクト認知に関わる領野が特定されたならば，次はそこで何が行なわれているのかが問題となる。オブジェクトといっても多様だし，ひとつのオブジェクト像も多くの特徴を含むから，どんな情報が処理されているのかを検討する必要がある。サルの場合とヒトの場合に分けて見ていこう。

❖サル IT での情報表現

　まず，V1 で輪郭線の方位などの初期視覚特徴が抽出され，V4 ではそれらを組み合わせたやや複雑な形状が符号化される。こういった形状をさらに組み合わせることで LOC や IT でオブジェクト像が表現されるというのがおおざっぱな見取り図である。

　では，IT ニューロンは何を符号化しているのだろう。電車の像に反応するニューロンは，電車を符号化しているとは限らない。細長くまっすぐな形なら何にでも反応するかも知れないし，パンタグラフさえあれば反応するのかも知れない。この点を検討したのが Tanaka（1993）で，IT ニューロンの活動を記録しながらオブジェクト像刺激を単純化するという手法を用いた。たとえば，

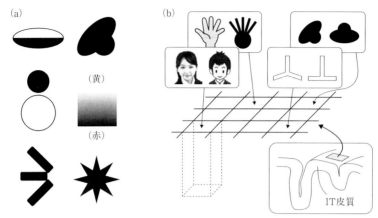

図 7-5 (a) サル IT ニューロンが表現していると考えられる視覚パターンの例，(b) IT コラム仮説の模式図 (Tanaka, 1996 などに基づく)。IT の皮質を貫くコラム (柱) 状の領域に同様の視覚パターンを表現するニューロンが集まっていると考えられている。

パンタグラフを取り去ってみる。それでも変わらず反応すれば，今度は窓を取ってみる。あるいは色をなくしてみる。最終的に細長い長方形にまで単純化しても反応するが，細長くない形（正方形）や細長い楕円形に対しては反応が弱まったとすれば，このニューロンは細長い長方形という特徴を符号化している，というわけだ。こうして調べると，IT ニューロンは星型，黒丸と白丸の組み合わせといった視覚パターンに反応していることがわかった（図 7-5a）。さらに，皮質上で近いところにあるニューロン同士は類似したパターンに反応することもわかり，IT でも V1 と同様のコラム構造[5]があるという IT コラム仮説が提案されている（Fujita, Tanaka, Ito, & Cheng, 1992; Tanaka, 1996; 図 7-5b）[6]。IT コラムがオブジェクト形状を符号化する単位となっているという考え方だ。

こうやって調べると，IT ニューロンの多くは電車や顔といった現実のオブジェクトに比べて単純な形状を符号化していることがわかる。もちろん，前述の顔細胞や，手に反応する手細胞（hand cell）など（Desimone et al., 1984），現

---

[5] コラム構造 (columnar organization) とは，大脳皮質の表面に対し垂直方向（つまり，皮質の層構造を貫く方向）の柱状の領域に類似した性質を持ったニューロンが集まっており，この皮質コラム (column) が多数並んでいるという皮質の機能的構造のこと。

[6] ただ，V1 の眼優位性コラムや方位選択性コラムほど明瞭なコラム構造が見られるわけではなく，なお検討が続いている（Sato, Uchida, & Tanifuji, 2009）。

実のオブジェクトに選択的に反応する例もある。しかし全体としては，個々の
ITニューロンが現実のオブジェクトを直接表現しているとは考えにくい。つ
まり，電車にだけ特異的に反応するニューロンがITにあって，これが反応す
れば電車が認識される，という単純なメカニズムではない。

　特定のオブジェクトに対して特異的に反応するニューロンがあり，その反応
がそのオブジェクトの認識に直結するという説は，おばあさん細胞説と呼ばれ
る。自分のおばあさんを認識した時にだけ発火するニューロンがあるという喩
えだ。オブジェクト認知に限らず，このように1つないしごく少数のニューロ
ンの活動がある情報を符号化する方式は，まばらな符号化（sparse coding）と
呼ばれる。ニューロンの反応選択性が高いので，ある1つの刺激に反応するニ
ューロンはまばらにしか存在せず，ほとんどのニューロンは反応しない。

　おばあさん細胞説は単純でわかりやすいが，新しいオブジェクトを記憶する
たびに新しいニューロンを作らなければいけないし，1つのニューロンが死滅
するだけであるオブジェクトが認識できなくなってしまうといった難点がある。
そのため，Hebb（1949/2011）が細胞集成体（cell assembly）と呼んだように，
ネットワークを形成する多数のニューロン，多数の脳領域の活動パターンによ
って情報を表現する（集団符号化population coding）方が現実的である。情報が
多数のニューロン・領域に分散して表現されているので，分散表現とも言う。
第2章で見たように，オブジェクト認知は特徴空間の切り分けとみなせるから，
種々の特徴を担当する多数のニューロンの活動パターンによってオブジェクト
を表現するという考え方は，理論的にも妥当なものだ。また，おばあさん細胞
方式ではn個のニューロンでn個のオブジェクトしか表現できないが，n個の
ニューロンからなる集団の発火パターンは単純計算で2^n通りあるため，集団
符号化なら少ないニューロンで多くの情報を表現できる。

　ただ，「分散」の度合いには幅がありうる。おばあさん細胞は表現の分散が
まったくない極端な例だが，脳の1カ所に集まっている数個のニューロンで特
定のオブジェクトを表現するような弱い分散表現もあれば，腹側経路全体にわ
たる広大な皮質領域の多数のニューロンの活動パターンによってオブジェクト
を表現するという強い分散表現もあり得る。実際にどれくらい「分散」してい
るのかは，はっきりしていない（Reddy & Kanwisher, 2006）。

　ITニューロンがおばあさん細胞だと考えにくい理由には，反応の不変性（in-
variance）の問題もある。おばあさん細胞は，どんな観察条件（観察距離，方向，

7.3 オブジェクト認知は脳でどう行われているか　　　221

照明条件等）の下でも「おばあさん」に対して反応しなければならないが，これが理論上の大問題であることは第1章などで見たとおりだ。V1に比べればITニューロンの古典的受容野[7]は広く，オブジェクト像の視野内位置が多少変化しても不変に応答できるが，それでも受容野サイズは2.8〜26度程度（Op De Beeck & Vogels, 2000）と視野全体には及ばない。さらに，背景のあるときや図形の弁別学習をしている時など，より実際のオブジェクト認知に近い状況では，ITニューロンの位置不変性はかなり減ってしまう（DiCarlo & Maunsell, 2003; Rolls, Aggelopoulos, & Zheng, 2003）。位置の問題だけではない。Tanaka（1996）は，ITニューロンの反応がオブジェクト像の大きさや前額並行面内での方向の変化に対して不変ではないことを指摘している。

　ただ面白いことに，顔細胞や手細胞ではしばしば高い不変性が見られる。Desimone et al.（1984）は，顔細胞と手細胞が前額並行面内での方向変化に不変に反応することを報告している。しかし，顔の3次元的方向（正面・横など）の変化に対しては不変でない。3次元方向の問題については，光学内因性信号計測（以下光学計測と記す）による重要な発見がある（Wang, Tanifuji, & Tanaka, 1998）。光学計測は赤色光（波長605nm程度）を照射した脳表面を撮像素子（CCD）で撮影し，血流量に相関する脳活動を計測する方法で，fMRIより高い空間解像度があり，かつ単一細胞記録を同時に行なえる。これを用いると，オブジェクト像が網膜に投影されているとき，IT皮質の表面には活動が高まる直径0.4〜0.8mm程度の小さなスポットが観察される[8]。正面の顔，斜め顔，横顔などについて調べると，それぞれ活動するスポットの位置は異なるが，ほぼ同じ位置で重なるスポットや，方向変化に応じてその位置が少しずつ移動するスポットがある（図7-6）。つまり，個々のニューロンやスポットでは視点不変性が低いが，スポットの集まりとして見れば，視点不変な顔の情報を表現できる。まさに分散表現であり，異なる方向の見えの組み合わせでオブジェクトを表現するというTarrの見えの複合体の理論（2.4節を参照）を思い起こさせ

7）視覚ニューロンの場合，受容野（receptive field）とは視覚刺激（たとえば光点やオブジェクト像）を呈示したときにそのニューロンが反応する視野内の領域のことである。ただ，周囲に別の刺激があるなどの複雑な事態では受容野が変化するため，これといった認知課題を行なっていないときに何もない背景上に単独で呈示した刺激に対する受容野のことを，特に古典的受容野（classical receptive field）と呼ぶ。

8）光学計測で測定される活動スポットのそれぞれが個々の皮質コラムに相当すると解釈することもできる。Tanaka（1996）のITコラム仮説では，ITコラムの皮質表面上の直径を0.4〜0.5 mmと推定しており，これは光学計測で観察されるスポットの大きさと矛盾しない。

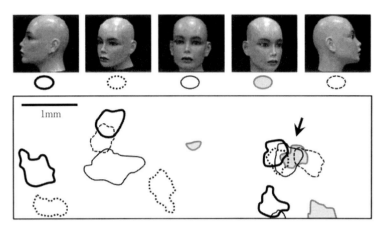

図7-6 さまざまな方向の顔に対するサルIT皮質の反応の例。光学計測で皮質表面に観察された活動スポットを示す。矢印で示したスポットは、顔の方向の変化に応じて少しずつ移動している（Wang et al., 1998, Figure 7）。

る。同様の機構が顔以外のオブジェクト一般についてもあてはまるのか、さらに検討が必要だろう。

　光学計測によるもう1つの重要な知見は、スポットの組み合わせによるオブジェクトの表現（図7-7; Tsunoda, Yamane, Nishizaki, & Tanifuji, 2001）である。1つのオブジェクト像に反応するスポットは複数あることが多い。そのうち、あるものはオブジェクトの一部分に反応し、またあるものは色に反応するといったように、スポットによって表現している情報が異なる。つまり、比較的単純な特徴に反応するスポットの組み合わせによって複雑なオブジェクト像が分散表現されている。パーツの組み合わせでオブジェクトを表現するという点はジオン理論（2.3節参照）を思い起こさせる。不変性の実現だけでなく、複雑な形状の表現にも、分散表現が役立つのである。

　fMRIでも、空間解像度は光学計測に及ばないが、ITの詳細なネットワーク構造がわかるようになってきた。微小電極による記録および電気刺激とfMRIを組み合わせた研究（Moeller, Freiwald, & Tsao, 2008）では、サルのSTSに沿って散在する顔に反応する領域（顔パッチ、face patch）を6カ所見つけ、それらが相互に連絡し「顔ネットワーク」を形成していることを示した。単一の「顔中枢」が脳の1カ所にあるわけではないのだ。ITでは、ある程度の大きさ

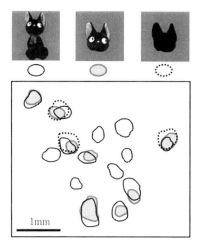

図 7-7 複雑な形状のオブジェクト（ネコの人形）とそのパーツに対するサル IT 皮質の反応の例。光学計測で皮質表面に観察された活動スポットを示す。全体像に対して反応するスポット（黒実線）のうち一部は頭部に対して，またさらにその一部は頭部の輪郭形状に対して反応していると考えられる（Tsunoda et al., 2001, Figure 3b）。

のニューロン集団が機能的単位となり，そのネットワークによってオブジェクトが表現されていることがわかる。

❖ヒト側頭葉での情報表現

ヒトの場合はどうだろうか。ヒトでは実験のため開頭して電極を刺したり光学計測を行なったりできないので，非侵襲的な手法（主として fMRI）に限られ，個々のニューロンやコラムの機能を直接知ることは困難だ。それでも，fMRI の空間解像度は年々向上しており，色々なことがわかってきている。

マカクサルとヒトの側頭葉のオブジェクト認知機構は，違いはあるがおおむね似たものと考えられている（たとえば Kriegescorte et al., 2008; Tsao, Freiwald, Knutsen, Mandeville, & Tootell, 2003; Tsao, Moeller, & Freiwald, 2008）。サルでは顔細胞や手細胞が見つかっているが，ヒトでも前述のように顔刺激に反応する FFA や身体部位に反応する EBA といった領域が知られている。また，てんかん治療のために設置された深部電極の記録によれば，ヒトでも顔などの特定のカテゴリーに選択的に反応するニューロンが側頭葉に存在する（Kreiman,

Koch, & Fried, 2000）。

　ここでは特にサル・ヒトともに研究の進んでいる顔認知機構について見ていこう（5.4 節，5.8 節も参照）。前述のように，サルでは複数の顔パッチがネットワークを形成している。ヒトでも，当初は FFA が顔認知の中枢部位とみなされていたが，この考えは改められつつある。顔に反応する領域は FFA 以外にも STS 後部（pSTS）や後頭葉，前頭葉などにいくつか見られ（図 7-4a），それぞれ機能に差があり，全体として顔認知機構のネットワークを作っているようだ（Allison, Puce, & McCarthy, 2000; Fairhall & Ishai, 2006; Tsao et al., 2003）。たとえば，FFA はどちらかと言えば顔の再認・同定に特化しているのに対し，pSTS は顔の動的な特性，すなわち視線や表情の認知に関与する。

　FFA を顔認知の「中枢」とみなす考えへのもう一つの批判は，本当に顔というカテゴリーに特化していると言えないのではというものだ。FFA は顔以外のオブジェクトよりも顔に対して強く反応する領域として同定されるが，顔以外に全く反応しないわけではない。たとえば，顔やネコ，イスなどの複数のオブジェクトカテゴリーで側頭葉皮質の活動を測定すると，顔に対して最もよく反応する領域の活動パターンからでも顔以外のカテゴリーを区別することができるという（Haxby, Gobbini, Furey, Ishai, Schouten, & Pietrini, 2001）。この立場からの有力な対案は，FFA の機能は下位カテゴリーレベルでの熟達したオブジェクト認知だというものだ。実際，FFA は鳥や車を詳細に識別できる専門家が鳥や車を認識する際にも他のカテゴリーに比べ活動が増す（Gauthier, Skudlarski, Gore, & Anderson, 2000）し，顔でなくても新奇オブジェクトの詳細な弁別に熟達すると活動するようになるという（Gauthier, Tarr, Anderson, Skudlarski, & Gore, 1999）。確かに顔認知には，個体レベルでの認知の必要性が高い，パーツより顔全体のグローバルな情報処理が重要であるなど，いくつかの特徴があり，これらの特徴を備えた状況ならば，顔でなくても顔認知と同様の機構が働く可能性はある。そもそも，顔認知とオブジェクト認知一般は異なるのか，それとも共通のメカニズムがあるのかというのは心理学上の長年の議論でもある。顔認知機構が単一の中枢ではなくネットワークによるのならば，その一部が他のカテゴリーのためのネットワークと共有されていても不思議ではない。議論は続いている（Behrmann & Plaut, 2013; Gauthier, Tarr, & Bub, 2010）。

　一方，心理学理論上重要なのは，不変性の問題である。サルの IT では，日

7.3 オブジェクト認知は脳でどう行われているか　　225

常物体の像の位置や大きさ・方向の変化に対して完全な不変性を示すおばあさん細胞のようなものは見当たらず，不変なオブジェクト表象は分散表現によると考えられるが，ヒトではどうだろうか。実は，深部電極による記録で，おばあさん細胞ならぬジェニファー・アニストン細胞とハル・ベリー細胞[9]が記録されたことがある（Quiroga, Reddy, Kreiman, Koch, & Fried, 2005）。ただしハル・ベリー細胞は 'Halle Berry' という文字列にも反応したというから，顔細胞というより，人物の抽象的な情報の宣言的記憶に関わるものと解釈すべきだろう。

　ヒト大脳皮質でのオブジェクト表象の不変性は，fMRI 順応ないし fMRI プライミングという現象（fMRI adaptation/priming; Shacter & Bucker, 1998; Wiggs & Martin, 1998）を用いて検討されてきた。これは，同じ刺激を繰り返し呈示すると次第にその刺激に対する活動（fMRI の BOLD 信号）が減少するというもので，過去の刺激呈示によって現在の同じ刺激に対する処理が効率的になり，必要血流量が減るからだと解釈されている。そこで，たとえばあるオブジェクトの正面像を呈示し，再び同じ画像を呈示すれば当然 fMRI プライミングが起こるが，同じオブジェクトを違う方向（横など）で呈示してもやはり fMRI プライミングが起こる領域があったなら，そこでは視点の変化に不変なオブジェクトの情報が表現されていることになる。

　結論から言えば，不変性を示す fMRI プライミングはあまり見られない。特に，オブジェクトの 3 次元方向の変化があっても fMRI プライミングが起こることはほとんどない。一部の領域に限れば，方向変化に対してある程度 fMRI プライミングが起こったという報告はあるものの（James, Humphrey, Gati, Menon, & Goodale, 2002; Vuilleumier, Henson, Driver, & Dolan, 2002），ほとんどの場合，LOC や FFA などの活動は方向どころかオブジェクト像の位置・大きさに対してさえあまり不変性を示さない（Grill-Spector et al., 1999; MacEvoy & Epstein, 2007）。ただ，コラムなど fMRI の空間解像度で捉えきれない小さなニューロン集団の単位では視点不変的な表現がされている可能性はある。逆に，強い分散表現によって不変なオブジェクト表象が実現されているならば，同じオブジェクトでも異なる視点の像ではかなり異なる活動パターンを示すだろうから，十分に強い fMRI プライミングが観察されない可能性もある。そこで，

---

9 ） Jennifer Aniston（1969–），Halle Berry（1966–）はいずれもアメリカ合衆国の女優。

LOC や FFA では，単純に領域全体の活動量の高低で見れば不変性は低いが，高い不変性のある表現が活動パターンに含まれてはいて，さらなる情報処理を経ればそれを利用できるのではないかと考えられている（Carlson, Hogendoorn, Fonteijn, & Verstraten, 2011; Schwarzlose, Swisher, Dang, & Kanwisher, 2008）。

　不変性に関してもうひとつ興味深い事実は，腹側経路の中でも不変性の程度が違うことである。Grill-Spector et al.（1999）は，LOC の中でも紡錘状回に近い領域では像の大きさや位置の変化に対する不変性が見られたという。James et al.（2002）が視点に対して不変な fMRI プライミングを見出したのは LOC 全体ではなく，より腹側の一部領域である。ちなみにサルの顔パッチでも，より前方（anterior）のパッチほど視点不変性が高いという（Freiwald & Tsao, 2010）。初期視覚野に近い後方の領域ではまだ不変性が低いが，腹側経路の流れに沿って前方へと処理が進むに従い不変性が高くなるというのはありそうなことだ。また，頭頂葉では逆にオブジェクト方向の変化に対して活動が高まる，つまりオブジェクトの方向に対して反応しているような現象が見られるが（James et al., 2002; Vuilleumier et al., 2002），これは頭頂葉がオブジェクト方向の知覚に関与するという神経心理学的知見（7.2 節）と符号する。

❖情景と文脈効果

　情景認知（第3章）の神経機構についても，研究が増えている。前述のように（7.2 節），ヒトでは側頭葉下面の海馬傍回（parahippocampal gyrus）に，情景刺激に対して反応する領域（PPA）がある（Epstein & Kanwisher, 1998）。PPA はオブジェクト，顔，複数のオブジェクトを並べた画像などよりも情景画像に対して高い活動を示す。最近になって，fMRI と単一細胞記録を組み合わせた詳細な研究により，マカクサルでも側頭葉と後頭葉の境界付近に同様の領域が見つかっている（Komblith, Cheng, Ohayon, & Tsao, 2013; Nasr et al., 2011）。しかも，そういった領域は複数見つかっており，ネットワークを形成しているという。顔パッチのネットワークと同様，やはり単一の「情景中枢」というよりは，ネットワークとして考える必要がありそうだ。

　実はヒトでも，情景知覚に関係する領域は PPA だけではない。図 7-4b のように，後頭葉と頭頂葉の境界付近の TOS（transverse occipital sulcus），側頭葉内側の頭頂葉・後頭葉とも接する RSC（retrosplenial cortex）が知られている（Epstein, 2008; Epstein, Higgins, & Thompson-Schill, 2005; Nakamura et al.,

2000; Nasr et al., 2011）。顔の視覚情報処理にも，顔の同定・再認，表情の認知，視線の認知といったさまざまな目的があるように，情景の処理にもさまざまな目的がある。情景の再認（「ここはどこか」）のほか，道順の判断などのナビゲーションにも情景の処理が必要だろう。それに応じて，情景刺激に応答する領域が複数あってもおかしくない。たとえば，PPA が比較的局所的な情景の情報を表現しているのに対して，RSC の活動はより広い環境中でのナビゲーションに関連が深いようだ。

　情景認知とオブジェクト認知の相互関係，とくに文脈効果（3.3 節）の神経機構も研究されている。強い文脈を持つ情景やオブジェクト像（たとえば，海の情景と強く関連する浮き輪）を見ている時，あまり強い文脈を持たない情景やオブジェクト像を見ている時に比べて PPA や RSC の活動が高いというから，これらの領域は単に情景の視覚情報に応答するだけでなく，文脈を処理していると考えられる（Bar & Aminoff, 2003; Bar, Aminoff, & Shacter, 2008）。また，前頭葉でも文脈に関する処理が行なわれているという（Bar, 2004）。これらの情景関連領域のネットワークが側頭葉下部のオブジェクト像の情報処理と相互作用し，文脈効果をもたらしているのだろう。

7.4　ネットワークとしてのオブジェクト認知機構 ⋯⋯⋯⋯⋯⋯⋯⋯

　オブジェクト像の視覚情報処理に関わる領域は数多い。これは，オブジェクト像が豊富な情報を含むためでもあるし，オブジェクト認知と一口に言っても内実はさまざまだからでもある。いずれにせよ，オブジェクト像の処理を一手に引き受ける「オブジェクト中枢」が脳のどこかにあるわけではないのは明らかだろう。神経心理学的知見からもわかるように，ここがだめならオブジェクト認知はすべてだめで，ほかはいくら損傷してもオブジェクト認知に何の影響もない，などということはない。多くの領域が関与するネットワーク機構としてとらえる必要がある。実際，電気生理学的実験でわかる個々のニューロンの活動，光学計測でわかるニューロン集団の活動，fMRI でわかる全脳スケールの活動，いずれのレベルで見てもネットワークの重要性が明らかだ。将来的には，ミクロからマクロレベルまで多層にわたって構成されるネットワークの仕組みを理解する理論的枠組みが必要とされる。

　ヒトで検討しやすいのは全脳レベルでのネットワークだが，腹側経路と他の

領域との相互作用は十分に検討が進んでいない。腹側経路はすみやかなオブジェクトの同定・再認に関与しているようだが，Tanaka（1993, 1996）が示したようにある程度複雑な視覚パターンを情報表現の基本単位としていると考えられ，構造記述理論が説くような立体構造の情報を処理しているという証拠はない。むしろ，オブジェクト構造の詳細な把握には，方向や面の傾きの知覚といった頭頂葉機能が必要かも知れない。オブジェクト像を受動的に見て再認するだけの実験状況ではなく日常の複雑な状況でのオブジェクト認知を考えるならば，腹側経路と背側経路の相互作用の検討が特に必要かも知れない。情景認知についても，頭頂葉や前頭葉の諸領域との相互作用を考えなければならないことは見てきたとおりだ。

　ITが腹側経路の最終段階だとすると，その先がどうなっているのかも大きな問題として残されている。どこかで記憶と出会い，照合し，意識に上らさせなければ「これはリンゴだ」という再認には至らない。記憶や言語，意識といった他の機構が問題になるわけで，やはり他領域との相互作用を考慮する必要がある。特に記憶との関係はオブジェクト認知の根本に関わる問題だ。そもそも側頭葉は古くから記憶に関係するとみなされており，オブジェクト像の視覚情報処理と記憶とが機構として分離可能なのかを再考する必要すらあるかも知れない。たとえばサルの顔細胞は経験によって反応選択性が変化するという（Rolls, Baylis, Hasselmo, & Nalwa, 1989）から，顔細胞が記憶の記銘を担っている可能性もある。さらなる研究が待たれるところだ。

おわりに

KY　第1章で「オブジェクト認知」における問題を整理して取り上げたわけですが，意図的に心理学的な問題における「オブジェクト」自体の定義をしていないように思います。「はじめに」で言及しているように，われわれの視覚情報処理の処理単位となっている対象を「オブジェクト」と呼んでいるのですが，お二人はあらためてどう思いますか？

RN　第1章で「オブジェクト」の定義に立ち入っていないのは，じっさい意図的なものです。オブジェクト認知の何が心理学的に問題なのかを整理するとき，オブジェクトとは何かという問題とは切り離した方がすっきりするだろうと思ったからですね。そのため，オブジェクトとは何かという問題は「はじめに」で独立して論じているわけです。そこで論じたように，私も結局「オブジェクト」なる概念の本質は，認知心理学的な物言いをすれば情報処理の処理対象，もう少し恰好をつけて言えば意識の向かう先といった点にあると思っています。ただ，これはやや広すぎる定義です。定義は広げれば広げるほどとりこぼしは減りますが，あいまいになってしまいます。逆に，要件を厳しく，狭く定義をすると，定義の厳密さ・正確さは増しますが，とりこぼしてしまう例外が多くなります。定義に関するどんな議論でもバランスが難しいものですが，「はじめに」の議論では，やや広めに考えているということですね。それは，あまり狭く定義してしまうことで，オブジェクト認知の研究を小さな型にはめてしまうことはよくないとも思っているからです。

　　抽象的なもの，「色」とか「悲しみ」とかは，視覚オブジェクト認知でいうところのオブジェクトではないでしょうが，何らかの形で情報処理の対象になったり，意識が向かう先になることは考えられます。だから，やはり何らかの意味で外界に具体的に存在するものという要件が重要なはずです。処理の対象であることと，それが外界に現に存在するものとして処理されていることの両方が「オブジェクト」の要件なのかも知れません。

KY　「はじめに」でも触れられているように，英語ですと，オブジェクト認知

における「オブジェクト」と対照語になるのは,「サブスタンス（substance）」でしょう。どちらも「物」と訳せるかもしれませんが，たとえば放射性物質（a radioactive substance）は「サブスタンス（substance）」であって,「オブジェクト」ではないわけです。「水」は，サブスタンスであって，オブジェクト認知の対象にはならないけれども,「水流」はオブジェクト認知の対象になるように思います。ですから，必ずしも外界に具体的に存在するものがオブジェクトというのは危険なので，視覚情報処理の処理単位という説明をしています。

RN 「サブスタンス」は「物質」なので，素材・材質といったニュアンスですよね。サブスタンスとしての水ももちろん認識することはできますが，オブジェクト認知というよりも材質感の知覚として理解できます。色やテクスチャ，輝度ヒストグラムといった視覚的表面特徴から材質を知覚する仕組みについては，やはり研究があります。もちろんオブジェクト認知と無縁ではなく，表面特徴や材質感はオブジェクトの特徴のひとつとしてオブジェクト認知にも利用されます。たとえば家具は木でできているものが多いですよね。形状，大きさ，表面特徴，材質感などの特徴を統合した情報としてオブジェクトが記述され，命名されればそこに言語ラベルも加わるというのが標準的なモデルでしょう。

SU となると，ヒトの脳では見た外界をそのまま表現することはできず，なんらかの圧縮をして，うまく処理できる,「オブジェクト」という単位にまで落とし込んで記述をしているということになるのでしょうか。必ずしも外界に具体的に存在するわけではないけれども，われわれの意識には存在する場合というのは，そうした過程で生じるもののように思います。

KY 「オブジェクト認知」のひとつのゴールを，オブジェクトの命名とするのは，命名することで，情報圧縮した概念として表象できるからではないかと思っています。

SU ところで，オブジェクトを脳内の処理単位とした場合，外界の脳内表現，つまり，外界の見方といったほうがよいかもしれませんが，そうしたものは，処理単位に関係して変化するように思います。日常的に，たとえば，すばらしい芸術作品を見たときなどに,「これは，技術の違いというよりも，外界の見方が違うぞ」としみじみ感じることがあるのですが，こうした個人差を生み出す原因のひとつに，オブジェクト認知の個人差を仮定できると思いま

すが，いかがでしょうか？

RN　もちろんオブジェクト認知にも個人差はあるはずです。ただ，あまり研究は多くないですね。熟達化の研究のためにエキスパート（たとえば，バードウォッチャー）と素人を比較するというような研究はあります。プロのイラストレーターや芸術家も，訓練によって通常とは異なるものの見方ができるように鍛えているのだと思います。

　　個人差を生む要因は非常に多いので，特に日常物体では厳密な実験研究はなかなか難しいのかもしれません。文化差や性差，年齢差などもきちんと調べればありそうですね。ただ，それが本当にオブジェクト認知機構特有の個人差なのか，オブジェクト認知にも影響を与える他の機構（たとえば視覚的注意，色知覚，空間知覚など）の個人差なのかは，慎重に検討しなければなりません。

　　個人差に関連して少し興味を持っているのは自閉症（傾向）の影響です。自閉症スペクトラム障害にはいろいろな特徴がありますが，知覚刺激への過敏性や，顔認知や視線認知における問題，特定の物体・対象への持続的な熱中などはよく知られていて，知覚やオブジェクト認知に何らかの特徴がありそうです。自閉症関連障害を持つ人が描く絵画にもとても興味深いものがありますが，「外界の見方」の違いが反映されているのかも知れません。

SU　サヴァン症候群の人の描く絵画も，特徴的だなあとよく思います。特徴的なオブジェクト認知の背景に特徴的な脳活動があるということになるのでしょうか。たしかに，そうした切り口から探ってゆくと，「外界の見方」の個人差が解明できるかもしれませんね。

KY　第2章で「日常物体（everyday object）」というカテゴリーを取り上げていますね。もちろん，これまでのオブジェクト認知では重要な研究分野を構成しているわけです。ただ，たとえば，iPhone は数年前までは新奇オブジェクトだったのに，一気に日常物体になってしまったように，実は新奇オブジェクトと日常物体との間には形状的違いはなく，単に親近性の違いですよね。ただ，日常物体としては，気持ち悪い形状とか，受け入れがたい形状とかがあるように思うので，ジオン理論で扱えるようなものという，制約条件をわれわれは潜在的に持っているのでしょうかね。

RN　そうですね，新奇オブジェクトと日常物体の違いは本質的には親近性の違いでしかありません。ですから，iPhone のような時代による「新奇さ」の

違いだけでなく，地域や文化による違いや個人による違いもあるわけです。たとえば私は台湾に行ったとき，寺院で半月状の形の木片が2つセットになった道具を見たのですが，これは私にとってまったく新奇オブジェクトだったわけです。占いに使う道具だそうで，使い方を教えてもらいました。その一方で，オブジェクト形状の何らかの「日常物体らしさ」もあるように思います。「何だかわからないけど何かの工具」とか，「何かの食べ物」とか，そういった推測がわれわれには可能です。たとえば図2-1aは，新奇でありながら文字らしさ，もっと言えば漢字に似た文字らしさを持っているので，明らかに「何かの文字」だとわかります。私は，そういった「日常物体らしさ」は，ジオン理論で扱えるようなものというような認知システム側が持つ制約条件ではなく，むしろ外部の要因・環境が要請する制約条件だと思っています。たとえば，ヒトが手に取って使う道具ならば，ヒトの身体能力が制約条件となるので，小さすぎても大きすぎてもいけませんし，手で持てる形状になっている部分が必要です。また，多くの動物の形状が，上下が明確で左右対称なのは，重力がある環境に暮らし，体を支えながら水平面上を自由に移動する必要があるからでしょう。こういった種々の制約条件が，日常物体らしい形の要因なのです。そしてオブジェクト認知機構は，それにうまく対応するように進化したのだと思います。ただ，もちろんそういった「日常物体らしさ」の中身は，「文字らしさ」「動物らしさ」といったようにオブジェクトのカテゴリーによってまったく別です。したがって，日常物体の形状の制約条件というより，単に非常に高いレベルのカテゴリーの形状の特徴というだけかもしれません。カテゴリーによらない，普遍的な「日常物体らしさ」というものは，ちょっと考えにくいですね。

KY やはり，Marr の一般化円筒とか，Biederman のジオン理論というのは，外部の要因・環境が要請する制約条件をうまく表したということで，歴史的な評価が高いのだろうと思います。

RN 日常物体によくある形状を簡易な情報処理で表現するにはどうしたらよいか，という発想で考えられたので，直感的にも受け入れやすかったのでしょうね。

KY 第3章で取り上げられる情景認知は，「単なる複数オブジェクトの認知」ではないことは確かだと思いますし，われわれが非常に短時間で情景を把握できるのが，最も重要な視覚情報処理の特徴かもしれないと思うのです。こ

の「情景認知」のゴールは何かというのが，ときどき分からなくなるのです。「オブジェクト認知」のゴールは，誤解を恐れずシンプルに言えば，オブジェクトの命名ですよね。もちろん，「情景認知」も情景の命名がゴールかもしれないのですが，お二人はどう思いますか？

RN　たしかにそこは議論の余地があります。実験をしてみても，情景の「命名」というのは被験者にとっては難しいんですね。実験材料がそもそも違うので単純な比較はできませんが，オブジェクト命名課題に比べて情景命名課題の正答率は低いことが多いです。これは私が実際にやった実験でもそうですし，他の研究者が論文に載せているデータを見てもそうです。確かに情景もカテゴリーに分けて命名することはできますが（「公園」とか「ビーチ」），それは情景認知機構のごく限られた一面でしかなく，命名課題は情景認知の主要な機能をたたいていないように感じられます。もちろん視覚オブジェクト認知も，命名できることだけがゴールとは限りませんが，命名がオブジェクト認知の主要なゴールであることは誰もが自然に受け入れられるのではないでしょうか。

　　たぶん，情景のカテゴリー分けの能力は，再認というより，文脈として働くことに主眼があるのだと思います。つまり，カテゴリー分けそのものが主要な目的ではないのではないでしょうか。実験ではコンピュータ画面に次々と表示される情景写真をカテゴリー分けしていったりするのですが，現実にはそんな状況はありえないわけです。私の個人的感覚としては，情景認知の本質はカテゴリー分けではなく，正確な再認だと思っています。つまり，「ここは（他のどこでもない）あの場所だ」とわかる，事例レベル（exemplar level）での再認ですね。「どこだか知らないけど駅の情景」という認識は，文脈としては役立つでしょう。一方で，自分が通勤で毎日使っている最寄り駅の情景の再認は，文脈の検出というよりもまさに再認そのものとして重要なのではないでしょうか。そういう意味では，被験者自身が見知っている情景とそうでない情景とを比較するような研究が必要なのかも知れませんね。

KY　情景認知には，カテゴリー分けと正確な再認のいずれかが，ゴールになるということですね。カテゴリー分けに必要なのがジストで，即座に抽出できる特徴であることは，第3章で取り上げられた通りだと思います。一方，情景認知のもう1つのゴールである正確な再認というのは，どうしても記憶研究として取り上げられてしまうのでしょうが，情景認知の研究として明らか

にすべきことが残されているように思っています。

SU 情景認知のゴールが単純にカテゴリー分けだけではないという点は，まさしくそのとおりだと思います。もうひとつのゴールである正確な再認については，事例レベルということは，そのときの自己の状態や，行動目的や，実際の行動なりに紐づけられた，身体化された（？）情景のようなものをイメージしたのですが，どうなのでしょうか。たとえば，見間違えることが決してないような，毎日行き来している坂道でも，重い荷物を持っている場合は，異なった情景として認知しているように思います。こうした場合，記憶研究としてとり扱うことに難しい面がでてくるように思いますが，どのように研究をすべきなのかというところに，とても興味があります。

RN オブジェクト認知にならって言えば，私が上で想定している正確な再認とは，「事例レベルで，かつ，不変性の高い」再認です。つまり，いつどんな状況で観察しても，特定の場所だと再認できる，ということです。ナビゲーションなどの目的には，いつ何時，どんな荷物を持っていようと再認できることが大切ですよね。もちろん不変性は完璧ではないと思います。私は自転車で大学に来るとき，往路と復路で違うルートを通るのですが，いつもは夜に走っている復路のルートをたまに昼間に走ると，意外に見慣れない印象を受けます。少し前にはやった身体化された認知（embodied cognition）の研究でも，重い荷物を背負っているときとそうでないときで坂道の傾きの知覚が変わるなんていう結果がありました。

　しかしご質問は，もっと一期一会というか，一回性のある情景認知・条件再認に関するもののようです。おっしゃるとおり，その時々の自身の状態などに紐づけられた，エピソード記憶的な情景の記憶というのもありますね。旅行先で見た情景の記憶などはその最たるものでしょうか。面白いと思います。情景というのが，そもそも場所に紐づけられた刺激ですから，オブジェクト認知に比べれば情景認知は平均的には一回性が高いのかも知れません。こういう一期一会の情景の記憶では，視覚的情報以外の情報，たとえばそのときの気温，風，海や草のにおい，少し暑い陽光といった感覚情報や，情動などに関するメタ認知の情報が豊富に含まれ，情景の視覚的情報に強く結びついているのかも知れません。視覚的エピソード記憶とでも言うのでしょうか。その極端な形態が，いわゆるフラッシュバルブ記憶なのかも知れません。

KY 第4章で，文字認知を取り上げたのですが，かつてコンピュータによる文

字認識の研究から，われわれの文字認知の過程に興味を持ったので，文字というものがいかに高度に抽象化された人工的な形状なのかが染み付いている感じです。一見，文字認知を単純な視覚情報処理と感じるかもしれないのですが，かなり高度な情報処理を経ているはずなのに，オブジェクト認知における文字認知研究としては，道半ばという印象を強く持っています。

RN 文字認識は，コンピュータによる自動認識がすでにかなりできてしまっている分野ですよね。スキャナを買うと OCR ソフトが無料でついてきたりします。にもかかわらず「ヒトの」文字認識の仕組みの理解は道半ば，というのは，「機械で作れること」と「仕組みを理解できること」が本質的に違うということをよく表していると思います。

KY 本質的な違いというのは，間違い方を見ると一番分かりやすいと思っています。コンピュータによる文字認識でいくら認識率が高くても，人間ならばそんな間違い方をしない結果が得られてしまうと，信頼できないという評価になってしまうように思います。われわれは，新奇な文字形状であっても，妥当な結論を出す認知（cognition）はできるけれども，コンピュータでは基本的に再認（recognition）させているにすぎないと思います。

RN オブジェクト一般の認識でも，コンピュータによるパターン認識技術の向上でかなりできるようになってきていますが，こちらは機械の方も道半ばといった印象です。将来，ヒトと同等かそれ以上の正確さでオブジェクトを認識できるシステムができたとき，それがなぜオブジェクトを認識できるかを理解するのは，やはり難しい問題のはずです。そのうち，ヒトの知覚や認知を研究する心理学だけでなく，コンピュータの知覚や認知を理解し解釈する機械心理学ができるんじゃないかと思うくらいです。顔認識も技術的にはかなりいろいろなことができるようになってきていますが，ヒトの顔認知機構と比べたとき，現状では何が違うとお考えですか。

SU 顔認識の技術の進歩には本当に目を見張るものがあって，個人識別やだいたいの年齢判断や性別判断，変わったところでは，似顔絵を描くロボットなどというものがあるかと思います。見聞きする限りでは，どれもなかなかの精度なのですが，こちらが思わず笑ってしまうような間違いがまだまだある印象です。少し前に私自身が目撃したケースでは，同じ人を何度も繰り返して識別させる場合の間違いや，どう見ても若い女性を中年男性と間違えるようなことがあったりしました。顔認識の技術でも，基本的にはヒトと同じよ

うに，顔の特徴情報を使っていると認識していますが，その情報の処理がヒトによる認知機構と異なると考えています。ヒトは，全体的処理やパーツの重み付けもそうですが，入力情報をうまく圧縮して取り扱っていて，それが柔軟な認知を可能にしているように思います。機械は，処理速度が速いので，そういう必要はないのかもしれません。個人的には，似顔絵ロボットがそうした違いを非常によく表しているように思います。個人に特徴的なところを抜き出し，強調するようになっているのですが，似顔絵のプロが描くものと比べると，「ここではなく，そっちを強調してしまったか！」と思うようなところが多くあるのです。どうしたら機械の顔認識をヒトのものに近づけられるか，という取り組みも面白いかもしれませんね。

KY　欧米で似顔絵を描いてもらうと，日本人の顔は間違いなく鼻が低くかかれるはずです。それは，似顔絵のプロが持っているデータベースからすると，日本人としては決して鼻が低くなくても，顔の特徴としては低い鼻ということになって，それが強調されるためだと思います。結局は，似顔絵ロボットでも同様の問題が起こっているのだろうと思います。

RN　似顔絵での強調のしかたが違う，というのは面白いですね。そのような，ヒトと機械が質的に異なる点に，重要なヒントがあるのかも知れません。認識率といった量的な基準だけでなく，顔の特徴のどこに注目するかといった質的な基準も考える必要があるのでしょうね。

KY　第5章で顔認知を取り上げているわけですが，顔が特別なオブジェクトか，過学習された日常オブジェクトなのかという論争が，顔の情報処理をする脳部位の特定と絡めて行われてきたわけです。われわれの日常生活において顔認知は特別だという類いの主張は，論理的ではなく，脳内で特別に扱っているかという議論だけですと，本質を見誤るように感じていました。顔が特別かどうかという問題を扱うときに，何をベースに議論したほうが良いと思いますか？

SU　そうですね。顔が特別かどうかという論争については，特別であることを示すデータの積み重ねによって，ほぼ決着がついていると思います。実を言うと，顔を研究する上で，特別であるかどうかの問題というのは，現時点では重大なトピックとして扱うべきではないと思います。個人的な考えになりますが，顔認知はあくまで他者認知の一部であって，その代表ではあるかもしれませんが，イコールではないでしょう。その点から言うと，顔に限定し

た問題の設定は着地点が「特別である」という少し曖昧さのあるところに落ち着きがちなのは当たり前のことで，他者認知という観点から問題設定をして議論したほうが，顔の解明が進むように思います。

RN 少し逃げの姿勢の答えになりますが，結局，何を「特別」と考えるかによるのでしょう。顔認知のメカニズムというか，そこで必要とされる計算理論は別に顔特異的なものでなく，過学習された個体レベルでの認知一般に共通のものかもしれませんが，顔認知はヒトの生活上で需要が高いので，大脳視覚皮質の一部が実質的に顔専門に割り当てられてあるという可能性もあります。これを「特別」とみなせば，顔認知は特別と言えなくもありません。つまり，どのレベルでの特別性を議論しているのかを整理する必要があります。たとえばMarrの区分にならえば計算理論と表現とアルゴリズムのレベルでは特別ではないが，ハードウェア実装のレベルでは特別であるという可能性もあるわけです。

KY 顔認知において，どのレベルでの特別性を議論すべきなのかという点を理解することを通じて，顔認知に関わる特定の脳部位の位置付けも明確になったということだと思います。

RN タマゴが先かニワトリが先か流のややこしさもあります。顔が特別だから顔に特化したメカニズムが進化したのか，顔に特化したメカニズムを持っているから顔認知が特別なのか。側頭葉で顔細胞がよく見つかるから顔認知は特別なのか，顔認知は特別だと思うから顔認知の研究が進み顔細胞もいち早く報告され注目されるのか。顔認知研究には研究者の持つバイアスが入り込みやすい点には注意が必要だと思います。それというのも，日常的な，ナイーブな感覚としては顔は特別だと誰もが感じているからなのですが。

SU たしかに，顔を持つものが顔を研究する難しさをよく感じます。私たちは，必ず自分の顔というものを持っていて，それがない状態というのはちょっと想像できません。他者と顔を通してコミュニケーションをしていると日常的に実感しているわけですから。一方で，ナイーブな感覚も，私たちがヒトだからこそ感じるので，そこが面白いのだと思います。どれだけバイアスにとらわれない，多角的な視点で顔を見ることができるのかというのが鍵になってくるように思います。そうした意味で，第5章では，顔のオブジェクトとして位置づけを再認識できたように思っています。

KY 第6章は表情認知を取り上げていただいたわけですが，オブジェクト認知

のひとつとして考えると異質な感じがしますよね。ただ，それは顔の二面性を反映しているように思うのです。オブジェクト認知がなんらかの命名をゴールとすれば，顔認知のひとつのゴールは個人を同定する命名であることは明白ですが，常に一緒にいる家族とか，街中の雑踏とか，個人の同定よりも，その場の雰囲気を同定することが重要な場合の多くは，明らかに感情に直結した表情の認知が必要です。これは，美術作品の鑑賞とか，世界遺産の情景を見たときに，ある種の感情を呼び起こすような過程と共通しているのでしょうかね。そんなことを考えていると，オブジェクト認知における表情認知が，顔特異的な処理でもないような気がしてくるのです。

SU 非常に面白いご指摘だと思います。実際には，共通する部分と，共通しない部分があるように思います。見たものに対してわき起こるなんらかの感情を同定する過程は，表情のほうが個人間のばらつきが圧倒的に少ないということをのぞけば，明らかに共通している部分でしょうし，他者の表情認知の場合には，さらに，わき起こった情動を他者に結びつける過程，つまり，自己とそれ以外を分ける過程が加わっていると考えるべきかもしれません。対人場面であっても，特定他者の表情を読み取る場合は，その相手に結びつけることが可能ですが，不特定他者がいるシーンから場の雰囲気を読み取るような場合は，情景との境界があいまいになってくるようにも感じます。そうなると，感受性のもととは，そうした共通部分のことのように思えます。

RN 顔，表情，感情，情景，というキーワードを聞いて何となく思い浮かんだのがムンク（E. Munch）の絵です。ムンクは「叫び」があまりに強烈で有名ですが，それ以外にも，何ともいいがたい不安をかきたてるような情景をいろいろ描いています。そういった情景には人の顔が含まれることも，含まれないこともあります。つまり，顔や表情がなくても感情をかきたてる情景がある一方，確かに表情も情景の一部であろうということです。前者については，たとえば曇りの日は何となく気分が落ち込むとか，日常的にも例がありますし，怖い情景といった感情喚起画像を使った研究もいろいろあります。後者，情景の中の表情という問題はあまり注意が払われていないのかも知れません。顔認知・表情認知はオブジェクト認知とよく対比されるのですが，情景認知と比較するという視点は確かに現在の研究には抜けているように思います。情景認知と顔認知の相互作用をもっと考えなければいけないのでしょう。第6章でも，情景の中での表情認知の例として文脈効果がとりあげら

れていますが（図6-9），逆に表情が文脈として情景認知にどう影響するか，ということも調べないといけないのかも知れません。

SU 表情が文脈として情景認知に与える影響というのは，すこし前から日常的に使われるようになった「空気が読める・読めない」の「空気」に該当するような気がします。このときの「空気」は，複数の人物がいる場面以外で使われることがないので，面白いなあと思っていたのですが，集団の個々の表情がどのようにかかわりあって，ひとつの「空気」として認知されるのか，という観点も面白いかもしれません。

RN 顔から文脈とか「空気」をどう認識しているかという問題ですね。個人の同定や表情の同定以外の，顔認知の一側面として重要だと思います。第1章の最後で，オブジェクト認知は必ずしもオブジェクトの再認・同定と同じではなく，目的に応じたいろいろなオブジェクト認知があるということを書いています。オブジェクト認知研究とは第一義的にオブジェクト同定の研究であるという理解があり，この本の各章も再認・同定の仕組みを主に論じているのですが，それは一面でしかないのだ，ということを強調しておきたかったのです。認知システムを外界の情報を得る機構としかみなさなくなりがちなのは，認知心理学の陥穽の一つではないでしょうか。

　再認・同定以外でいくらか体系だった研究があるのは，顔の好ましさや美しさの知覚でしょうか。これはやはり関心を持つ人が多いらしく，けっこう研究がありますよね。一方で，日常オブジェクトや情景，文字の美しさについての研究は多くないように感じます。情景というか，絵画や写真，構図の美しさに関するものは多少ありますが。日常オブジェクトの好ましさについては実は自分自身は少し研究をしていて，それは同定・再認以外のオブジェクト認知の側面を研究してみたいからです。心理学者としては，美しさとかいう怪しげなものにも踏み込んでみたいという気持ちもあります。

KY 実験美学の最近の展開には興味を持っていて，ある種の美感研究は心理学的に扱えるのではないかと思っています。そこで，この統合的認知のシリーズとして，美感も重要なテーマとして取り上げることになります。その一方で，美学・芸術学で扱われるような問題とはかなり隔たりがあるのが現実でしょう。心理学からのアプローチは，まだ好悪のレベルにとどまっているのかもしれません。

RN そうですね，私も好悪つまり主観的好ましさの実験研究には手をつけても，

美とか芸術的価値とかにはやはり手を出せないでいます。文字の好ましさについてはどうでしょうか。日常的にもきれいな文字とか悪筆と言いますし，文化的にも書道とかカリグラフィーというものがありますよね。イスラム文化圏では文字による装飾が発達していますし，日蓮宗には文字で書く曼荼羅があって，独特の装飾的な書き方です。個人的には，梵字とかパスパ文字とかモンゴル文字とか，まったく読めないのに（読めないから？）形が面白くて眺めているととても楽しいのですけれど，この感覚も何なのかよくわかりません。文字の美しさについてはどんな理解があるのでしょうか？

KY 以前手書き文字の品質評価という観点から考えたことがあって，文字単体の美しさを判別することは難しいので，文字の集合としてでしか，その美しさを評価できないと考えています。たとえば，草書の文字を1字だけ切り離して，その文字が美しいかどうかを判断することは難しいだろうということは分かっていただけるのではないかと思います。おそらく，文字集合のある種の統計量と，われわれが心地よいとか，美しいとかの評価は相関関係があるのだろうと思います。

RN なるほど，確かに文字の集合の美しさというのは重要そうです。たとえばお習字で，文字の中心をそろえるときれいに書けるとか，そういうことを習いますけれども，これは文字の集合の美しさの最も単純な例でしょうね。1字1字が明瞭に分かれる活字でも，文字の間隔など組み方の違いで美しさがまったく違います。タイポグラフィというのはまさに文字集合の芸術ですね。

SU タイポグラフィのような，装飾文字とは別の方向の，文字と絵の融合芸術として，マンガが挙げられると思います。自分が漫画をかじっているので無理矢理に興味のある方向にお話を持って行ってしまう感じなのですが，漫画の1コマの中には，文字と絵が含まれていて，かつ，どちらも，ひとつのシーンを表現するために欠かすことのできない重要な構成要素です。漫画を描いていて，1コマには，必ず文字と絵の位置やバランスで，「しっくり」くるものがあると感じるのですが，この感覚は美しさを感じるときに近いような気がします。文字と絵の融合については，オブジェクト認知の観点にたった場合，どのように理解できるのでしょうか。

KY 日常物体認知，情景認知，文字認知，顔認知，表情認知という，この本で取り上げた要素がすべて，1コマに込められている場合があって，しかも無駄な情報が省かれ，コンパクトにそれらが収まったときに，好ましさも高ま

るということですね。オブジェクト認知における新しい研究テーマになる可能性が高いのかもしれません。

RN 写真や映画のフレーミングについても同様の「しっくり」の感覚があります。視覚的な「しっくり」とか美しさそのものについては，実は古くから研究があって，パターンの良さ（pattern goodness）に関する実験論文がけっこうあります。ただ，これらの一連の研究は，パターンの良さそのものを扱うために，ドットパターンのような無意味パターンを使うんですね。それで対称性とか規則性（regularity）の影響を議論したりする。ゲシュタルト心理学の影響もあるのでしょう。こういった研究と，日常物体や顔といった具体的なオブジェクトの認知の研究とがつなげられれば，温故知新で面白い展開ができるのかも知れません。

　美しさは別にしても，文字と絵，文字と顔，情景と文字など複数の異なる種類のオブジェクトを同時にどう処理しているのか，というのも重要な問題です。日常的には，文字も顔も日常物体も共存していて，それらを同時に見ることが多いですよね。各論だけでなく，日常物体，情景，文字，顔といったジャンルをまたぐ統合的な研究の可能性を考えなければいけないということだと思います。

KY 新たな統合的認知研究の必要性が明らかになったようですし，発展性のある研究分野だと改めて感じることができましたので，ここで筆をおいて，そろそろ研究に戻りましょう。

　当初，本書の執筆者のおひとりとしてお引き受けいただいていた，日本大学文理学部山田寛教授が 2015 年 5 月 28 日にご逝去されました。謹んでご冥福をお祈りいたします。

著者一同

引用文献

はじめに

デカルト，R. 井上庄七・森　啓・野田又夫（訳）(2009). 省察　情念論　第5版　中央公論新社．

Gibson, J. J. (1979). *The ecological approach to visual perception.* Boston, MA: Houghton Mifflin.（ギブソン，J. J. 古崎　敬・古崎愛子・辻　敬一郎・村瀬　旻（訳）(1985). 生態学的視覚論　サイエンス社）

Goodale, M. A., & Milner, A. D. (1992). Separate visual pathways for perception and action. *Trends in Neurosciences,* **15**(1), 20-25.

Itti, R., & Koch, C. (2000). A saliency-based search mechanism for overt and covert shifts of visual attention. *Vision Research,* **40**, 1489-1506.

James, W. (1890/1950). *The principles of psychology* (Vol. 1). New York: Dover Publications.

Kahneman, D., Treisman, A., & Gibbs, B. (1992). The reviewing of object files: Object-specific integration of information. *Cognitive Psychology,* **24**, 175-219.

Koffka, K. (1935). *Principles of Gestalt psychology.* London: Routledge & Kegan Paul Ltd.（コフカ，K. 鈴木正彌（監訳）(1998). ゲシュタルト心理学の原理　福村出版）

熊田孝恒・横澤一彦 (1994). 特徴統合と視覚的注意　心理学評論, **37**(1), 19-43.

Minsky, M. (1986). *The society of mind.* New York: Simon & Schuster.（ミンスキー，M. 安西祐一郎（訳）(1990). 心の社会　産業図書）

Quine, W. V. O. (1960). *Word and object.* Cambridge: MIT Press.（クワイン，W. V. O. 大出　晃・宮館　恵（訳）(1984). ことばと対象　勁草書房）

Rensink, R. A. (2000). The dynamic representation of scenes. *Visual Cognition,* **7**, 17-42.

第1章

浅野倫子・渡邊淳司 (2014). 知覚と言語　今井むつみ・佐治伸郎（編）岩波講座コミュニケーションの認知科学1　言語と身体性　岩波書店　pp. 63-91.

Aznar-Casanova, A., Keil, M. S., Moreno, M., & Supèr, H. (2011). Differential intrinsic bias of the 3-D perceptual environment and its role in shape constancy. *Experimental Brain Research,* **215**, 35-43.

Biederman, I. (1981). On the semantics of a glance at a scene perceptual organization. In M. Kubovy, & J. R. Pomenrantz (Eds.), *Perceptual organization.* Hillsdale, New Jersey: Laurence Erlbaum Associates. pp. 213-253.

Boring, E. G. (1950). *A history of experimental psychology* (2nd ed.). New York: Appleton- Century-Crofts.

Brown, V., Huey, D., & Findlay, J. M. (1997). Face detection in peripheral vision: do faces pop out? *Perception,* **26**, 1555-1570.

Crouzet, S. M., Kirchner, H., & Thorpe, T. J. (2010). Fast saccades toward faces: face detection in just 100ms. *Journal of Vision*, **10**(4):16, 1-17.

Davenport, J. L., & Potter, M. C. (2004). Scene consistency in object and background perception. *Psychological Science*, **5**(8), 559-564.

DiCarlo, J. J., & Cox, D. D. (2007). Untangling invariant object recognition. *Trends in Cognitive Sciences*, **11**(8), 333-341.

Egly, R., Driver, J., & Rafal, R. D. (1994). Shifting visual attention between objects and locations: evidence from normal and parietal lesion subjects. *Journal of Experimental Psychology*: *General*, **123**, 161-177.

Eysenck, M. W., & Keane, M. T. (2010). *Cognitive psychology*: *a student's handbook*. 6th ed. Hove, UK: Psychology Press.

Gibson, J. J. (1979). *The ecological approach to visual perception*. Boston, MA: Houghton Mifflin. (ギブソン, J. J. 古崎　敬・古崎愛子・辻　敬一郎・村瀬　旻（訳）(1985). 生態学的視覚論　サイエンス社)

Hebb, D. O. (1949). *The organization of behavior*: *A neuropsychological theory*. Hoboken, NJ: John Wiley & Sons.（ヘッブ, D. O. 鹿取廣人・金城辰夫・鈴木光太郎・鳥居修晃・渡邊正孝（訳）(2011). 行動の機構　脳メカニズムから心理学へ（上・下）岩波書店)

Hershler, O., & Hochstein, S. (2005). At first sight: a high-level pop out effect for faces. *Vision Research*, **45**, 1707-1724.

Hunt, E., & Agnoli, F. (1991). The Whorfian hypothesis: A cognitive psychology perspective. *Psychological Review*, **98**, 377-389.

Itti, L., Koch, C., & Niebur, E. (1998). A model of saliency-based visual attention for rapid scene analysis. *IEEE Transactions on Pattern Analysis and Machine Intelligence*, **20**(11), 1254-1259.

Johnson, J. S., & Olshausen, B. A. (2005). The recognition of partially visible natural objects in the presence and absence of their occluders. *Vision Research*, **45**, 3262-3276.

高良加代子・箱田裕司 (2008). 見慣れた日常物体の記憶における誤情報効果：新千円札の記憶による検討　電子情報通信学会技術研究報告 HIP ヒューマン情報処理, **107**(553), 19-24.

Lawson, R., Humphreys, G. W., & Jolicoeur, P. (2000). Combined effects of plane disorientation and foreshortening on picture naming: one manipulation or two? *Journal of Experimental Psychology*: *Human Perception and Performance*, **26**, 568-581.

Li, F. F., VanRullen, R., Koch, C., & Perona, P. (2002). Rapid natural scene categorization in the near absence of attention. *Proceedings of the National Academy of Sciences of the United States of America*, **99**(14), 9596-9601.

Lupyan, G., & Spivey, M. J. (2008). Perceptual processing is facilitated by ascribing meaning to novel stimuli. *Current Biology*, **18**(10), R410-R412.

Lupyan, G., & Thompson-Schill, S. L. (2012). The evocative power of words: Activation of concepts by verbal and nonverbal means. *Journal of Experimental Psychology*: *General*, **141**, 170-186.

Marr, D. (1982). *Vision*. New York: W. H. Freeman.（マー, D. 乾　敏郎・安藤広志（訳）(1987). ビジョン　産業図書)

Merleau-Ponty, M. (1945). *Phénoménologie de la perception*. Paris: Gallimard.（メルロ＝ポンティ, M. 中島盛夫（訳）(1982). 知覚の現象学　法政大学出版局)

光松秀倫・横澤一彦 (2004). 観察条件の変化における物体認知の不変性　心理学評論, **47**(2), 241-256.

Neisser, U. (1967). *Cognitive psychology*. New York: Appleton- Century-Crofts.

Nickerson, R. S., & Adams, M. J. (1979). Long-term memory for a common object. *Cognitive Psychology*, **11**, 287-307.

O'Craven, K. M., Downing, P. E., & Kanwisher, N. (1999). fMRI evidence for objects as the units of

引用文献 245

attentional selection. *Nature*, **401**, 584-587.

Palmer, S., Rosch, E., & Chase, P. (1981). Canonical perspective and the perception of objects. In J. Long, & A. Baddeley (Eds.), *Attention and Performance IX*. Hillsdale, NJ: Erlbaum. pp. 135-151.

Pavlov, I. P. (1927). *Conditioned reflexes* (G. V. Anrep, Trans., Ed.). Humphrey Milford: Oxford University Press.

Pizlo, Z. (2008). *3D shape: its unique place in visual perception*. Cambridge, MA: MIT Press.

Proffitt, D. R., Bhalla, M., Gossweiler, R., & Midgett, J. (1995). Perceiving geographical slant. *Psychonomic Bulletin & Review*, **2(4)**, 409-428.

Scholl, B. J. (2001). Objects and attention: the state of the art. *Cognition*, **80(1-2)**, 1-46.

Schyns, P. G. (1998). Diagnostic recognition: task constraints, object information, and their interactions. *Cognition*, **67(1-2)**, 147-179.

菅沼　睦・横澤一彦 (2003). 視覚的注意とオブジェクト性　心理学評論, **46(3)**, 527-542.

Tarr, M. J., & Cheng, Y. D. (2003). Learning to see faces and objects. *Trends in Cognitive Sciences*, **7(1)**, 23-30.

Wiener, N. (1961). *Cybernetics: or control and communication in the animal and the machine* (2nd ed). Cambridge, MA: MIT Press. (ウィーナー, N. 池原止戈夫・彌永昌吉・室賀三郎・戸田　巌 (訳) (2011). サイバネティクス：動物と機械における制御と通信　岩波書店)

第2章

Bennett, D. J., & Vuong, Q. C. (2006). A stereo advantage in generalizing over changes in viewpoint on object recognition tasks. *Perception & Psychophysics*, **68(7)**, 1082-1093.

Bernerd, E. (1912). *Souvenirs sur Paul Cézanne*. Paris: Société des Trente. (ベルナール, E. 有島生馬 (訳) (1953). 回想のセザンヌ　岩波書店)

Biederman, I. (1987). Recognition-by-components: a theory of human image understanding. *Psychological Review*, **94(2)**, 115-147.

Biederman, I., & Bar, M. (2000). Differing views on views: response to Hayward and Tarr (2000). *Vision Research*, **40**, 3901-3908.

Biederman, I., & Gehardstein, P. C. (1993). Recognizing depth-rotated objects: evidence and conditions for three-dimensional viewpoint invariance. *Journal of Experimental Psychology: Human Perception and Performance*, **19(6)**, 1162-1182.

Biederman, I., & Gehardstein, P. C. (1995). Viewpoint-dependent mechanisms in visual object recognition: reply to Tarr and Bülthoff (1995). *Journal of Experimental Psychology: Human Perception and Performance*, **21(6)**, 1506-1514.

Biederman, I., & Ju, G. (1988). Surface versus edge-based determinants of visual recognition. *Cognitive Psychology*, **20**, 38-61.

Blantz, V., Tarr, M. J., & Bülthoff, H. H. (1999). What object attributes determine canonical views? *Perception*, **28**, 575-599.

Bourke-White, M., & Callahan, S. (1998). *Margaret Bourke-White: photographer*. Boston, MA: Little, Brown & Company. (バーク゠ホワイト, M.・キャラハン, S. 原信田　実 (訳) (1999). マーガレット・バーク゠ホワイト写真集　岩波書店)

Bramão, I., Ries, A., Petersson, K. M., & Faisca, L. (2011). The role of color information on object recognition: A review and meta-analysis. *Acta Psychologica*, **138**, 244-253.

Bruce, V., Valentine, T., & Baddeley, A. (1984). The basis of the 3/4 view advantage in face recognition. *Applied Cognitive Psychology*, **1**, 109-120.

Bülthoff, H. H., & Edelman, S. (1992). Psychological support for a two-dimensional view interpolation theory of object recognition. *Proceedings of the National Academy of Sciences of the USA*, **89**, 60-64.

Burke, D. (2005). Combining disparate views of objects: viewpoint costs are reduced by stereopsis. *Visual Cognition*, **12(5)**, 705-719.

Busey, T. A., & Zaki, S. R. (2004). The contribution of symmetry and motion to the recognition of faces at novel orientations. *Memory & Cognition*, **32(6)**, 916-931.

Collins, A. M., & Quillian, M. R. (1969). Retrieval time from semantic memory. *Journal of Verbal Learning and Verbal Behavior*, **8**, 240-247.

Corballis, M. C., Zbrodoff, N. J., Shetzer, L. I., & Butler, P. B. (1978). Decisions about identity and orientation of rotated letters and digits. *Memory & Cognition*, **6(2)**, 98-107.

Cox, D. D., & Savoy, R. L. (2003). Functional magnetic resonance imaging (fMRI) "brain reading": detecting and classifying distributed patterns of fMRI activity in human visual cortex. *Neuroimage*, **19**, 261-270.

Crouzet, S. M., & Serre, T. (2011). What are the visual features underlying rapid object recognition? *Frontiers in Psychology*, **2:326**, 1-15.

Curcio, C. A., & Allen, K. A. (1990). Topography of ganglion cells in human retina. *Journal of Comparative Neurology*, **300**, 5-25.

Curcio, C. A., Sloan, K. R., Kalina, R. E., & Hendrickson, A. E. (1990). Human photoreceptor topography. *Journal of Comparative Neurology*, **292**, 497-523.

Dalal, N., & Triggs, B. (2005). Histograms of oriented gradients for human detection. *Proceedings of the IEEE Conference of Computer Vision and Pattern Recognition (CVPR)*, 886-893.

Davidoff, J. B., & Ostergaard, A. L. (1988). The role of color in categorical judgments. *Quarterly Journal of Experimental Psychology*, **40A(3)**, 533-544.

Feldman, J. (2013). The neural binding problem(s). *Cognitive Neurodynamics*, **7**, 1-11.

Foster, D. H., & Gilson, S. J. (2002). Recognizing novel three-dimensional objects by summing signals from parts and views. *Proceedings of the Royal Society B: Biological Sciences*, **269**, 1939-1947.

藤吉弘亘 (2007). Gradient ベースの特徴抽出：SIFT と HOG 電子情報通信学会技術研究報告 HIP ヒューマン情報処理, **107(207)**, 211-224.

Gauthier, I., & Tarr, M. J. (1997). Becoming a Greeble experts: a framework for studying expert object recognition processes. *Vision Research*, **38**, 2401-2428.

Harman, K. L., Humphrey, G. K., & Goodale, M. A. (1999). Active manual control of object views facilitates visual recognition. *Current Biology*, **9**, 1315-1318.

Hayward, W. G. (2012). Whatever happened to object-centered representations? *Perception*, **41**, 1153-1162.

Hayward, W. G., & Tarr, M. J. (2000). Differing views on views: comments on Biederman and Bar (1999). *Vision Research*, **40**, 3895-3899.

Hayward, W. G., & Williams, P. (2000). Viewpoint dependence and object discriminability. *Psychological Science*, **11(1)**, 7-12.

Huang, C. P., Kreiman, G., Poggio, T., & DiCarlo, J. J. (2005). Fast readout of object identity from macaque inferior temporal cortex. *Science*, **310**, 863-866.

Hummel, J. E. (1998). Why view-based theories break-down: The role of structure in shape perception and object recognition. In E. Dietrich, & A. Markman (Eds.), *Cognitive dynamics: Conceptual change in humans and machines*. Cambridge, MA: MIT Press.

Humphrey, G. K., & Jolicoeur, P. (1993). An examination of the effects of the axis foreshortening, monocular depth cues, and visual field on object identification. *Quarterly Journal of Experimental Psychology*, **46A**, 137-159.

Jolicoeur, P.（1985）. The time to name disoriented natural objects. *Memory & Cognition*, **13**(4), 289-303.

Jolicoeur, P., Gluck, M. A., & Kosslyn, S. M.（1984）. Pictures and names: making the connection. *Cognitive Psychology*, **16**, 243-275.

Katzner, S., Nauhaus, I., Benucci, A., Bonin, V., Ringach, D. L., & Carandini, M.（2009）. Local origins of field potentials in visual cortex. *Neuron*, **61**(1), 35-41.

川人光男（2010）. 脳の情報を読み解く：BMI が開く未来　朝日新聞出版.

Kitada, R., Dijkerman, H. C., Soo, G., & Lederman, S. J.（2010）. Representing human hands haptically or visually from first-person versus third-person perspectives. *Perception*, **39**, 236-254.

Koenderink, J. J., & Van Doorn, A. J.（1976）. The singularities of the visual mapping. *Biological Cybernetics*, **24**, 51-59.

Lawson, R.（2009）. A comparison of the effects of depth rotation on visual and haptic three-dimensional object recognition. *Journal of Experimental Psychology: Human Perception and Performance*, **35**(4), 911-930.

Lawson, R., & Bracken, S.（2011）. Haptic object recognition: how important are depth cues and plane orientation? *Perception*, **40**, 576-597.

Lawson, R., & Humphreys, G. W.（1998）. View specificity in object processing: evidence from picture matching. *Journal of Experimental Psychology: Human Perception and Performance*, **22**(2), 395-416.

Lederman, S. J., & Klatzky, R. L.（1987）. Hand movements: a window into haptic object recognition. *Cognitive Psychology*, **19**, 342-368.

Lederman, S. J., Klatzky, R. L., Chataway, C., & Summgers, C. D.（1990）. Visual mediation and the haptic recognition of two-dimensional pictures of common objects. *Perception & Psychophysics*, **47**(1), 54-64.

Liu, H., Agam, Y., Madsen, J. R., & Kreiman, G.（2009）. Timing, timing, timing: fast decoding of object information from intracranial field potentials in human visual cortex. *Neuron*, **62**, 281-290.

Lowe, D. G.（1999）. Object recognition from local scale-invariant features. *Proceedings of the 7th IEEE International Conference on Computer Vision*, **2**, 1-8.

Marr, D.（1982）. *Vision*. New York: W. H. Freeman.（マー，D. 乾　敏郎・安藤広志（訳）（1987）. ビジョン　産業図書）

Marr, D., & Nishihara, H. K.（1978）. Representation and recognition of the spatial organization of three-dimensional shapes. *Proceedings of the Royal Society of London B: Biological Sciences*, **200**(1140), 269-294.

道又　爾（2011）. 認知心理学の誕生と変貌　道又　爾・北﨑充晃・大久保街亜・今井久登・山川恵子・黒沢　学　認知心理学（新版）　有斐閣　pp. 1-29.

Mitsumatsu, H., & Yokosawa, K.（2002）. How do the internal details of the object contribute to recognition? *Perception*, **31**, 1289-1298.

宮川尚久・長谷川　功（2013）. マカクザル大脳皮質高次視覚野における物体カテゴリー情報の分散表現と解読　*Brain and Nerve*, **65**(6), 643-650.

Murphy, G. L., & Smith, E. E.（1982）. Basic-level superiority in picture categorization. *Journal of Verbal Learning and Verbal Behavior*, **21**, 1-20.

永井淳一・横澤一彦（2006）. 視覚物体認知における色の役割：色識別性とカテゴリーの影響　認知心理学研究，**3**(2), 181-192.

Neisser, U.（1967）. *Cognitive Psychology*. New York: Appleton-Century.

Newell, F. N., Ernst, M. O., Tjan, B. S., & Bülthoff, H. H. (2001). Viewpoint dependence in visual and haptic object recognition. *Psychological Science*, **12**(1), 37–42.

Niimi, R., Saneyoshi, A., Abe, R., Kaminaga, T., & Yokosawa, K. (2011). Parietal and frontal object areas underlie perception of object orientation in depth. *Neuroscience Letters*, **496**, 35–39.

Niimi, R., & Yokosawa, K. (2008). Determining the orientation of depth-rotated familiar objects. *Psychonomic Bulletin & Review*, **15**(1), 208–214.

Niimi, R., & Yokosawa, K. (2009a). Three-quarter views are subjectively good because object orientation is uncertain. *Psychonomic Bulletin & Review*, **16**, 289–294.

Niimi, R., & Yokosawa, K. (2009b). Viewpoint dependence in the recognition of non-elongated familiar objects: Testing the effects of symmetry, front-back axis, and familiarity. *Perception*, **38**, 533–551.

Ostergaard, A. L., & Davidoff, J. B. (1985). Some effects of color on naming and recognition of objects. *Journal of Experimental Psychology: Learning, Memory, and Cognition*, **11**(3), 579–587.

Palmer, S., Rosch, E., & Chase, P. (1981). Canonical perspective and the perception of objects. In J. B. Long, & A. Baddeley (Eds.), *Attention & Performance IX*. Hillsdale, New Jersey: Lawrence Earlbaum.

Pasqualotto, A., & Hayward, W. G. (2009). A stereo disadvantage for recognizing rotated familiar objects. *Psychonomic Bulletin & Review*, **16**(5), 832–838.

Peissig, J. J., & Tarr, M. J. (2007). Visual object recognition: do we know more now than we did 20 years ago? *Annual Review of Psychology*, **58**, 75–96.

Poggio, T., & Edelman, S. (1990). A network that learns to recognize three-dimensional objects. *Nature*, **343**, 263–266.

Riesenhuber, M., & Poggio, T. (2000). Models of object recognition. *Nature Neuroscience*, **3**(11s), 1199–1204.

Rock, I. (1973). *Orientation and form*. New York: Academic Press.

Rosch, E., & Mervis, C. B. (1975). Family resemblances: studies in the internal structure of categories. *Cognitive Psychology*, **7**, 573–605.

Rosch, E., Mervis, C. B., Gray, W. D., Johnson, D. M., & Boyes-Braem, P. (1976). Basic objects in natural categories. *Cognitive Psychology*, **8**, 382–439.

Rosenblatt, F. (1958). The perceptron: a probabilistic model for information storage and organization in the brain. *Psychological Review*, **65**, 386–408.

Rumelhart, D. E., McClelland, J. L., & the PDP Research Group (1987). *Parallel distributed processing* - Vol. 1. MIT Press（ラメルハート，D. E.，マクレランド，J. L.，PDP リサーチグループ 甘利俊一（監訳）(1988). PDP モデル：認知科学とニューロン回路網の探索　産業図書）

佐藤真一・齋藤淳（2009). 石頭なコンピュータの目を鍛える：コーパスで人間の視覚にどこまで迫れるか　丸善.

Selfridge, O. G. (1959). Pandemonium: A paradigm for learning. In D. V. Blake, & A. M. Uttley (Eds.), *Proceedings of the Symposium on Mechanisation of Thought Processes*. London: HMSO. 511–529.

Shepard, R. N., & Metzler, J. (1971). Mental rotation of three-dimensional objects. *Science*, **171**, 701–703.

高野陽太郎（1987). 傾いた図形の謎　東京大学出版会.

Tanaka, J. W., & Presnell, L. M. (1999). Color diagnosticity in object recognition. *Perception & Psychophysics*, **61**(6), 1140–1153.

Tanaka, J., Weiskopf, D., & Williams, P. (2001). The role of color in high-level vision. *Trends in Cognitive Sciences*, **5**, 211–215.

引用文献　　249

Tarr, M. J. (1995). Rotating objects to recognize them: a case study on the role of viewpoint dependency in the recognition of three-dimensional objects. *Psychonomic Bulletin & Review*, 2(1), 55-82.

Tarr, M. J., & Bülthoff, H. H. (1995). Is human object recognition better described by geon structural descriptions or by multiple views? Comment on Biederman and Gehardstein (1993). *Journal of Experiment Psychology: Human Perception and Performance*, 21(6), 1494-1505.

Tarr, M. J., & Bülthoff, H. H. (1998). Image-based object recognition in man, monkey, and machine. *Cognition*, 67(1-2), 1-20.

Tarr, M. J., & Kriegman, D. J. (2001). What defines a view? *Vision Research*, 41, 1981-2004.

Tarr, M. J., Williams, P., Hayward, W. G., & Gauthier, I. (1998). Three-dimensional object recognition is viewpoint dependent. *Nature Neuroscience*, 1(4), 275-277.

手塚宗求 (2001). 山―孤独と夜　山と渓谷社.

Treiber, M. (2010). *An introduction to object recognition: selected algorithms for a wide variety of applications*. London: Springer-Verlag.

Troje, N. F., & Bülthoff, H. H. (1998). How is bilateral symmetry of human faces used for recognition of novel views? *Vision Research*, 38(1), 79-89.

Ullman, S. (1989). Aligning pictorial descriptions: an approach to object recognition. *Cognition*, 32, 193-254.

Ullman, S. (1996). *High-level vision*. Cambridge, MA: MIT Press.

Ullman, S. (1998). Three-dimensional object recognition based on the combination of views. *Cognition*, 67, 21-44.

Vecera, S. P. (1998). Visual object representation: an introduction. *Psychobiology*, 26(4), 281-308.

Vetter, T., Poggio, T., & Bülthoff, H. H. (1994). The importance of symmetry and virtual views in three-dimensional object recognition. *Current Biology*, 4, 18-23.

Viola, P., & Jones, M. (2001). Rapid object detection using a boosted cascade of simple features. *Proceedings of the 2001 IEEE Computer Society Conference on Computer Vision and Pattern Recognition*, 1, 511-518.

Willems, B., & Wagemans, J. (2001). Matching multicomponent objects from different viewpoints: mental rotation as normalization? *Journal of Experimental Psychology: Human Perception and Performance*, 27(5), 1090-1115.

Woods, A. T., Moore, A., & Newell, F. N. (2008). Canonical views in haptic object recognition. *Perception*, 37, 1867-1878.

武　宇林 (Wu Yulin)・荒川慎太郎 (2011). 日本蔵西夏文文献　中華書局 (北京).

柳井啓司 (2010). 物体認識技術の進歩　日本ロボット学会誌, 28(3), 257-260.

第3章

Anstis, S. M. (1974). A chart demonstrating variations in acuity with retinal position. *Vision Research*, 14, 589-592.

Awh, E., Barton, B., & Vogel, E. K. (2007). Visual working memory represents a fixed number of items regardless of complexity. *Psychological Science*, 18(7), 622-628.

Baddeley, R. (1997). The correlational structure of natural images and the calibration of spatial representations. *Cognitive Science*, 21(3), 351-372.

Bar, M. (2004). Visual objects in context. *Nature Reviews Neuroscience*, 5, 617-629.

Bar, M., & Ullman, S. (1996). Spatial context in recognition. *Perception*, 25(3), 343-352.

Biederman, I. (1972). Perceiving real-world scenes. *Science*, 177, 77-80.

Biederman, I., Mezzanotte, R. J., & Rabinowitz, J. C. (1982). Scene perception: Detecting and judging objects undergoing relational violations. *Cognitive Psychology*, **14**, 143-177.

Biederman, I., Rabinowitz, J. C., Glass, A. L., & Stacy, E. W., Jr. (1974). On the information extracted from a glance at a scene. *Journal of Experimental Psychology*, **103**(3), 597-600.

Brewer, W. F., & Treyens, J. C. (1981). Role of schemata in memory for places. *Cognitive Psychology*, **13**, 207-230.

Calvo, M. G., Gutiérrez-García, A., & del Líbano, M. (2015). Sensitivity to emotional scene content outside the focus of attention. *Acta Psychologica*, **161**, 36-44.

Carretié, L. (2014). Exogenous (automatic) attention to emotional stimuli: a review. *Cognitive, Affective, & Behavioral Neuroscience*, **14**, 1228-1258.

Castelhano, M. S., & Henderson, J. M. (2005). Incidental visual memory for objects in scenes. *Visual Cognition*, **12**, 1017-1040.

Castelhano, M. S., & Henderson, J. M. (2008). The influence of color on the perception of scene gist. *Journal of Experimental Psychology: Human Perception and Performance*, **34**(3), 660-678.

Castelhano, M. S., Pollatsek, A., & Rayner, K. (2009). Integration of multiple views of scenes. *Attention, Perception, & Psychophysics*, **71**(3), 490-502.

Chun, M. M., & Jiang, Y. (1998). Contextual cueing: Implicit learning and memory of visual context guides spatial attention. *Cognitive Psychology*, **36**, 28-71.

Cohen, M. A., Alvarez, G. A., & Nakayama, K. (2011). Natural-scene perception requires attention. *Psychological Science*, **22**(9), 1165-1172.

Davenport, J. L. (2007). Consistency effects between objects in scenes. *Memory & Cognition*, **35**(3), 393-401.

Davenport, J. L., & Potter, M. C. (2004). Scene consistency in object and background perception. *Psychological Science*, **15**(8), 559-564.

De Graef, P., Christiaens, D., & d'Ydewalle, G. (1990). Perceptual effects of scene context on object identification. *Psychological Research*, **52**, 317-329.

Delorme, A., Richard, G., & Fabre-Thorpe, M. (2010). Key visual features for rapid categorization of animals in natural scenes. *Frontiers in Psychology*, **1:21**, 1-13.

Dyde, R. T., Jenkin, M. R., & Harris, L. R. (2006). The subjective visual vertical and the perceptual upright. *Experimental Brain Research*, **173**, 612-622.

Fei-Fei, L., Iyer, A., Koch, C., & Perona, P. (2007). What do we perceive in a glance of a real-world scene? *Journal of Vision*, **7**(1):**10**, 1-29.

Fei-Fei, L., VanRullen, R., Koch, C., & Perona, P. (2005). Why does natural scene categorization require little attention? Exploring attentional requirements for natural and synthetic stimuli. *Visual Cognition*, **12**(6), 893-924.

Field, D. J. (1987). Relations between the statistics of natural images and the response properties of cortical cells. *Journal of the Optical Society of America A*, **4**(12), 2379-2394.

Field, D. J. (1999). Wavelets, vision and the statistics of natural scenes. *Philosophical Transactions of the Royal Society A*, **357**, 2527-2542.

Findlay, J. M., & Gilchrist, I. D. (2003). *Active vision: The psychology of looking and seeing*. Oxford: Oxford University Press. (フィンドレイ, J. M.・ギルクリスト, I. D. 本田仁視（監訳）(2006). アクティヴ・ヴィジョン 眼球運動の心理・神経科学 北大路書房)

Friedman, A. (1979). Framing pictures: The role of knowledge in automatized encoding and memory for gist. *Journal of Experimental Psychology: General*, **108**(3), 316-355.

Gagne, C. R., & MacEvoy, S. P. (2014). Do simultaneously viewed objects influence scene recognition individually or as groups? Two perceptual studies. *Plos One*, **9**(8), e102819.

引用文献　　　251

Greene, M. R. (2013). Statistics of high-level scene context. *Frontiers in Psychology*, **4:777**, 1–31.

Greene, M. R., & Oliva, A. (2009). Recognition of natural scenes from global properties: Seeing the forest without representing the trees. *Cognitive Psychology*, **58**, 137–176.

Gronau, N., Neta, M., & Bar, M. (2008). Integrated contextual representation for objects' identities and their locations. *Journal of Cognitive Neuroscience*, **20(3)**, 371–388.

Henderson, J. M., Weeks, P. A. Jr., & Hollingworth, A. (1999). The effects of semantic consistency on eye movements during complex scene viewing. *Journal of Experimental Psychology: Human Perception and Performance*, **25**, 210–228.

Hollingworth, A. (2006). Visual memory for natural scenes: Evidence from change detection and visual search. *Visual Cognition*, **14**, 781–807.

Intraub, H. (1984). Conceptual masking: The effects of subsequent visual events on memory for pictures. *Journal of Experimental Psychology: Learning, Memory, and Cognition*, **10(1)**, 115–125.

Intraub, H. (1997). The representation of visual scenes. *Trends in Cognitive Sciences*, **1(6)**, 217–222.

Intraub, H., & Bodamer, J. L. (1993). Boundary extension: fundamental aspect of pictorial representation or encoding artifact? *Journal of Experimental Psychology: Learning, Memory, and Cognition*, **19(6)**, 1387–1397.

石井洋二郎（訳）(2001). ロートレアモン全集　筑摩書房.

Itti, L., & Koch, C. (2000). A saliency-based search mechanism for overt and covert shifts of visual attention. *Vision Research*, **40**, 1489–1506.

Julesz, B. (1981). Textons, the elements of texture perception, and their interactions. *Nature*, **290**, 91–97.

Kadar, I., & Ben-Shahar, O. (2012). A perceptual paradigm and psychophysical evidence for hierarchy in scene gist processing. *Journal of Vision*, **12(13):16**, 1–17.

Konkle, T., & Oliva, A. (2011). Canonical visual size for real-world objects. *Journal of Experimental Psychology: Human Perception and Performance*, **37(1)**, 23–37.

Lang, P. J., Bradley, M. M., & Cuthbert, B. N. (2008). *International affective picture system (IAPS): Affective ratings of pictures and instruction manual. Technical Report A-8*. Gainesville, FL: University of Florida.

Lang, P. J., Greenwald, M. K., Bradley, M. M., & Hamm, A. O. (1993). Looking at pictures: Affective, facial, visceral, and behavioral reactions. *Psychophysiology*, **30**, 261–273.

Levin, D. T., & Simons, D. J. (2000). Perceiving stability in a changing world: Combining shots and integrating views in motion pictures and the real world. *Media Psychology*, **2**, 357–380.

Li, F. F., VanRullen, R., Koch, C., & Perona, P. (2002). Rapid natural scene categorization in the near absence of attention. *Proceedings of the National Academy of Sciences*, **99(14)**, 9596–9601.

Loftus, G. R., Nelson, W. W., & Kallman, H. J. (1983). Differential acquisition rates for different types of information from pictures. *Quarterly Journal of Experimental Psychology A: Human Experimental Psychology*, **35(1)**, 187–198.

Luck, S. J., & Vogel, E. K. (1997). The capacity of visual working memory for features and conjunctions. *Nature*, **390**, 279–281.

Macé, M. J.-M., Joubert, O. R., Nespoulous, J.-L., & Fabre-Thorpe, M. (2009). The time-course of visual categorizations: You spot the animal faster than the bird. *Plos One*, **4(6)**, e5927.

MacEvoy, S. P., & Epstein, S. P. (2011). Constructing scenes from objects in human occipitotemporal cortex. *Nature Neuroscience*, **14(10)**, 1323–1329.

MacNamara, A., & Hajcak, G. (2010). Distinct electrocortical and behavioral evidence for increased attention to threat in generalized anxiety disorder. *Depression and Anxiety*, **27**, 234–243.

252 引用文献

Malik, J., & Perona, P. (1990). Preattentive texture discrimination by early vision mechanisms. *Journal of the Optical Society of America A*, **7**(5), 923-932.

Marchette, S. A., & Shelton, A. L. (2010). Object properties and frame of reference in spatial memory representations. *Spatial Cognition & Computation*, **10**(1), 1-27.

McCauley, C., Parmelee, C. M., Sperber, R. D., & Carr, T. H. (1980). Early extraction of meaning from pictures and its relation to conscious identification. *Journal of Experimental Psychology: Human Perception and Performance*, **6**(2), 265-276.

Metzger, R. L., & Antes, J. R. (1983). The nature of processing early in picture perception. *Psychological Research*, **45**, 267-274.

Miller, G. A. (1956). The magical number seven, plus or minus two: Some limits on our capacity for processing information. *Psychological Review*, **63**(2), 81-97.

Miller, M. B., & Gazzaniga, M. S. (1998). Creating false memories for visual scenes. *Neuropsychologia*, **36**, 513-520.

南 直哉 (2012). 恐山 死者のいる場所 新潮社.

Motoyoshi, I., Nishida, S., Sharan, L., & Adelson, E. H. (2007). Image statistics and the perception of surface qualities. *Nature*, **447**, 206-209.

Mou, W., Liu, X., & McNamara, T. P. (2009). Layout geometry in encoding and retrieval of spatial memory. *Journal of Experimental Psychology: Humane Perception and Performance*, **35**(1), 83-93.

Mudrik, L., Breska, A., Lamy, D., & Deouell, L. Y. (2011). Integration without awareness: Expanding the limits of unconscious processing. *Psychological Science*, **22**(6), 764-770.

Nakashima, R., Kobayashi, K., Maeda, E., Yoshikawa, T., & Yokosawa, K. (2013). Visual search of experts in medical image reading: The effect of training, target prevalence, and expert knowledge. *Frontiers in Psychology*, **4**:166, 1-8.

Nasr, S., & Tootell, R. B. H. (2012). A cardinal orientation bias in scene-selective visual cortex. *Journal of Neuroscience*, **32**, 14921-14926.

Nelson, T. O., Metzler, J., & Reed, D. A. (1974). Role of details in the long-term recognition of pictures and verbal descriptions. *Journal of Experimental Psychology*, **102**(1), 184-186.

Niimi, R., & Watanabe, K. (2013). Contextual effects of scene on the visual perception of object orientation in depth. *Plos One*, **8**(12), e84371.

Nijboer, T. C. W., Kanai, R., de Haan, E. H. F., & van der Smagt, M. J. (2008). Recognising the forest, but not the trees: An effect of colour on scene perception and recognition. *Consciousness and Cognition*, **17**, 741-752.

Nodine, C. F., Kundel, H. L., Mello-Thoms, C., Weinstein, S. P., Orel, S. G., Sullivan, D. C., & Conant, E. F. (1999). How experience and training influence mammography expertise. *Academic Radiology*, **6**, 575-585.

Oliva, A. (2005). Gist of the scene. In L. Itti, G. Rees, & J. K. Tsotsos (Eds.), *Neurobiology of attention*. Amsterdam: Elsevier Academic Press. pp. 251-256.

Oliva, A., & Schyns, P. G. (2000). Diagnostic colors mediate scene recognition. *Cognitive Psychology*, **41**, 176-210.

Otsuka, S., & Kawaguchi, J. (2007). Natural scene categorization with minimal attention: Evidence from negative priming. *Perception & Psychophysics*, **69**(7), 1126-1139.

Palmer, S. E. (1975). The effects of contextual scenes on the identification of objects. *Memory & Cognition*, **3**(5), 519-526.

Palmer, S. E., Gardner, J. S., & Wickens, T. D. (2008). Aesthetic issues in spatial composition: Effects of position and direction on framing single objects. *Spatial Vision*, **21**, 421-449.

引用文献　　253

Pashler, H. (1988). Familiarity and visual change detection. *Perception & Psychophysics*, **44**, 369-378.

Peelen, M. V., & Kastner, S. (2014). Attention in the real world: Toward understanding its neural basis. *Trends in Cognitive Sciences*, **18**(5), 242-250.

Potter, M. C. (1976). Short-term conceptual memory for pictures. *Journal of Experimental Psychology: Human Learning and Memory*, **2**(5), 509-522.

Potter, M. C., Staub, A., & O'Connor, D. H. (2004). Pictorial and conceptual representation of glimpsed pictures. *Journal of Experimental Psychology: Human Perception and Performance*, **30**(3), 478-489.

Potter, M. C., Wyble, B., Hagmann, C. E., & McCourt, E. S. (2014). Detecting meaning in RSVP at 13 ms per picture. *Attention, Perception, & Psychophysics*, **76**, 270-279.

Pylyshyn, Z. W., & Storm, R. W. (1998). Tracking multiple independent targets: Evidence for a parallel tracking mechanism. *Spatial Vision*, **3**, 179-197.

Renninger, L. W., & Malik, J. (2004). When is scene identification just texture recognition? *Vision Research*, **44**, 2301-2311.

Rensink, R. A. (2000). The dynamic representation of scenes. *Visual Cognition*, **7**, 17-42.

Rensink, R. A. (2002). Change detection. *Annual Review of Psychology*, **53**, 245-277.

Rensink, R. A., O'Regan, J. K., & Clark, J. J. (1997). To see or not to see: The need for attention to perceive changes in scenes. *Psychological Science*, **8**, 368-373.

Rousselet, G., Joubert, O., & Fabre-Thorpe, M. (2005). How long to get the "gist" of real-world natural scenes? *Visual Cognition*, **12**(6), 852-877.

Sastyin, G., Niimi, R., & Yokosawa, K. (2015). Does object view influence the scene consistency effect? *Attention, Perception, & Psychophysics*, **77**(3), 856-866.

Schyns, P. G., & Oliva, A. (1994). From blobs to boundary edges: Evidence for time- and spatial-scale-dependent scene recognition. *Psychological Science*, **5**(4), 195-200.

Shaw, P. (2003). *Extreme ironing*. London: New Holland Publishers.

新垣紀子・野島久雄 (2001). 方向オンチの科学　講談社.

Simons, D. J., & Levin, D. T. (1997). Change blindness. *Trends in Cognitive Sciences*, **1**(7), 261-267.

Simons, D. J., Mitroff, S. R., & Franconeri, S. L. (2003). Scene perception: What we can learn from visual integration and change detection. In M. A. Peterson, & G. Rhodes (Eds.), *Perception of faces, objects, and scenes*. Oxford: Oxford University Press.

Simons, D. J., & Wang, R. F. (1998). Perceiving real-world viewpoint changes. *Psychological Science*, **9**(4), 315-320.

Standing, L. (1973). Learning 10000 pictures. *Quarterly Journal of Experimental Psychology*, **25**(2), 207-222.

Tolhurst, D. J., Tadmor, Y., & Chao, T. (1992). Amplitude spectra of natural images. *Ophthalmic and Physiological Optics*, **12**, 229-232.

Torralba, A., & Oliva, A. (2003). Statistics of natural image categories. *Network: Computation in Neural Systems*, **14**, 391-412.

Torralba, A., Oliva, A., Castelhano, M. S., & Henderson, J. M. (2006). Contextual guidance of eye movements and attention in real-world scenes: The role of global features in object search. *Psychological Review*, **113**(4), 766-786.

Tversky, B., & Hemenway, K. (1983). Categories of environmental scenes. *Cognitive Psychology*, **15**, 121-149.

Tyler, C. W. (1998). Painters centre one eye in portraits. *Nature*, **392**, 877-878.

Vanmarcke, S., & Wagemans, J. (2015). Rapid gist perception of meaningful real-world scenes: Exploring individual and gender differences in multiple categorization tasks. *i-Perception*, **6**, 19-37.

Varakin, D. A., & Levin, D. T. (2008). Scene structure enhances change detection. *Quarterly Journal of Experimental Psychology*, **61**, 543-551.

Võ, M. L.-H., & Henderson, J. M. (2009). Does gravity matter? Effects of semantic and syntactic inconsistencies on the allocation of attention during scene perception. *Journal of Vision*, **9(3)**:24, 1-15.

Võ, M. L.-H., & Henderson, J. M. (2010). The time course of initial scene processing for eye movement guidance in natural scene search. *Journal of Vision*, **10(3)**:14, 1-13.

Waller, D., Friedman, A., Hodgson, E., & Greenauer, N. (2009). Learning scenes from multiple views: Novel views can be recognized more efficiently than learned views. *Memory & Cognition*, **37(1)**, 90-99.

Wang, R. F. (2012). Theories of spatial representations and reference frames: What can configuration errors tell us? *Psychonomic Bulletin & Review*, **19**, 575-587.

Wang, R. F., & Spelke, E. S. (2002). Human spatial representation: insights from animals. *Trends in Cognitive Sciences*, **6(9)**, 376-382.

第 4 章

Asano, M., & Yokosawa, K. (2011). Rapid extraction of gist from visual text and its influence on word recognition. *The Journal of General Psychology*, **138(2)**, 127-154.

Barber H. A., & Kutas, M. (2007). Interplay between computational models and cognitive electrophysiology in visual word recognition. *Brain Research Reviews*, **53(1)**, 98-123.

Besner, D. (1987). Phonology, lexical access in reading, and articulatory suppression: A critical review. *The Quarterly Journal of Experimental Psychology*, **39A**, **3**, 467-478.

Blommaert, F. J. (1988). Early-visual factors in letter confusions. *Spatial Vision*, **3(3)**, 199-224.

Bouma, H. (1971).Visual recognition of isolated lower-case letters. *Vision Research*, **11**, 459-474.

Bryden, M. P., & Rainey, C. A. (1963). Left-right differences in tachistoscopic recognition. *Journal of Experimental Psychology*, **66(6)**, 568-571.

Coch, D., & Mitra, P. (2010). Word and pseudoword superiority effects reflected in the ERP waveform. *Brain Research*, **1329**, 159-174.

Coltheart, M., Rastle, K., Perry, C., Langdon, R., & Ziegler, J. (2001). DRC: A Dual Route cascaded model of visual word recognition and reading aloud. *Psychological Review*, **108**, 204-256.

Davis, C. J. (2010). The spatial coding model of visual word identification. *Psychological Review*, **117**, 713-758.

Dehaene, S., & Cohen, L. (2011). The unique role of the visual word form area in reading. *Trends in Cognitive Science*, **15(6)**, 254-262.

Dehaene, S., Cohen, L., Sigman, M., & Vinckier, F. (2005). The neural code for written words: a proposal. *Trends in Cognitive Science*, **9(7)**, 335-341.

Forget, J., Buiatti, M., & Dehaene, S. (2010). Temporal Integration in Visual Word Recognition. *Journal of Cognitive Neuroscience*, **22**, 1054-1068.

Fushimi, T., Ijuin, M., Patterson, K., & Tatsumi, I. F. (1999). Consistency, frequency, and lexicality effects in naming Japanese Kanji. *Journal of Experimental Psychology: Human Perception and Performance*, **25**, 382-407.

Gelb, I. J. (1963). *A study of writing*. Chicago:University of Chicago Press.

Grainger, J., & Whitney, C. (2004). Does the huamn mnid raed wrods as a wlohe? *Trends in Cognitive Sciences*, **8(2)**, 58-59.

引用文献　　255

広瀬雄彦（2007）．日本語表記の心理学：単語認知における表記と頻度　北大路書房．

Jordan, T. R., & Thomas, S. M. (2002). In search of perceptual influences of sentence context on word recognition. *Journal of Experimental Psychology: Learning, Memory, and Cognition*, **28**, 34-45.

Joseph, J. S., Chun, M. M., & Nakayama, K. (1997). Attentional requirements in a "preattentive" feature search task. *Nature*, **387**, 805-808.

河野六郎（1994）．文字論　三省堂．

McClelland, J. L., & Rumelhart, D. E. (1981). An interactive activation model of context effects in letter perception : Part 1. An account of basic findings. *Psychological Review*, **88(5)**, 375-407.

Monk, A. F., & Hulme, C. (1983). Errors in proofreading: Evidence for the use of word shape in word recognition. *Memory and Cognition*, **11**, 16-23.

Morita, A., & Tamaoka, K. (2002). Phonological involvement in the processing of Japanese at the lexical and sentence levels. *Reading and Writing*, **15**, 633-651.

Neisser, U. (1963). Decision time without reaction time: Experiments in visual scanning. *American Journal of Psychology*, **36**, 376-385.

Patterson, K., & Coltheart, V. (1987). Phonological processes in reading: A tutorial review. In M. Coltheart (Ed.), *Attention and Performance XII*. London: Erlbaum. pp. 421-447.

Pelli, D. G., Burns, C. W., Farell, B., & Moore-Page, D. C. (2006). Feature detection and letter identification. *Vision Research*, **46**, 4646-4674.

Pelli, D. G., Farell, B., & Moore, D. C. (2003). The remarkable inefficiency of word recognition. *Nature*, **423**, 752-756.

Pinel, P., Lalanne, C., Bourgeron, T., Fauchereau, F., Poupon, C., Artiges, E., Le Bihan, D., Dehaene-Lambertz, G., & Dehaene, S. (2015). Genetic and environmental influences on the visual word form and fusiform face areas. *Cerebral Cortex*, **25(9)**, 2478-2493.

Raymond, J. E., Shapiro, K. L., & Arnell, K. M. (1992). Temporary suppression of visual processing in an RSVP task : An attentional blink? *Journal of Experimental Psychology: Human Perception & Performance*, **18(3)**, 849-860.

Rayner, K., & Bertera, J. H. (1979). Reading without a fovea. *Science*, **206**, 468-469.

Rayner, K., White, S. J., Johnson, R. L., & Liversedge, S. P. (2006). Raeding wrods with jumbled lettres there is a cost. *Psychological Science*, **17(3)**, 192-193.

Reicher, G. M. (1969). Perceptual recognition as a function of meaninfulness of stimulus material. *Journal of Experimental Psychology*, **81(2)**, 275-280.

Rubenstein, H., Lewis, S. S., & Rubenstein, M. A. (1971). Evidence for phonemic recoding in visual word recognition. *Journal of Verbal Learning and Verbal Behavior*, **10(6)**, 645-657.

Rumelhart, D. E., McClelland, J. L., & the PDP Research Group (1987). *Parallel distributed processing* - Vol. 1. MIT Press（ラメルハート，D. E.，マクレランド，J. L.，PDP リサーチグループ 甘利俊一（監訳）（1988）．PDP モデル：認知科学とニューロン回路網の探索　産業図書）

Sakuma, N., Sasanuma, S., Tatsumi, I. F., & Masaki, S. (1998). Orthography and phonology in reading Japanese kanji words: Evidence from the semantic decision task with homophones. *Memory and Cognition*, **26**, 75-87.

Sasanuma, S., Itoh, M., Mori, K., & Kobayashi, Y. (1977). Tachistoscopic recognition of Kana and Kanji words. *Neuropsychologia*, **15(4-5)**, 547-553.

Schmandt-Besserat, D. (1996). *How Writing Came About*. Austin: University of Texas Press.（シュマント＝ベッセラデニス　小口好昭・中田一郎（訳）（2008）．文字はこうして生まれた　岩波書店）

Selfridge, O. G. (1959). Pandemonium: A paradigm for learning. In D. V. Blake, & A. M. Uttley

(Eds.), *Proceedings of the Symposium on Mechanisation of Thought Processes*. London: HMSO. 511-529.

Sperling, G. (1960). The information available in brief visual presentation. *Psychological Monographs*, **74**, 11.

Szwed, M., Dehaene, S., Kleinschmidt, A., Eger, E., Valabrègue, R., Amadon, A., & Cohen, L. (2011). Specialization for written words over objects in the visual cortex. *Neuroimage*, **56**(1), 330-344.

Taft, M. (1982). An alternative to grapheme-phoneme conversion rules? *Memory & Cognition*, **10**, 465-474.

Townsend, J. T. (1971). Theoretical analysis of an alphabetic confusion matrix. *Perception & Psychophysics*, **9**, 40-50.

Van Orden, G. C., Pennington, B. F., & Stone, G. O. (1990). Word identification in reading and the promise of subsymbolic psycholinguistics. *Psychological review*, **97**(4), 488-522.

Vinckier, F., Dehaene, S., Jobert, A., Dubus, J. P., Sigman, M., & Cohen, L. (2007). Hierarchical coding of letter strings in the ventral stream: dissecting the inner organization of the visual word-form system. *Neuron*, **55**(1), 143-156.

Wheeler, D. D. (1970). Processes in word recognition. *Cognitive Psychology* **1**(1), 59-85.

Wydell, T. N., Butterworth, B., & Patterson, K. (1995). The inconsistency of consistency effects in reading: The case of Japanese kanji. *Journal of Experiment Psychology: Learning, Memory, and Cognition*, **21**, 1155-1168.

Wydell, T. N., Patterson, K. E., & Humphreys, G. W. (1993). Phonologically mediated access to meaning for Kanji: Is a rows still a rose in Japanese Kanji? *Journal of Experimental Psychology: Learning, Memory, and Cognition*, **19**, 491-514.

横澤一彦 (1998). 校正読みと誤字の処理　苧阪直行（編）読み：脳と心の情報処理　朝倉書店 pp. 90-103.

第5章

Aharon, I., Etcoff, N., Ariely, D., Chabris, C. F., O'Connor, E., & Breiter, H. C. (2001). Beautiful faces have variable reward value: fMRI and behavioral evidence. *Neuron*, **32**(3), 537-551.

American Psychiatric Association (2013). *Diagnostic and statistical manual of mental disorders* (5th ed.). Washington, DC: American Psychiatric Publishing.

Andrews, T. J., Davies-Thompson, J., Kingstone, A., & Young, A. W. (2010). Internal and external features of the face are represented holistically in face-selective regions of visual cortex. *The Journal of Neuroscience*, **30**(9), 3544-3552.

Andrews, T. J., & Schluppeck, D. (2004). Neural responses to Mooney images reveal a modular representation of faces in human visual cortex. *Neuroimage*, **21**(1), 91-98.

Anstis, S. (2005). Homage to Peter Thompson: the Tony Blair illusion. *Perception*, **34**(11), 1417-1420.

Bahrick, H. P., Bahrick, P. O., & Wittlinger, R. P. (1975). Fifty years of memory for names and faces: A cross-sectional approach. *Journal of Experimental Psychology: General*, **104**(1), 54-75.

Bray, S., & O'Doherty, J. (2007). Neural coding of reward-prediction error signals during classical conditioning with attractive faces. *Journal of Neurophysiology*, **97**(4), 3036-3045.

Breen, N., Caine, D., & Coltheart, M. (2001). Mirrored-self misidentification: Two cases of focal onset dementia. *Neurocase*, **7**(3), 239-254.

Brighetti, G., Bonifacci, P., Borlimi, R., & Ottaviani, C. (2007). "Far from the heart far from the eye": evidence from the Capgras delusion. *Cognitive Neuropsychiatry*, **12**(3), 189-197.

引用文献　　257

Bruce, V. (1988). *Recognising faces.* London: Lawrence Erlbaum Associates.

Bruce, V., Burton, A. M., Hanna, E., Healey, P., Mason, O., Coombes, A., Fright, R., & Linney, A. (1993). Sex discrimination: how do we tell the difference between male and female faces? *Perception,* **22(2)**, 131-152.

Bruce, V., & Young, A. (1986). Understanding face recognition. *British Journal of Psychology,* **77(3)**, 305-327.

Bruce, V., & Young, A. (2000). *In the eye of the beholder: The science of face perception.* Oxford: Oxford University Press.

Bruce, V., & Young, A. W. (2012). *Face perception.* Psychology Press.

Bruck, M., Cavanagh, P., & Ceci, S. J. (1991). Fortysomething: Recognizing faces at one's 25th reunion. *Memory & Cognition,* **19(3)**, 221-228.

Bukach, C. M., Grand, R., Kaiser, M. D., Bub, D. N., & Tanaka, J. W. (2008). Preservation of mouth region processing in two cases of prosopagnosia. *Journal of Neuropsychology,* **2(1)**, 227-244.

Burt, D. M., & Perrett, D. I. (1995). Perception of age in adult Caucasian male faces: Computer graphic manipulation of shape and colour information. *Proceedings of the Royal Society of London. Series B: Biological Sciences,* **259(1355)**, 137-143.

Burton, A. M., Wilson, S., Cowan, M., & Bruce, V. (1999). Face recognition in poor-quality video: Evidence from security surveillance. *Psychological Science,* **10(3)**, 243-248.

Calder, A. J., Beaver, J. D., Davis, M. H., Van Ditzhuijzen, J., Keane, J., & Lawrence, A. D. (2007). Disgust sensitivity predicts the insula and pallidal response to pictures of disgusting foods. *European Journal of Neuroscience,* **25(11)**, 3422-3428.

Calder, A. J., & Young, A. W. (2005). Understanding the recognition of facial identity and facial expression. *Nature Reviews Neuroscience,* **6(8)**, 641-651.

大原貢 (1978). J. カプグラ・J. ルブールーラショー著「慢性系統性妄想における《瓜二つ》の錯覚」 (Capgras, J., & Reboul-Lachaux, J. (1923). L'illusion des" sosies" dans un délire systématisé chronique. *Bulletin de la Société clinique de médecine mentale,* **11**, 6-16). 精神医学, **20(7)**, 759-770.

Carey, S. (1992). Becoming a face expert. *Philosophical Transactions of the Royal Society of London. Series B: Biological Sciences,* **335(1273)**, 95-103.

Carey, S., & Diamond, R. (1977). From piecemeal to configurational representation of faces. *Science,* **195(4275)**, 312-314.

Cloutier, J., Heatherton, T. F., Whalen, P. J., & Kelley, W. M. (2008). Are attractive people rewarding? Sex differences in the neural substrates of facial attractiveness. *Journal of Cognitive Neuroscience,* **20(6)**, 941-951.

Collishaw, S. M., & Hole, G. J. (2000). Featural and configurational processes in the recognition of faces of different familiarity. *Perception,* **29(8)**, 893-910.

Coltheart, M., Langdon, R., & McKay, R. (2011). Delusional belief. *Annual Review of Psychology,* **62**, 271-298.

Damasio, A. (1994). *Descartes' error: emotion, reason and the human mind.* New York: Putnam.

DeGutis, J., Chatterjee, G., Mercado, R. J., & Nakayama, K. (2012). Face gender recognition in developmental prosopagnosia: Evidence for holistic processing and use of configural information. *Visual Cognition,* **20(10)**, 1242-1253.

DeGutis, J., Wilmer, J., Mercado, R. J., & Cohan, S. (2013). Using regression to measure holistic face processing reveals a strong link with face recognition ability. *Cognition,* **126(1)**, 87-100.

Diamond, R., & Carey, S. (1986). Why faces are and are not special: an effect of expertise. *Journal of Experimental Psychology: General,* **115(2)**, 107-117.

Duchaine, B., & Nakayama, K. (2006). The Cambridge Face Memory Test: Results for neurologically intact individuals and an investigation of its validity using inverted face stimuli and prosopagnosic participants. *Neuropsychologia*, **44**(4), 576-585.

Ellis, H. D., & Lewis, M. B. (2001). Capgras delusion: a window on face recognition. *Trends in Cognitive Sciences*, **5**(4), 149-156.

Ellis, H. D., Young, A. W., Quayle, A. H., & De Pauw, K. W. (1997). Reduced autonomic responses to faces in Capgras delusion. *Proceedings of the Royal Society of London. Series B: Biological Sciences*, **264**(1384), 1085-1092.

Enlow, D. H. (1982). *Handbook of facial growth* (2nd ed.). Philadelphia, PA: WB Saunders.

Galper, R. E. (1970). Recognition of faces in photographic negative. *Psychonomic Science*, **19**(4), 207-208.

Galton, F. (1879). Composite portraits, made by combining those of many different persons into a single resultant figure. *Journal of the Anthropological Institute of Great Britain and Ireland*, **8**, 132-144.

George, P. A., & Hole, G. J. (2000). The role of spatial and surface cues in the age-processing of unfamiliar faces. *Visual Cognition*, **7**(4), 485-509.

Gilad, S., Meng, M., & Sinha, P. (2009). Role of ordinal contrast relationships in face encoding. *Proceedings of the National Academy of Sciences*, **106**(13), 5353-5358.

Goffaux, V., & Rossion, B. (2007). Face inversion disproportionately impairs the perception of vertical but not horizontal relations between features. *Journal of Experimental Psychology: Human Perception and Performance*, **33**(4), 995-1001.

Grill-Spector, K., & Kanwisher, N. (2005). Visual recognition as soon as you know it is there, you know what it is. *Psychological Science*, **16**(2), 152-160.

Grill-Spector, K., Knouf, N., & Kanwisher, N. (2004). The fusiform face area subserves face perception, not generic within-category identification. *Nature Neuroscience*, **7**(5), 555-562.

Hancock, P. J., & Foster, C. (2012). The 'double face' illusion. *Perception*, **41**(1), 57-70.

Hasson, U., Hendler, T., Bashat, D. B., & Malach, R. (2001). Vase or face? A neural correlate of shape-selective grouping processes in the human brain. *Journal of Cognitive Neuroscience*, **13**(6), 744-753.

Hasson, U., Nir, Y., Levy, I., Fuhrmann, G., & Malach, R. (2004). Intersubject synchronization of cortical activity during natural vision. *Science*, **303**(5664), 1634-1640.

Haxby, J. V., & Gobbini, M. I. (2011). Distributed neural systems for face perception. In A. Calder, G. Rhodes, M. Johnson, & J. Haxby (Eds.), *The Oxford handbook of face perception*. Oxford University Press. pp. 93-110.

Haxby, J. V., Gobbini, M. I., Furey, M. L., Ishai, A., Schouten, J. L., & Pietrini, P. (2001). Distributed and overlapping representations of faces and objects in ventral temporal cortex. *Science*, **293**(5539), 2425-2430.

Haxby, J. V., Hoffman, E. A., & Gobbini, M. I. (2000). The distributed human neural system for face perception. *Trends in Cognitive Sciences*, **4**(6), 223-233.

Haxby, J. V., Ungerleider, L. G., Clark, V. P., Schouten, J. L., Hoffman, E. A., & Martin, A. (1999). The effect of face inversion on activity in human neural systems for face and object perception. *Neuron*, **22**(1), 189-199.

Hay, D. C., Young, A. W., & Ellis, A. W. (1991). Routes through the face recognition system. *The Quarterly Journal of Experimental Psychology*, **43**(4), 761-791.

Hills, P. J., Ross, D. A., & Lewis, M. B. (2011). Attention misplaced: the role of diagnostic features in the face-inversion effect. *Journal of Experimental Psychology: Human Perception and Perfor-*

mance, **37(5)**, 1396-1406.

Hirstein, W., & Ramachandran, V. S. (1997). Capgras syndrome: a novel probe for understanding the neural representation of the identity and familiarity of persons. *Proceedings of the Royal Society of London. Series B: Biological Sciences*, **264(1380)**, 437-444.

Hoffman, E. A., & Haxby, J. V. (2000). Distinct representations of eye gaze and identity in the distributed human neural system for face perception. *Nature Neuroscience*, **3(1)**, 80-84.

Hole, G. J., George, P. A., & Dunsmore, V. (1999). Evidence for holistic processing of faces viewed as photographic negatives. *Perception*, **28**, 341-360.

Ichikawa, H., Kanazawa, S., & Yamaguchi, M. K. (2011). Finding a face in a face-like object. *Perception*, **40(4)**, 500-502.

Ishai, A. (2007). Sex, beauty and the orbitofrontal cortex. *International Journal of Psychophysiology*, **63(2)**, 181-185.

Ishai, A., Ungerleider, L. G., Martin, A., Schouten, J. L., & Haxby, J. V. (1999). Distributed representation of objects in the human ventral visual pathway. *Proceedings of the National Academy of Sciences*, **96(16)**, 9379-9384.

Jacques, C., & Rossion, B. (2006). The speed of individual face categorization. *Psychological Science*, **17(6)**, 485-492.

Johnson, M. H., Dziurawiec, S., Ellis, H., & Morton, J. (1991). Newborns' preferential tracking of face-like stimuli and its subsequent decline. *Cognition*, **40(1)**, 1-19.

Kanwisher, N., Tong, F., & Nakayama, K. (1998). The effect of face inversion on the human fusiform face area. *Cognition*, **68(1)**, B1-B11.

Kemp, R., McManus, C., & Pigott, T. (1990). Sensitivity to the displacement of facial features in negative and inverted images. *Perception*, **19(4)**, 531-543.

Klin, A., Jones, W., Schultz, R., Volkmar, F., & Cohen, D. (2002). Visual fixation patterns during viewing of naturalistic social situations as predictors of social competence in individuals with autism. *Archives of General Psychiatry*, **59(9)**, 809-816.

Kranz, F., & Ishai, A. (2006). Face perception is modulated by sexual preference. *Current Biology*, **16(1)**, 63-68.

Krendl, A. C., Macrae, C. N., Kelley, W. M., Fugelsang, J. A., & Heatherton, T. F. (2006). The good, the bad, and the ugly: An fMRI investigation of the functional anatomic correlates of stigma. *Social Neuroscience*, **1(1)**, 5-15.

Kriegeskorte, N., Formisano, E., Sorger, B., & Goebel, R. (2007). Individual faces elicit distinct response patterns in human anterior temporal cortex. *Proceedings of the National Academy of Sciences*, **104(51)**, 20600-20605.

Le Grand, R., Mondloch, C. J., Maurer, D., & Brent, H. P. (2001). Neuroperception: Early visual experience and face processing. *Nature*, **410(6831)**, 890-890.

Liang, X., Zebrowitz, L. A., & Zhang, Y. (2010). Neural activation in the "reward circuit" shows a nonlinear response to facial attractiveness. *Social Neuroscience*, **5(3)**, 320-334.

Liu, J., Harris, A., & Kanwisher, N. (2002). Stages of processing in face perception: an MEG study. *Nature Neuroscience*, **5(9)**, 910-916.

Maurer, D., Grand, R. L., & Mondloch, C. J. (2002). The many faces of configural processing. *Trends in Cognitive Sciences*, **6(6)**, 255-260.

Maurer, D., O'craven, K. M., Le Grand, R., Mondloch, C. J., Springer, M. V., Lewis, T. L., & Grady, C. L. (2007). Neural correlates of processing facial identity based on features versus their spacing. *Neuropsychologia*, **45(7)**, 1438-1451.

McKeeff, T. J., & Tong, F. (2007). The timing of perceptual decisions for ambiguous face stimuli in the human ventral visual cortex. *Cerebral Cortex*, **17**(3), 669-678.

McKone, E., & Yovel, G. (2009). Why does picture-plane inversion sometimes dissociate perception of features and spacing in faces, and sometimes not? Toward a new theory of holistic processing. *Psychonomic Bulletin & Review*, **16**(5), 778-797.

Mooney, C. M. (1957). Age in the development of closure ability in children. *Canadian Journal of Psychology*, **11**(4), 219-226.

Nitschke, J. B., Nelson, E. E., Rusch, B. D., Fox, A. S., Oakes, T. R., & Davidson, R. J. (2004). Orbitofrontal cortex tracks positive mood in mothers viewing pictures of their newborn infants. *Neuroimage*, **21**(2), 583-592.

O'Doherty, J. P. (2004). Reward representations and reward-related learning in the human brain: insights from neuroimaging. *Current Opinion in Neurobiology*, **14**(6), 769-776.

O'Doherty, J., Winston, J., Critchley, H., Perrett, D., Burt, D. M., & Dolan, R. J. (2003). Beauty in a smile: the role of medial orbitofrontal cortex in facial attractiveness. *Neuropsychologia*, **41**(2), 147-155.

O'Toole, A. J., Jonathon Phillips, P., Weimer, S., Roark, D. A., Ayyad, J., Barwick, R., & Dunlop, J. (2011). Recognizing people from dynamic and static faces and bodies: Dissecting identity with a fusion approach. *Vision Research*, **51**(1), 74-83.

Parsons, C. E., Stark, E. A., Young, K. S., Stein, A., & Kringelbach, M. L. (2013). Understanding the human parental brain: a critical role of the orbitofrontal cortex. *Social Neuroscience*, **8**(6), 525-543.

Puce, A., Allison, T., Bentin, S., Gore, J. C., & McCarthy, G. (1998). Temporal cortex activation in humans viewing eye and mouth movements. *The Journal of Neuroscience*, **18**(6), 2188-2199.

Rajimehr, R., Young, J. C., & Tootell, R. B. (2009). An anterior temporal face patch in human cortex, predicted by macaque maps. *Proceedings of the National Academy of Sciences*, **106**(6), 1995-2000.

Riby, D. M., & Hancock, P. J. (2009). Do faces capture the attention of individuals with Williams syndrome or autism? Evidence from tracking eye movements. *Journal of Autism and Developmental Disorders*, **39**(3), 421-431.

Richler, J. J., Cheung, O. S., & Gauthier, I. (2011). Holistic processing predicts face recognition. *Psychological Science*, **22**(4), 464-471.

Robbins, R., & McKone, E. (2007). No face-like processing for objects-of-expertise in three behavioural tasks. *Cognition*, **103**(1), 34-79.

Rossion, B., Dricot, L., Goebel, R., & Busigny, T. (2011). Holistic face categorization in higher order visual areas of the normal and prosopagnosic brain: toward a non-hierarchical view of face perception. *Frontiers in Human Neuroscience*, **4**, 225. doi:10.3389/fnhum.2010. 00225.

Rossion, B., Kaiser, M. D., Bub, D., & Tanaka, J. W. (2009). Is the loss of diagnosticity of the eye region of the face a common aspect of acquired prosopagnosia? *Journal of Neuropsychology*, **3**(1), 69-78.

Rubin, E. (1915/1958). Figure and ground. In D. C. Beardslee, & M. Wertheimer (Eds.), *Readings in perception*. Princeton, NJ: Van Nostrand. pp. 194-203.

Rubin, E. H., Drevets, W. C., & Burke, W. J. (1988). The nature of psychotic symptoms in senile dementia of the Alzheimer type. *Journal of Geriatric Psychiatry and Neurology*, **1**(1), 16-20.

Said, C. P., Baron, S. G., & Todorov, A. (2009). Nonlinear amygdala response to face trustworthiness: contributions of high and low spatial frequency information. *Journal of Cognitive Neuroscience*, **21**(3), 519-528.

Santos, I. M., & Young, A. W. (2008). Effects of inversion and negation on social inferences from faces. *Perception*, **37**(7), 1061-1078.

Scapinello, K. F., & Yarmey, A. D. (1970). The role of familiarity and orientation in immediate and delayed recognition of pictorial stimuli. *Psychonomic Science*, **21**(6), 329-330.

Schiltz, C., Dricot, L., Goebel, R., & Rossion, B. (2010). Holistic perception of individual faces in the right middle fusiform gyrus as evidenced by the composite face illusion. *Journal of Vision*, **10** (2): 25, 1-16. doi: 10.1167/10.2.25.

Schiltz, C., & Rossion, B. (2006). Faces are represented holistically in the human occipito-temporal cortex. *Neuroimage*, **32**(3), 1385-1394.

Sekunova, A., & Barton, J. J. (2008). The effects of face inversion on the perception of long-range and local spatial relations in eye and mouth configuration. *Journal of Experimental Psychology: Human Perception and Performance*, **34**(5), 1129-1135.

新村出（編）(2008). 広辞苑 第六版 岩波書店.

Snow, J., Ingeholm, J. E., Levy, I. F., Caravella, R. A., Case, L. K., Wallace, G. L., & Martin, A. (2011). Impaired visual scanning and memory for faces in high-functioning autism spectrum disorders: it's not just the eyes. *Journal of the International Neuropsychological Society*, **17**(06), 1021-1029.

Sormaz, M., Andrews, T. J., & Young, A. W. (2013). Contrast negation and the importance of the eye region for holistic representations of facial identity. *Journal of Experimental Psychology: Human Perception and Performance*, **39**(6), 1667-1677.

Sörqvist, P., & Eriksson, M. (2007). Effects of training on age estimation. *Applied Cognitive Psychology*, **21**(1), 131-135.

Spangenberg, K. B., Wagner, M. T., & Bachman, D. L. (1998). Neuropsychological analysis of a case of abrupt onset mirror sign following a hypotensive crisis in a patient with vascular dementia. *Neurocase*, **4**(2), 149-154.

Sugiura, M., Miyauchi, C. M., Kotozaki, Y., Akimoto, Y., Nozawa, T., Yomogida, Y., Hanawa, S., Yamamoto, Y., Sakuma, A., Nakagawa, S., & Kawashima, R. (2014). Neural mechanism for mirrored self-face recognition. *Cerebral Cortex*, **25**(9), 2806-2814. doi: 10.1093/cercor/bhu077.

Tanaka, J. W., & Farah, M. J. (1993). Parts and wholes in face recognition. *The Quarterly Journal of Experimental Psychology*, **46**(2), 225-245.

Tanaka, J. W., & Gordon, I. (2011). Features, configuration and holistic face processing. In A. Calder, G. Rhodes, M. Johnson, & J. Haxby (Eds.), *The Oxford handbook of face perception*. Oxford University Press. pp. 177-194.

Tangen, J. M., Murphy, S. C., & Thompson, M. B. (2011). Flashed face distortion effect: Grotesque faces from relative spaces. *Perception*, **40**(5), 628-630.

Thompson, P. (1980). Margaret Thatcher: a new illusion. *Perception*, **9**(4), 483-484.

Tsukiura, T., & Cabeza, R. (2011a). Shared brain activity for aesthetic and moral judgments: implications for the Beauty-is-Good stereotype. *Social Cognitive and Affective Neuroscience*, **6**, 138-148.

Tsukiura, T., & Cabeza, R. (2011b). Remembering beauty: roles of orbitofrontal and hippocampal regions in successful memory encoding of attractive faces. *Neuroimage*, **54**(1), 653-660.

Tsukiura, T., Shigemune, Y., Nouchi, R., Kambara, T., & Kawashima, R. (2013). Insular and hippocampal contributions to remembering people with an impression of bad personality. *Social Cognitive and Affective Neuroscience*, **8**(5), 515-522.

Ueda, S., & Kitaoka, A. (*in press*) The wobbling face illusion. *Oxford compendium of visual illusions*.

Ueda, S., Kitaoka, A., & Suga, T. (2011). Wobbling appearance of a face induced by doubled parts. *Perception*, **40**(6), 751-756.

Villarejo, A., Martin, V. P., Moreno-Ramos, T., Camacho-Salas, A., Porta-Etessam, J., & Bermejo-Pare-

262 引用文献

ja, F.（2011）. Mirrored-self misidentification in a patient without dementia: evidence for right hemispheric and bifrontal damage. *Neurocase*, **17**(3), 276-284.

Vuilleumier, P.（2000）. Faces call for attention: evidence from patients with visual extinction. *Neuropsychologia*, **38**(5), 693-700.

Wang, R., Li, J., Fang, H., Tian, M., & Liu, J.（2012）. Individual differences in holistic processing predict face recognition ability. *Psychological Science*, **23**(2), 169-177.

Weigelt, S., Koldewyn, K., & Kanwisher, N.（2012）. Face identity recognition in autism spectrum disorders: A review of behavioral studies. *Neuroscience & Biobehavioral Reviews*, **36**(3), 1060-1084.

Winston, J. S., Henson, R. N. A., Fine-Goulden, M. R., & Dolan, R. J.（2004）. fMRI-adaptation reveals dissociable neural representations of identity and expression in face perception. *Journal of Neurophysiology*, **92**(3), 1830-1839.

Winston, J. S., O'Doherty, J., Kilner, J. M., Perrett, D. I., & Dolan, R. J.（2007）. Brain systems for assessing facial attractiveness. *Neuropsychologia*, **45**(1), 195-206.

Winston, J. S., Strange, B. A., O'Doherty, J., & Dolan, R. J.（2002）. Automatic and intentional brain responses during evaluation of trustworthiness of faces. *Nature Neuroscience*, **5**(3), 277-283.

Yarbus, A. L.（1967）. *Eye movements and vision*（B. Haigh, & L. A. Rigss, Trans.）. New York: Plenum Press.

Yarmey, A. D.（1971）. Recognition memory for familiar "public" faces: Effects of orientation and delay. *Psychonomic Science*, **24**(6), 286-288.

Yin, R. K.（1969）. Looking at upside-down faces. *Journal of experimental psychology*, **81**(1), 141.

吉川左紀子（1993）. 顔の記憶 吉川左紀子・益谷 真・中村 真（編）顔と心：顔の心理学入門 サイエンス社 pp. 222-245.

Young, A. W., Ellis, A. W., & Flude, B. M.（1988）. Accessing stored information about familiar people. *Psychological Research*, **50**(2), 111-115.

Young, A. W., Hellawell, D., & Hay, D. C.（1987）. Configurational information in face perception. *Perception*, **16**(6), 747-759.

Young, A. W., McWeeny, K. H., Hay, D. C., & Ellis, A. W.（1986）. Matching familiar and unfamiliar faces on identity and expression. *Psychological Research*, **48**(2), 63-68.

第6章

Adolphs, R., & Birmingham, E.（2011）. Neural substrates of social perception. In A. Calder, G. Rhodes, M. Johnson, & J. Haxby（Eds.）, *The Oxford handbook of face perception*. Oxford University Press. pp. 571- 589.

Aviezer, H., Hassin, R. R., Ryan, J., Grady, C., Susskind, J., Anderson, A., Moscovitch, M., & Bentin, S.（2008）. Angry, disgusted, or afraid? Studies on the malleability of emotion perception. *Psychological Science*, **19**(7), 724-732.

Bainum, C. K., Lounsbury, K. R., & Pollio, H. R.（1984）. The development of laughing and smiling in nursery school children. *Child Development*, **55**, 1946-1957.

Baron-Cohen, S., Campbell, R., Karmiloff-Smith, A., Grant, J., & Walker, J.（1995）. Are children with autism blind to the mentalistic significance of the eyes? *British Journal of Developmental Psychology*, **13**(4), 379-398.

Baron-Cohen, S., Jolliffe, T., Mortimore, C., & Robertson, M.（1997）. Another advanced test of theory of mind: Evidence from very high functioning adults with autism or Asperger syndrome. *Journal of Child Psychology and Psychiatry*, **38**(7), 813 822.

引用文献 263

Baron-Cohen, S., Leslie, A. M., & Frith, U. (1985). Does the autistic child have a "theory of mind"? *Cognition*, **21**(1), 37-46.

Baron-Cohen, S., Wheelwright, S., Hill, J., Raste, Y., & Plumb, I. (2001). The "Reading the Mind in the Eyes" test revised version: A study with normal adults, and adults with Asperger syndrome or high-functioning autism. *Journal of Child Psychology and Psychiatry*, **42**(2), 241-251.

Barrett, L. F., & Kensinger, E. A. (2010). Context is routinely encoded during emotion perception. *Psychological Science*, **21**(4), 595-599.

Barsalou, L. W. (1999). Perceptual symbol systems. *Behavioral and Brain Sciences*, **22**, 577-660.

Bartlett, M. S., Hager, J. C., Ekman, P., & Sejnowski, T. J. (1999). Measuring facial expressions by computer image analysis. *Psychophysiology*, **36**(02), 253-263.

Bavelas, J. B., Black, A., Lemery, C. R., & Mullett, J. (1986). " I show how you feel": Motor mimicry as a communicative act. *Journal of Personality and Social Psychology*, **50**(2), 322-329.

Bernhardt, B. C., & Singer, T. (2012). The neural basis of empathy. *Annual Review of Neuroscience*, **35**, 1-23.

Bould, E., Morris, N., & Wink, B. (2008). Recognising subtle emotional expressions: The role of facial movements. *Cognition & Emotion*, **22**(8), 1569-1587.

Breidt, M., Wallraven, C., Cunningham, D. W., & Bulthoff, H. H. (2003). Facial animation based on 3d scans and motion capture. Siggraph'03 Sketches and Applications.

Brightman, V. J., Segal, A. L., Werther, P., & Steiner, J. (1977). Facial expression and hedonic response to taste stimuli. *Journal of Dental Research*, **56**, B161.

Bruce, V., & Young, A. (1986). Understanding face recognition. *British Journal of Psychology*, **77**(3), 305-327.

Bruyer, R., Laterre, C., Seron, X., Feyereisen, P., Strypstein, E., Pierrard, E., & Rectem, D. (1983). A case of prosopagnosia with some preserved covert remembrance of familiar faces. *Brain and Cognition*, **2**(3), 257-284.

Butler, E. A., Egloff, B., Wlhelm, F. H., Smith, N. C., Erickson, E. A., & Gross, J. J. (2003). The social consequences of expressive suppression. *Emotion*, **3**(1), 48-67.

Cacioppo, J. T., Priester, J. R., & Berntson, G. G. (1993). Rudimentary determinants of attitudes: II. Arm flexion and extension have differential effects on attitudes. *Journal of Personality and Social Psychology*, **65**(1), 5-17.

Calder, A. J., & Jansen, J. (2005). Configural coding of facial expressions: The impact of inversion and photographic negative. *Visual Cognition*, **12**(3), 495-518.

Calder, A. J., & Young, A. W. (2005). Understanding the recognition of facial identity and facial expression. *Nature Reviews Neuroscience*, **6**(8), 641-651.

Calder, A. J., Young, A. W., Keane, J., & Dean, M. (2000). Configural information in facial expression perception. *Journal of Experimental Psychology: Human perception and performance*, **26**(2), 527-551.

Calder, A. J., Young, A. W., Perrett, D. I., Etcoff, N. L., & Rowland, D. (1996). Categorical perception of morphed facial expressions. *Visual Cognition*, **3**(2), 81-118.

Carrera-Levillain, P., & Fernandez-Dols, J. M. (1994). Neutral faces in context: Their emotional meaning and their function. *Journal of Nonverbal Behavior*, **18**(4), 281-299.

Changizi, M. A. (2003). Relationship between number of muscles, behavioral repertoire size, and encephalization in mammals. *Journal of Theoretical Biology*, **220**(2), 157-168.

Chapman, A. J. (1973). Social facilitation of laughter in children. *Journal of Experimental Social Psychology*, **9**(6), 528-541.

Chapman, A. J. (1975). Humorous laughter in children. *Journal of Personality and Social Psycholo-*

gy, **31**(1), 42-49.

Chapman, A. J., & Wright, D. S. (1976). Social enhancement of laughter: An experimental analysis of some companion variables. *Journal of Experimental Child Psychology*, **21**(2), 201-218.

Chen, M., & Bargh, J. A. (1999). Consequences of automatic evaluation: Immediate behavioral predispositions to approach or avoid the stimulus. *Personality and Social Psychology Bulletin*, **25** (2), 215-224.

Christie, I. C., & Friedman, B. H. (2004). Autonomic specificity of discrete emotion and dimensions of affective space: a multivariate approach. *International Journal of Psychophysiology*, **51**(2), 143-153.

Clark, A. (1999). An embodied cognitive science? *Trends in Cognitive Sciences*, **3**(9), 345-351.

Clemente, C. D. (1997). *Anatomy: A regional atlas of the human body* (4th ed.). Baltimore: Williams & Wilkins.

Cohn, J. F., & Schmidt, K. L. (2004). The timing of facial motion in posed and spontaneous smiles. *International Journal of Wavelets, Multiresolution and Information Processing*, **2**(02), 121-132.

Cohn, J. F., Zlochower, A. J., Lien, J., & Kanade, T. (1999). Automated face analysis by feature point tracking has high concurrent validity with manual FACS coding. *Psychophysiology*, **36**(01), 35-43.

D'Argembeau, A., & Van der Linden, M. (2007). Facial expressions of emotion influence memory for facial identity in an automatic way. *Emotion*, **7**(3), 507-515.

D'Argembeau, A., Van der Linden, M., Comblain, C., & Etienne, A. M. (2003). The effects of happy and angry expressions on identity and expression memory for unfamiliar faces. *Cognition & Emotion*, **17**(4), 609-622.

Darwin, C. (1872 / 1998). *The expression of the emotions in man and animals*. Oxford University Press.

David, E., Laloyaux, C., Devue, C., & Cleeremans, A. (2006). Change blindness to gradual changes in facial expressions. *Psychologica Belgica*, **46**(4), 253-268.

Davidson, R. J. (2004). What does the prefrontal cortex "do" in affect: perspectives on frontal EEG asymmetry research. *Biological Psychology*, **67**(1), 219-234.

Dimberg, U., & Thunberg, M. (2012). Empathy, emotional contagion, and rapid facial reactions to angry and happy facial expressions. *PsyCh Journal*, **1**(2), 118-127.

Dimberg, U., Thunberg, M., & Elmehed, K. (2000). Unconscious facial reactions to emotional facial expressions. *Psychological Science*, **11**(1), 86-89.

Dimberg, U., Thunberg, M., & Grunedal, S. (2002). Facial reactions to emotional stimuli: Automatically controlled emotional responses. *Cognition & Emotion*, **16**(4), 449-471.

Dobson, S. D. (2009). Socioecological correlates of facial mobility in nonhuman anthropoids. *American Journal of Physical Anthropology*, **139**(3), 413-420.

Du, S., Tao, Y., & Martinez, A. M. (2014). Compound facial expressions of emotion. *Proceedings of the National Academy of Sciences*, **111**(15), E1454-E1462.

Duchaine, B. C., Parker, H., & Nakayama, K. (2003). Normal recognition of emotion in a prosopagnosic. *Perception*, **32**(7), 827-838.

Duchenne, B. (1990). *The mechanism of human facial expression or an electro-physiological analysis of the expression of the emotions*. (A. Cuthberson Trans.). Cambridge, England: Cambridge University Press. (Original work published 1862).

Duckworth, K. L., Bargh, J. A., Garcia, M., & Chaiken, S. (2002). The automatic evaluation of novel stimuli. *Psychological Science*, **13**(6), 513-519.

Dunbar, R. I. (1993). Coevolution of neocortical size, group size and language in humans. *Behavioral*

引用文献　　265

and Brain Sciences, **16**(04), 681-694.

Durand, K., Gallay, M., Seigneuric, A., Robichon, F., & Baudouin, J. Y. (2007). The development of facial emotion recognition: The role of configural information. *Journal of Experimental Child Psychology*, **97**(1), 14-27.

Eastwood, J. D., Smilek, D., & Merikle, P. M. (2001). Differential attentional guidance by unattended faces expressing positive and negative emotion. *Perception & Psychophysics*, **63**(6), 1004-1013.

Ekman, P. (1972). Universal and cultural differences in facial expression of emotion. *Nebraska Symposium on Motivation*, 207-283.

Ekman, P. (1984). Expression and the nature of emotion. In K. R. Scherer & P. Ekman (Eds.), *Approaches to emotion*. Hillsdale, NJ: Lawrence Erlbaum Associates. pp. 319-344.

Ekman, P. (1992). An argument for basic emotions. *Cognition & Emotion*, **6**(3-4), 169-200.

Ekman, P. (1993). Facial expression and emotion. *American Psychologist*, **48**(4), 384-392.

Ekman, P. (1999). Basic emotions. In T. Dalgleish & M. J. Power (Eds.), *Handbook of cognition and emotion*. New York: John Wiley & Sons. pp. 45-60.

Ekman, P., & Friesen, W. V. (1975). *Unmasking the face: A guide to recognizing emotions from facial cues*. (エクマン, P., フリーセン, W. V. 工藤力 (訳) (1987). 表情分析入門　誠信書房)

Ekman, P., & Friesen, W. V. (1978). *Manual for the facial action coding system*. Consulting Psychologists Press.

Ekman, P., Friesen, W. V., & Hager, J. C. (2002). *Facial action coding system*. Salt Lake City, UT: A Human Face.

Ekman, P., Hager, J. C., & Friesen, W. V. (1981). The symmetry of emotional and deliberate facial actions. *Psychophysiology*, **18**(2), 101-106.

Etcoff, N. L., & Magee, J. J. (1992). Categorical perception of facial expressions. *Cognition*, **44**(3), 227-240.

Fallshore, M., & Bartholow, J. (2003). Recognition of emotion from inverted schematic drawings of faces. *Perceptual and Motor Skills*, **96**(1), 236-244.

Foa, E. B., Gilboa-Schechtman, E., Amir, N., & Freshman, M. (2000). Memory bias in generalized social phobia: Remembering negative emotional expressions. *Journal of Anxiety disorders*, **14**(5), 501-519.

Fox, E., Lester, V., Russo, R., Bowles, R. J., Pichler, A., & Dutton, K. (2000). Facial expressions of emotion: Are angry faces detected more efficiently? *Cognition & Emotion*, **14**(1), 61-92.

Freedman, J. L., & Perlick, D. (1979). Crowding, contagion, and laughter. *Journal of Experimental Social Psychology*, **15**(3), 295-303.

Fridlund, A. J. (1991). Sociality of solitary smiling: Potentiation by an implicit audience. *Journal of Personality and Social Psychology*, **60**(2), 229-240.

Fujimura, T., Matsuda, Y. T., Katahira, K., Okada, M., & Okanoya, K. (2012). Categorical and dimensional perceptions in decoding emotional facial expressions. *Cognition & Emotion*, **26**(4), 587-601.

Gilbert, A. N., Fridlund, A. J., & Sabini, J. (1987). Hedonic and social determinants of facial displays to odors. *Chemical Senses*, **12**(2), 355-363.

Gilboa-Schechtman, E., Erhard-Weiss, D., & Jeczemien, P. (2002). Interpersonal deficits meet cognitive biases: memory for facial expressions in depressed and anxious men and women. *Psychiatry Research*, **113**(3), 279-293.

Goffaux, V., & Rossion, B. (2006). Faces are "spatial"--holistic face perception is supported by low spatial frequencies. *Journal of Experimental Psychology: Human Perception and Performance*, **32**(4), 1023-1039.

266   引用文献

Greenwald, M. K., Cook, E. W., & Lang, P. J. (1989). Affective judgment and psychophysiological response: Dimensional covariation in the evaluation of pictorial stimuli. *Journal of Psychophysiology*, **3**(**1**), 51-64.

Gross, J. J. (1998). Antecedent-and response-focused emotion regulation: divergent consequences for experience, expression, and physiology. *Journal of Personality and Social Psychology*, **74**(**1**), 224-237.

Gross, J. J., & John, O. P. (2003). Individual differences in two emotion regulation processes: implications for affect, relationships, and well-being. *Journal of Personality and Social Psychology*, **85** (**2**), 348-362.

Gross, J. J., & Levenson, R. W. (1993). Emotional suppression: physiology, self-report, and expressive behavior. *Journal of Personality and Social Psychology*, **64**(**6**), 970-986.

Gross, J. J., & Levenson, R. W. (1997). Hiding feelings: the acute effects of inhibiting negative and positive emotion. *Journal of Abnormal Psychology*, **106**(**1**), 95-103.

Hansen, C. H., & Hansen, R. D. (1988). Finding the face in the crowd: an anger superiority effect. *Journal of Personality and Social Psychology*, **54**(**6**), 917-924.

Harris, C. R. (2001). Cardiovascular responses of embarrassment and effects of emotional suppression in a social setting. *Journal of Personality and Social Psychology*, **81**(**5**), 886-897.

Haxby, J. V., & Gobbini, M. I. (2011). Distributed neural systems for face perception. In A. Calder, G. Rhodes, M. Johnson, & J. Haxby (Eds.), *The Oxford handbook of face perception*. Oxford University Press. pp. 93-110.

Haxby, J. V., Hoffman, E. A., & Gobbini, M. I. (2000). The distributed human neural system for face perception. *Trends in Cognitive Sciences*, **4**(**6**), 223-233.

Hess, U., & Kleck, R. E. (1990). Differentiating emotion elicited and deliberate emotional facial expressions. *European Journal of Social Psychology*, **20**(**5**), 369-385.

Horstmann, G. (2007). Preattentive face processing: What do visual search experiments with schematic faces tell us? *Visual Cognition*, **15**(**7**), 799-833.

Horstmann, G., Scharlau, I., & Ansorge, U. (2006). More efficient rejection of happy than of angry face distractors in visual search. *Psychonomic Bulletin & Review*, **13**(**6**), 1067-1073.

Humphreys, K., Avidan, G., & Behrmann, M. (2007). A detailed investigation of facial expression processing in congenital prosopagnosia as compared to acquired prosopagnosia. *Experimental Brain Research*, **176**(**2**), 356-373.

Izard, C. E. (1991). *The psychology of emotions*. Springer.

Izard, C. E. (2007). Basic emotions, natural kinds, emotion schemas, and a new paradigm. *Perspectives on Psychological Science*, **2**(**3**), 260-280.

Jack, R. E., Garrod, O. G., & Schyns, P. G. (2014). Dynamic facial expressions of emotion transmit an evolving hierarchy of signals over time. *Current Biology*, **24**(**2**), 187-192.

Jellema, T., Pecchinenda, A., Palumbo, L., & Tan, E. G. (2011). Biases in the perception and affective valence of neutral facial expressions induced by the immediate perceptual history. *Visual Cognition*, **19**(**5**), 616-634.

Jones, S. S., Collins, K., & Hong, H. W. (1991). An audience effect on smile production in 10-month-old infants. *Psychological Science*, **2**(**1**), 45-49.

Kamachi, M., Bruce, V., Mukaida, S., Gyoba, J., Yoshikawa, S., & Akamatsu, S. (2001). Dynamic properties influence the perception of facial expressions. *Perception*, **30**, 875-887.

金沢　創 (1993). 表情の起源　吉川左紀子・益谷真・中村真（編）　顔と心　顔の心理学入門　サイエンス社　pp. 27-45.

Kawai, N., Miyata, H., Nishimura, R., & Okanoya, K. (2013). Shadows alter facial expressions of Noh

引用文献　　267

masks. *PloS One*, **8**(8), e71389.

Kottoor, T. M. (1989). Recognition of faces by adults. *Psychological Studies*, **34**, 102-105.

Kraft, T. L., & Pressman, S. D. (2012). Grin and bear it the influence of manipulated facial expression on the stress response. *Psychological Science*, **23**(11), 1372-1378.

Kraut, R. E. (1982). Social presence, facial feedback, and emotion. *Journal of Personality and Social Psychology*, **42**(5), 853-863.

Kraut, R. E., & Johnston, R. E. (1979). Social and emotional messages of smiling: An ethological approach. *Journal of Personality and Social Psychology*, **37**(9), 1539-1553.

Lang, P. J., Greenwald, M. K., Bradley, M. M., & Hamm, A. O. (1993). Looking at pictures: Affective, facial, visceral, and behavioral reactions. *Psychophysiology*, **30**(3), 261-273.

Larsen, R. J., & Diener, E. (1992). Promises and problems with the circumplex model of emotion. *Review of Personality and Social Psychology: Emotion*, **13**, 25-59.

Leigland, L. A., Schulz, L. E., & Janowsky, J. S. (2004). Age related changes in emotional memory. *Neurobiology of Aging*, **25**, 1117-1124.

Levenson, R. W. (1999). The intrapersonal functions of emotion. *Cognition & Emotion*, **13**(5), 481-504.

Levenson, R. W. (2003). Blood, sweat, and fears. *Annals of the New York Academy of Sciences*, **1000**(1), 348-366.

Liggett, J. (1974). *The human face*. New York: Stein & Day.

Lyons, M. J., Campbell, R., Plante, A., Coleman, M., Kamachi, M., & Akamatsu, S. (2000). The Noh mask effect: vertical viewpoint dependence of facial expression perception. *Proceedings of the Royal Society of London. Series B: Biological Sciences*, **267**(1459), 2239-2245.

Maestripieri, D. (1999). Primate social organization, gestural repertoire size, and communication dynamics: a comparative study of macaques. In The evolution of language: assessing the evidence from nonhuman primates. School of American Research, Santa Fe, 55-77.

Marsh, A. A., Ambady, N., & Kleck, R. E. (2005). The effects of fear and anger facial expressions on approach-and avoidance-related behaviors. *Emotion*, **5**(1), 119-124.

Mather, M., & Carstensen, L. L. (2003). Aging and attentional biases for emotional faces. *Psychological Science*, **14**, 409-415.

Matsuda, Y. T., Fujimura, T., Katahira, K., Okada, M., Ueno, K., Cheng, K., & Okanoya, K. (2013). The implicit processing of categorical and dimensional strategies: an fMRI study of facial emotion perception. *Frontiers in Human Neuroscience*, **7**, 551.

Matsumoto, D., Nezlek, J. B., & Koopmann, B. (2007). Evidence for universality in phenomenological emotion response system coherence. *Emotion*, **7**(1), 57-67.

McComb, K., & Semple, S. (2005). Coevolution of vocal communication and sociality in primates. *Biology Letters*, **1**(4), 381-385.

McTeague, L. M., Lang, P. J., Laplante, M. C., Cuthbert, B. N., Strauss, C. C., & Bradley, M. M. (2009). Fearful imagery in social phobia: generalization, comorbidity, and physiological reactivity. *Biological Psychiatry*, **65**(5), 374-382.

Miyata, H., Nishimura, R., Okanoya, K., & Kawai, N. (2012). The mysterious Noh mask: Contribution of multiple facial parts to the recognition of emotional expressions. *PloS One*, **7**(11), e50280.

Niedenthal, P. M., Barsalou, L. W., Winkielman, P., Krauth-Gruber, S., & Ric, F. (2005). Embodiment in attitudes, social perception, and emotion. *Personality and Social Psychology Review*, **9**(3), 184-211.

小川時洋・鈴木直人 (1998). 線画表情を用いた特徴点変位と表情認識の関係　感情心理学研究, **6**

(1), 17-26.

Ōhman, A., Lundqvist, D., & Esteves, F. (2001). The face in the crowd revisited: a threat advantage with schematic stimuli. *Journal of Personality and Social Psychology*, **80**(3), 381-396.

岡田梢・渡邊伸行 (2011). 日常場面における無表情の印象 日本顔学会誌, **11**(1), 77-84.

Panayiotou, G. (2008). Emotional dimensions reflected in ratings of affective scripts. *Personality and Individual Differences*, **44**(8), 1795-1806.

Panksepp, J. (2007). Neurologizing the psychology of affects: How appraisal-based constructivism and basic emotion theory can coexist. *Perspectives on Psychological Science*, **2**(3), 281-296.

Pantic, M., & Rothkrantz, L. J. (2000). Expert system for automatic analysis of facial expressions. *Image and Vision Computing*, **18**(11), 881-905.

Parke, F. I., & Waters, K. (1996). *Computer facial animation*. Wellesley, MA: Peters.

Rensink, R. A. (2002). Change detection. *Annual Review of Psychology*, **53**(1), 245-277.

Riby, D. M., Doherty-Sneddon, G., & Bruce, V. (2008). Exploring face perception in disorders of development: Evidence from Williams syndrome and autism. *Journal of Neuropsychology*, **2**(1), 47-64.

Richards, J. M., & Gross, J. J. (1999). Composure at any cost? The cognitive consequences of emotion suppression. *Personality and Social Psychology Bulletin*, **25**(8), 1033-1044.

Richards, J. M., & Gross, J. J. (2000). Emotion regulation and memory: the cognitive costs of keeping one's cool. *Journal of Personality and Social Psychology*, **79**(3), 410-424.

Riddoch, M. J., Johnston, R. A., Bracewell, R. M., Boutsen, L., & Humphreys, G. W. (2008). Are faces special? A case of pure prosopagnosia. *Cognitive Neuropsychology*, **25**(1), 3-26.

Ridout, N., Astell, A. J., Reid, I. C., Glen, T., & O'Carroll, R. E. (2003). Memory bias for emotional facial expressions in major depression. *Cognition & Emotion*, **17**, 101-122.

Rinn, W. E. (1984). The neuropsychology of facial expression: a review of the neurological and psychological mechanisms for producing facial expressions. *Psychological Bulletin*, **95**(1), 52-77.

Rinn, W. E. (1991). Neuropsychology of facial expression. In R. S. Feldman, & B. Rimé (Eds.), *Fundamentals of nonverbal behavior*. Cambridge University Press. pp. 3-30.

Rotteveel, M., & Phaf, R. H. (2004). Automatic affective evaluation does not automatically predispose for arm flexion and extension. *Emotion*, **4**(2), 156-172.

Rozin, P., & Royzman, E. B. (2001). Negativity bias, negativity dominance, and contagion. *Personality and Social Psychology Review*, **5**(4), 296-320.

Russell, J. A. (1980). A circumplex model of affect. *Journal of Personality and Social Psychology*, **39**(6), 1161-1178.

Russell, J. A. (1991). Culture and the categorization of emotions. *Psychological Bulletin*, **110**(3), 426-450.

Russell, J. A. (1997). Reading emotions from and into faces: Resurrecting a dimensional-contextual perspective. In J. A. Russell, & J. M. Fernández-Dols (Eds.), *The psychology of facial expression*. Cambridge University Press. pp. 295-320.

Russell, J. A. (2003). Core affect and the psychological construction of emotion. *Psychological Review*, **110**(1), 145-172.

Russell, J. A., & Bullock, M. (1985). Multidimensional scaling of emotional facial expressions: similarity from preschoolers to adults. *Journal of Personality and Social Psychology*, **48**(5), 1290-1298.

Russell, J. A., Lewicka, M., & Nitt, T. (1989). A cross-cultural study of a circumplex model of affect. *Journal of Personality and Social Psychology*, **57**(5), 848-856.

Russell, J. A., Weiss, A., & Mendelsohn, G. A. (1989). Affect grid: a single-item scale of pleasure

引用文献　269

and arousal. *Journal of Personality and Social Psychology*, **57**(3), 493-502.

Sato, W., & Yoshikawa, S. (2004). The dynamic aspects of emotional facial expressions. *Cognition & Emotion*, **18**(5), 701-710.

Sauter, D. A., Eisner, F., Ekman, P., & Scott, S. K. (2010). Cross-cultural recognition of basic emotions through nonverbal emotional vocalizations. *Proceedings from the National Academy of Sciences*, **107**(6), 2408-2412.

Scherer, K. R. (1997a). Profiles of emotion-antecedent appraisal: Testing theoretical predictions across cultures. *Cognition & Emotion*, **11**(2), 113-150.

Scherer, K. R. (1997b). The role of culture in emotion-antecedent appraisal. *Journal of Personality and Social Psychology*, **73**(5), 902-922.

Schlosberg, H. (1952). The description of facial expressions in terms of two dimensions. *Journal of Experimental Psychology*, **44**(4), 229 -237.

Schlosberg, H. (1954). Three dimensions of emotion. *Psychological Review*, **61**(2), 81-88.

Schmidt, K. L., Bhattacharya, S., & Denlinger, R. (2009). Comparison of deliberate and spontaneous facial movement in smiles and eyebrow raises. *Journal of Nonverbal Behavior*, **33**(1), 35-45.

Schmidt, K. L., & Cohn, J. F. (2001). Human facial expressions as adaptations: Evolutionary questions in facial expression research. *American Journal of Physical Anthropology*, **116** (S33), 3-24.

Schmidt, K. L., Cohn, J. F., & Tian, Y. (2003). Signal characteristics of spontaneous facial expressions: Automatic movement in solitary and social smiles. *Biological Psychology*, **65**(1), 49-66.

Schubert, T. W., & Semin, G. R. (2009). Embodiment as a unifying perspective for psychology. *European Journal of Social Psychology*, **39**(7), 1135-1141.

Shah, R., & Lewis, M. (2003). Locating the neutral expression in the facial-emotion space. *Visual Cognition*, **10**(5), 549-566.

島田和幸 (2000). 表情筋について　心理学評論, **43**, 220-226.

Shimamura, A. P., Ross, J., & Bennett, H. (2006). Memory for facial expressions: The power of a smile. *Psychonomic Bulletin & Review*, **13**, 217-222.

Shulman, G. L., & Wilson, J. (1987). Spatial frequency and selective attention to local and global information. *Perception*, **16**(1), 89-101.

Simons, D. J. (2000). Current approaches to change blindness. *Visual Cognition*, **7**(1-3), 1-15.

Simons, G., Pasqualini, M. C. S., Reddy, V., & Wood, J. (2004). Emotional and nonemotional facial expressions in people with Parkinson's disease. *Journal of the International Neuropsychological Society*, **10**(04), 521-535.

Singer, T., Seymour, B., O'Doherty, J., Kaube, H., Dolan, R. J., & Frith, C. D. (2004). Empathy for pain involves the affective but not sensory components of pain. *Science*, **303**(5661), 1157-1162.

Smith, M. C., Smith, M. K., & Ellgring, H. (1996). Spontaneous and posed facial expression in Parkinson's disease. *Journal of the International Neuropsychological Society*, **2**(05), 383-391.

Srivastava, S., Tamir, M., McGonigal, K. M., John, O. P., & Gross, J. J. (2009). The social costs of emotional suppression: a prospective study of the transition to college. *Journal of Personality and Social Psychology*, **96**(4), 883-897.

Strack, F., Martin, L. L., & Stepper, S. (1988). Inhibiting and facilitating conditions of the human smile: a nonobtrusive test of the facial feedback hypothesis. *Journal of Personality and Social Psychology*, **54**(5), 768-777.

Takehara, T., & Suzuki, N. (1997). Morphed images of basic emotional expressions: Ratings on Russell's bipolar field. *Perceptual and Motor Skills*, **85**(3), 1003-1010.

Takehara, T., & Suzuki, N. (2001). Differential processes of emotion space over time. North *Ameri-*

can Journal of Psychology, **3**(2), 217-228.

Thayer, R. E. (1996). *The origin of everyday moods: Managing energy, tension, and stress*. Oxford University Press.

Tian, Y. L., Kanade, T., & Cohn, J. F. (2005). Facial expression analysis. In S. Z. Li & A. K. Jain (Eds.), *Handbook of face recognition*. New York: Springer. pp. 247-275.

Tomkins, S. S. (1962). *Affect, imagery, consciousness: Vol.1. The positive affects*. Springer Publishing Company.

Tomkins, S. S. (1963). *Affect, imagery, consciousness: Vol. 2. The negative affects*. Springer Publishing Company.

Tranel, D., Damasio, A. R., & Damasio, H. (1988). Intact recognition of facial expression, gender, and age in patients with impaired recognition of face identity. *Neurology*, **38**(5), 690-696.

Tronick, E., Als, H., Adamson, L., Wise, S., & Brazelton, T. B. (1978). The infant's response to entrapment between contradictory messages in face-to-face interaction. *Journal of the American Academy of Child psychiatry*, **17**(1), 1-13.

Uchino, B. N., Cacioppo, J. T., & Kiecolt-Glaser, J. K. (1996). The relationship between social support and physiological processes: a review with emphasis on underlying mechanisms and implications for health. *Psychological Bulletin*, **119**(3), 488-531.

Ueda, S. (2011). The configural processing of facial expression in identification of facial parts: Are eyes more eloquent than lips. *Psychology Research*, **1**, 135-147.

上田彩子・須賀哲夫 (2006). 顔の個人差が表情印象に及ぼす影響　顔学会誌, **6**(1), 17-24.

上田彩子・須賀哲夫 (2007). 一定の表情印象を与える顔のタイプの物理的特徴　顔学会誌, **7**(1), 23-35.

上田彩子・須賀哲夫 (2008). 一定の表情印象を与える顔のタイプの決定要因　顔学会誌, **8**(1), 25-35.

Van Oyen Witvliet, C., & Vrana, S. R. (1995). Psychophysiological responses as indices of affective dimensions. *Psychophysiology*, **32**(5), 436-443.

van Peer, J. M., Roelofs, K., Rotteveel, M., van Dijk, J. G., Spinhoven, P., & Ridderinkhof, K. R. (2007). The effects of cortisol administration on approach–avoidance behavior: An event-related potential study. *Biological psychology*, **76**(3), 135-146.

Vuilleumier, P., Armony, J. L., Driver, J., & Dolan, R. J. (2003). Distinct spatial frequency sensitivities for processing faces and emotional expressions. *Nature neuroscience*, **6**(6), 624-631.

Vytal, K., & Hamann, S. (2010). Neuroimaging support for discrete neural correlates of basic emotions: a voxel-based meta-analysis. *Journal of Cognitive Neuroscience*, **22**(12), 2864-2885.

Waller, B. M., Cray Jr, J. J., & Burrows, A. M. (2008). Selection for universal facial emotion. *Emotion*, **8**(3), 435-439.

渡邊伸行 (2004). 無表情とその認知　竹原卓真・野村理朗（編）「顔」研究の最前線　北大路書房 pp. 81-83.

渡邊伸行・前田亜希・山田寛 (2003). 表情認知における物理変数と心理変数の対応関係： Affect Grid 法を用いた検討　電子情報通信学会技術研究報告, HCS203-20, 1-6.

渡邊伸行・鈴木竜太・山田寛 (2006). 表情認知に関わる顔の視覚的構造変数の再検討　認知心理学研究, **3**(2), 167-179.

Watson, D., & Tellegen, A. (1985). Toward a consensual structure of mood. *Psychological Bulletin*, **98**, 219-235.

White, M. (1999). Representation of facial expressions of emotion. *The American Journal of Psychology*, **112**(3), 371-381.

White, M. (2000). Parts and wholes in expression recognition. *Cognition & Emotion*, **14**(1), 39-60.

引用文献 271

Wilson, M. (2002). Six views of embodied cognition. *Psychonomic Bulletin & Review*, **9**(4), 625-636.

Yamada, H. (1993). Visual information for categorizing facial expression of emotions. *Applied Cognitive Psychology*, **7**(3), 257-270.

山田寛 (2000). 顔面表情の知覚的判断過程に関する説明モデル　心理学評論, **43**, 245-255.

山田寛 (2007). 表情　鈴木直人 (編) 感情心理学　朝倉書店　pp. 16-35.

Yamada, H., Matsuda, T., Watari, C., & Suenaga, T. (1993). Dimensions of visual information for categorizing facial expressions of emotion. *Japanese Psychological Research*, **35**, 172-181.

Yamada, H., & Shibui, S. (1998). The relationship between visual information and affective meanings from facial expressions of emotion. *Perception ECVP abstract*, **27**, 133.

Yik, M., Russell, J. A., & Steiger, J. H. (2011). A 12-point circumplex structure of core affect. *Emotion*, **11**(4), 705-731.

Young, A. W., Rowland, D., Calder, A. J., Etcoff, N. L., Seth, A., & Perrett, D. I. (1997). Facial expression megamix: Tests of dimensional and category accounts of emotion recognition. *Cognition*, **63**(3), 271-313.

第7章

Allison, T., Puce, A., & McCarthy, G. (2000). Social perception from visual cues: role of the STS region. *Trends in Cognitive Sciences*, **4**(7), 267-278.

Bar, M. (2004). Visual objects in context. *Nature Reviews Neuroscience*, **5**, 617-629.

Bar, M., & Aminoff, E. (2003). Cortical analysis of visual context. *Neuron*, **38**, 347-358.

Bar, M., Aminoff, E., & Schacter, D. L. (2008). Scenes unseen: The parahippocampal cortex intrinsically subserves contextual associations, not scenes or places per se. *The Journal of Neuroscience*, **28**(34), 8539-8544.

Behrmann, M., & Palut, D. C. (2013). Distributed circuits, not circumscribed centers, mediate visual recognition. *Trends in Cognitive Sciences*, **17**(5), 210-219.

Bridge, H., Thomas, O. M., Minini, L., Cavina-Pratesi, C., Milner, A. D., & Parker, A. J. (2013). Structural and functional changes across the visual cortex of a patient with visual form agnosia. *The Journal of Neuroscience*, **33**(31), 12779-12791.

Bruce, C., Desimone, R., & Gross, C. G. (1981). Visual properties of neurons in a polysensory area in superior temporal sulcus of the macaque. *Journal of Neurophysiology*, **46**, 369-384.

Carlson, T., Hogendoorn, H., Fonteijn, H., & Verstraten, F. A. J. (2011). Spatial coding and invariance in object-selective cortex. *Cortex*, **47**, 14-22.

Chao, L. L., & Martin, A. (2000). Representation of manipulable man-made objects in the dorsal stream. *Neuroimage*, **12**, 478-484.

Cohen, L., Dehaene, S., Naccache, L., Lehéricy, S., Dahene-Lambertz, G., Hénaff, M.-A., & Michel, F. (2000). The visual word form area: spatial and temporal characterization of an initial stage of reading in normal subjects and posterior split-brain patients. *Brain*, **123**, 291-307.

Desimone, R., Albright, T. D., Gorss, G. C., & Bruce, C. (1984). Stimulus-selective properties of inferior temporal neurons in the macaque. *The Journal of Neuroscience*, **4**(8), 2051-2062.

DiCarlo, J. J., & Maunsell, J. H. R. (2003). Anterior inferotemporal neurons of monkeys engaged in object recognition can be highly sensitive to object retinal position. *Journal of Neurophysiology*, **89**, 3264-3278.

Downing, P. E., Jiang, Y., Shuman, M., & Kanwisher, N. (2001). A cortical area selective for visual processing of the human body. *Science*, **293**, 2470-2473.

Eacott, M. J., & Gaffan, D. (1991). The role of monkey inferior parietal cortex in visual discrimination of identity and orientation of shapes. *Behavioral Brain Research*, **46**, 95–98.

Epstein, R. A. (2008). Parahippocampal and retrosplenial contributions to human spatial navigation. *Trends in Cognitive Sciences*, **12**(10), 388–396.

Epstein, R. A., Higgins, J. S., & Thompson-Schill, S. L. (2005). Learning places from views: variations in scene processing as a function of experience and navigational ability. *Journal of Cognitive Neuroscience*, **17**(1), 73–83.

Epstein, R., & Kanwisher, N. (1998). A cortical representation of the local visual enviroment. *Nature*, **392**, 598–601.

Fairhall, S. L., & Ishai, A. (2006). Effective connectivity within the distributed cortical network for face perception. *Cerebral Cortex*, **17**, 2400–2406.

Farah, M. J. (1995). *Visual agnosia: Disorders of object recognition and what they tell us about normal vision*. Cambridge, MA: MIT Press.

Freiberg, T. E., Schindler, R. J., Ochoa, E., Kwan, P. C., & Farah, F. J. (1994). Associative visual agnosia and alexia without prosopagnosia. *Cortex*, **30**(3), 395–411.

Freiwald, W. A., & Tsao, D. Y. (2010). Functional compartmentalization and viewpoint generalization within the macaque face-processing system. *Science*, **330**, 845–851.

Fujita, I., Tanaka, K., Ito, M., & Cheng, K. (1992). Columns for visual features of object in monkey inferotemporal cortex. *Nature*, **360**, 343–346.

Gaffan, D., Harrison, S., & Gaffan, E. A. (1986). Visual identification following inferotemporal ablation in the monkey. *Quarterly Journal of Experimental Psychology*, **38B**, 5–30.

Gauthier, I., Skudlarski, P., Gore, J. C., & Anderson, A. W. (2000). Expertise for cars and birds recruits brain areas involved in face recognition. *Nature Neuroscience*, **3**(2), 191–197.

Gauthier, I., Tarr, M. J., Anderson, A. W., Skudlarski, P., & Gore, J. C. (1999). Activation of the middle fusiform 'face area' increases with expertise in recognizing novel objects. *Nature Neuroscience*, **2**(6), 568–573.

Gauthier, I., Tarr, M. J., & Bub, D. (Eds.) (2010). *Perceptual expertise*. New York: Oxford University Press.

Goodale, M. A., & Milner, A. D. (1992). Separate visual pathways for perception and action. *Trends in Neurosciences*, **15**(1), 20–25.

Grill-Spector, K., Kourtzi, Z., & Kanwisher, N. (2001). The lateral occipital complex and its role in object recognition. *Vision Research*, **41**, 1409–1422.

Grill-Spector, K., Kushnir, T., Edelman, S., Avidan, G., Itzchak, Y., & Malach, R. (1999). Differential processing of objects under various viewing conditions in the human lateral occipital cortex. *Neuron*, **24**, 187–203.

Grill-Spector, K., Kushnir, T., Hendler, T., & Malach, R. (2000). The dynamics of object-selective activation correlate with recognition performance in humans. *Nature Neuroscience*, **3**, 837–843.

Gross, C. G. (1973). Visual functions of inferotemporal cortex. In R. Jung (Ed.), *Handbook of Sensory Physiology Volume VII/3: Central Processing of Visual Information Part B*. Berlin: Springer-Verlag.

Gross, G. C., Rocha-Miranda, C. E., & Bender, D. B. (1972). Visual properties of neurons in interotemporal cortex of the macaque. *Journal of Neurophysiology*, **35**, 96–111.

Grüsser, O.-J., & Landis, T. (1991). *Visual agnosias and other disturbances of visual perception and cognition*. Basingstoke, Hampshire: Macmillan Press, Scientific & Medical.

Harris, I. M., Benito, C. T., Ruzzoli, M., & Miniussi, C. (2008). Effects of right parietal transcranial magnetic stimulation on object identification and orientation judgments. *Journal of Cognitive Neuroscience*, **20**(5), 916–926.

引用文献　　273

Harris, I. M., Harris, J. A., & Caine, D. (2001). Object orientation agnosia: a failure to find the axis? *Journal of Cognitive Neuroscience*, **13**(6), 800-812.

Haxby, J. V., Gobbini, M. I., Furey, M. L., Ishai, A., Schouten, J. L., & Pietrini, P. (2001). Distributed and overlapping representations of faces and objects in ventral temporal cortex. *Science*, **293**, 2425-2430.

Hebb, D. O. (1949). *The organization of behavior: A neuropsychological theory*. Hoboken, NJ: John Wiley & Sons.（ヘッブ, D. O. 鹿取廣人・金城辰夫・鈴木光太郎・鳥居修晃・渡邊正孝（訳）(2011). 行動の機構　脳メカニズムから心理学へ（上・下）　岩波書店）

本田仁視 (2007). 視覚の謎　症例が明かす〈見るしくみ〉　福村出版.

Hubel, D. H., & Wiesel, T. N. (2005). *Brain and visual perception*. Oxford: Oxford University Press.

James, T. W., Humphrey, G. K., Gati, J. S., Menon, R. S., & Goodale, M. A. (2002). Differential effects of viewpoint on object-driven activation in dorsal and ventral streams. *Neuron*, **35**, 793-801.

Kanwisher, N., McDermott, J., & Chun, M. M. (1997). The fusiform face area: a module in human extrastriate cortex specialized for face perception. *The Journal of Neuroscience*, **17**(11), 4302-4311.

Karnath, H.-O., Feber, S., & Bülthoff, H. H. (2000). Neuronal representation of object orientation. *Neuropsychologia*, **38**, 1235-1241.

Komblith, S., Cheng, X., Ohayon, S., & Tsao, D. Y. (2013). A network for scene processing in the macaque temporal lobe. *Neuron*, **79**, 766-781.

Kourtzi, Z., & Kanwisher, N. (2001). Representation of perceived object shape by the human lateral occipital complex. *Science*, **293**, 1506-1509.

Kreiman, G., Koch, C., & Fried, I. (2000). Category-specific visual responses of single neuron in the human medial temporal lobe. *Nature Neuroscience*, **3**(9), 946-953.

Kriegescorte, N., Mur, M., Ruff, D. A., Kiani, R., Bodurka, J., Estekey, H., Tanaka, K., & Bandettini, P. A. (2008). Matching categorical object representations in inferior temporal cortex of man and monkey. *Neuron*, **60**, 1126-1141.

Layman, S., & Greene, E. (1988) The effect of stroke on object recognition. *Brain and Cognition*, **7**, 87-114.

Logothetis, N. K., Guggenberger, H., Peled, S., & Pauls, J. (1999). Functional imaging of the monkey brain. *Nature Neuroscience*, **2**, 555-562.

Luria, A. R. (1966). *Higher cortical functions in man*. New York: Basic Books.

MacEvoy, S. P., & Epstein, R. A. (2007). Position selectivity in scene- and object-responsive occipito-temporal regions. *Journal of Neurophysiology*, **98**, 2089-2098.

Malach, R., Reppas, J. B., Benson, R. R., Kwong, K. K., Jiang, H., Kennedy, W. A., Ledden, P. J., Brady, T. J., Rosen, B. R., & Tootell, R. B. H. (1995). Object-related activity revealed by functional magnetic resonance imaging in human occipital cortex. *Proceedings of the National Academy of Science of the USA*, **92**, 8135-8139.

Marr, D. (1982). *Vision*. New York: W. H. Freeman.（マー, D. 乾　敏郎・安藤広志（訳）(1987). ビジョン　産業図書）

Milner, B. (1968). Visual recognition and recall after right temporal-lobe excision in man. *Neuropsychologia*, **6**, 191-209.

Mishkin, M., Ungerleider, L. G., & Macko, K. A. (1983). Object vision and spatial vision: two cortical pathways. *Trends in Neurosciences*, **6**, 414-417.

Moeller, S., Freiwald, W. A., & Tsao, D. Y. (2008). Patches with links: a unified system for processing faces in the macaque temporal lobe. *Science*, **320**, 1355-1359.

Nakamura, K., Kawashima, R., Sato, N., Nakamura, A., Sugiura, M., Kato, K., Hatano, K., Ito, K., Fukuda, H., Schormann, T., & Zilles, K. (2000). Functional delineation of the human occipito-temporal areas related to face and scene processing: a PET study. *Brain*, **123**, 1903-1912.

Nasr, S., Liu, N., Devaney, K. J., Yue, X., Rajimehr, R., Ungerleider, L. G., & Tootell, R. B. H. (2011). Scene-selective cortical regions in human and nonhuman primates. *The Journal of Neuroscience*, **31**(**39**), 13771-13785.

Niimi, R., Saneyoshi, A., Abe, R., Kaminaga, T., & Yokosawa, K. (2011). Parietal and frontal object areas underlie perception of object orientation in depth. *Neuroscience Letters*, **496**, 35-39.

太田久晶 (2010). 視覚失認：3つのタイプによる症状区分とそれぞれの責任領域について 高次脳機能研究, **30**(**2**), 271-276.

Op De Beeck, H., & Vogels, R. (2000). Spatial sensitivity of macaque inferior temporal neurons, *The Journal of Comparative Neurology*, **426**, 505-518.

Quiroga, R. Q., Reddy, L., Kreiman, G., & Fried, I. (2005). Invariant visual representation by single neurons in the human brain. *Nature*, **435**(**23**), 1102-1107.

Reddy, L., & Kanwisher, N. (2006). Coding of visual objects in the ventral stream. *Current Opinion in Neurobiology*, **16**, 1-7.

Riddoch, M. J., & Humphreys, G. W. (1987). A case of integrative visual agnosia. *Brain*, **110**, 1431-1462.

Rolls, E. T., Aggelopoulos, N. C., & Zheng, F. (2003). The receptive fields of inferior temporal cortex neurons in natural scenes. *The Journal of Neuroscience*, **23**(**1**), 339-348.

Rolls, E. T., Baylis, G. C., Hasselmo, M. E., & Nalwa, V. (1989). The effect of learning on the face selective responses of neurons in the cortex in the superior temporal sulcus of the monkey. *Experimental Brain Research*, **76**, 153-164.

Sacks, O. (1985). *The man who mistook his wife for a hat*. New York: Summit Books. (サックス, O. 高見幸郎・金沢泰子 (訳) (1992). 妻を帽子とまちがえた男 晶文社)

Sato, T., Uchida, G., & Tanifuji, M. (2009). Cortical columnar organization is reconsidered in inferior temporal cortex. *Cerebral Cortex*, **19**(**8**), 1870-1888.

Schwarzlose, R. F., Swisher, J. D., Dang, S., & Kanwisher, N. (2008). The distribution of category and location information across object-selective regions in human visual cortex. *Proceedings of the National Academy of Science of the USA*, **105**(**11**), 4447-4452.

Sergent, J., Ohta, S., & MacDonald, B. (1992). Functional neuroanatomy of face and object processing: A positron emission tomography. *Brain*, **115**, 15-36.

Shacter, D. L., & Bucker, R. L. (1998). Priming and the brain. *Neuron*, **20**, 185-195.

Shikata, E., Hamzei, F., Glauche, V., Knab, R., Dettmers, C., Weiller, C., & Büchel, C. (2001). Surface orientation discrimination activates caudal and anterior intraparietal sulcus in humans: an event-related fMRI study. *Journal of Neurophysiology*, **85**, 1309-1314.

Sugio, T., Inui, T., Matuso, K., Matsuzawa, M., Glover, G. H., & Nakai, T. (1999). The role of the posterior parietal cortex in human object recognition: a functional magnetic resonance imaging study. *Neuroscience Letters*, **276**, 45-48.

鈴木匡子 (2010). 視覚性認知の神経心理学 (神経心理学コレクション) 医学書院.

鈴木匡子・野村 宏・山鳥 重・中里信和・高瀬貞夫 (1997). 水平性上半盲を伴った "連合型" 視覚性失認の1例 臨床神経学, **37**(**1**), 31-35.

武田克彦・海野聡子 (2006). 同時失認 老年精神医学雑誌, **17**, 838-843.

Tanaka, K. (1993). Neuronal mechanisms of object recognition. *Science*, **262**, 685-688.

Tanaka, K. (1996). Inferotemporal cortex and object vision. *Annual Review of Neuroscience*, **19**, 109-139.

Terhune, K. P., Liu, G. T., Modestino, E. J., Miki, A., Sheth, K. N., Liu, C.-S. J., Bonhomme, G. R., &

引用文献 275

Haselgrove, J. C. (2005). Recognition of objects in non-canonical views: a functional MRI study. *Journal of Neuro-Ophthalmonogy*, **25**, 273-279.

Tsao, D. Y., Freiwald, W. A., Knutsen, T. A., Mandeville, J. B., & Tootell, R. B. H. (2003). Faces and objects in macaque cerebral cortex. *Nature Neuroscience*, **6(9)**, 989-995.

Tsao, D. Y., Moeller, S., & Freiwald, W. A. (2008). Comparing face patch systems in macaques and humans. *Proceedings of the National Academy of Sciences of the United States of America*, **105** **(49)**, 19514-19519.

Tsunoda, K., Yamane, Y., Nishizaki, M., & Tanifuji, M. (2001). Complex objects are represented in macaque inferotemporal cortex by the combination of feature columns. *Nature Neuroscience*, **4** **(8)**, 832-838.

Tsutsui, K., Sakata, H., Naganuma, T., & Taira, M. (2002). Neural correlates for perception of 3D surface orientation from texture gradient. *Science*, **298**, 409-412.

Turnbull, O. H. (1997). A double dissociation between knowledge of object identity and object orientation. *Neuropsychologia*, **35(4)**, 567-570.

Vuilleumier, P., Henson, R. N., Driver, J., & Dolan, R. J. (2002). Multiple levels of visual object constancy revealed by event-related fMRI of repetition priming. *Nature Neuroscience*, **5**, 491-499.

若井正一 (1998). 緩徐進行性統覚型視覚失認の一例 失語症研究, **18(4)**, 277-281.

Walsh, V., & Butler, S. R. (1996). The effects of visual cortex lesions on the perception of rotated shapes. *Behavioral Brain Research*, **76**, 127-142.

Wang, G., Tanifuji, M., & Tanaka, K. (1998). Functional architecture in monkey inferotemporal cortex revealed by in vivo optical recording. *Neuroscience Research*, **32**, 33-46.

Warrington, E. K., & Taylor, A. M. (1973). The contribution of the right parietal lobe to object recognition. *Cortex*, **9**, 152-164.

Wiggs, C. L., & Martin, A. (1998). Properties and mechanisms of perceptual priming. *Current Opinion in Neurobiology*, **8**, 227-233.

索　引

あ　行

明るさの恒常性　15
アクションディスクリプタ　170
アクションユニット　170, 171
アスペクト・グラフ　35, 36, 51
アナログ的表象　31
アフェクト・グリッド　190
アフォーダンス　xiii
アラインメント　34-36, 38
アルファベット　39, 41, 43, 100, 102, 105, 108, 114
意識　xi, 1, 2, 8, 12, 16, 21, 49, 71, 72, 81, 177, 228-230
一回性　234
一般化円錐　27
一般化円筒　27-30, 32, 38, 56, 232
一般物体認識　23, 24, 46
偽りの笑い　174, 175
意味的整合性　80
イメージ　xvi, 33, 175
色識別性　61
色の恒常性　13, 15
陰影　203
運筆　101
エピソード記憶　234
絵文字　99
円環モデル　186, 187
遠近法　80
遠刺激　15
エントリー・レベル　58
凹型頂点　28, 29, 35
大きさの恒常性　15
奥行き知覚　16, 61
奥行き方向の回転　52, 53
オトガイ筋　171, 174, 175
おばあさん細胞　220, 225

か　行

オブジェクト性　6
オブジェクト中心座標系　27, 32, 93
オブジェクト・ファイル　xv
オブジェクトベースの注意　5
音韻情報　110
音韻符号化　110, 111
音素文字　100

外界中心参照枠　94
開示性　191, 192
外挿　94
階層的ネットワークモデル　57, 111
外側後頭複合体　210
外側膝状体　214
外側前頭筋　170, 171
概念マスキング　75
快の情動　159
海馬　161, 215
海馬傍回　184, 211, 216, 226
回避　160, 193, 205-207
快‐不快　186-189, 191, 192, 201-203
下位レベル　57, 58
顔ガクガク錯視　155, 157
顔細胞　214, 219, 221, 223, 225, 228, 237
顔認識プロセス　130, 131, 133-136, 139-141, 144, 145, 147, 148, 150-152, 154, 155, 157, 162-164, 193
顔認識ユニット　131, 132, 135
顔の1次関係情報　141-146, 152, 163
顔のエキスパート　130, 162
顔の可動性　169, 170, 173, 178, 179
顔の記憶　160, 161
顔の全体的情報　136, 141, 145, 147, 148, 150-152
顔の倒立効果　52, 139, 196

顔の2次関係情報　148-150
顔の部分‐全体課題　147
顔の不変的情報　134-136, 167, 193-195, 199, 200
顔の変化する情報　134-136, 167, 190, 191, 193-195, 204, 206, 208
顔パッチ　222, 224, 226
学習　ix, xi, xiv, xvi, 3, 10, 14, 23, 25, 38, 43, 48, 53-55, 62, 63, 92-95, 137, 139, 140, 147, 152, 221
学習・再認課題　x
覚醒度　186-189, 191
拡張システム　132, 134
顎二腹筋　171
下後頭回　132, 134
下唇下制筋　171, 174
下唇切歯筋　171
下前頭回　184
画像失認　211
画像処理　8, 28
画像診断　96
画像優位効果　69, 70
下側頭回　211
下側頭皮質　45, 210
形の恒常性　15, 16
カテゴリー　xvi, 9-13, 19, 35, 38, 44, 45, 47, 55, 57, 59-61, 65, 66, 71, 83, 85-87, 97, 103, 216, 223, 224
カテゴリー化　10, 11, 212
カテゴリー知覚モデル　181-184, 186, 190
カテゴリー判別　20
カテゴリー弁別課題　x, xiii, 61
カテゴリーレベル　57, 59, 224
カテゴリー分け　13, 24, 74, 75, 83, 87, 233, 234
カプグラ症候群　161
ガボール・パターン　106
仮面様顔貌　177
加齢　127, 129, 168, 169
感覚所与　xiv, 3
眼窩前頭皮質　157, 158
眼窩部眼輪筋　171, 174
眼球運動　67, 69, 82, 88, 90-92, 94, 97, 105, 152, 163
環境中心座標系　93
眼瞼挙筋　171, 174

眼瞼部眼輪筋　171, 175
観察者中心座標系　93
観察者中心参照枠　94
観察者中心の記述　131, 132
漢字　232
感情喚起画像　97, 238
顔面筋　169, 170, 201
記憶　xi, xv, xvi, 4-6, 9, 10, 19, 21, 25-27, 32-37, 51, 68-70, 72-74, 76, 77, 79, 82, 89-91, 93-95, 100, 123, 210, 212, 215, 225, 228, 233
機械学習　8, 43, 45
規則性　43, 80, 87, 95, 96, 241
擬単語　110, 111
擬単語優位効果　111, 112
既知性判断　131
機能局在　211
機能的特質　xiii
基本情動モデル　180
基本レベル　58-60, 66, 74
基本6情動　173-175, 187, 188, 191, 193, 196
基本6表情　174
キメラ顔　145-147, 150, 151, 153, 154, 158, 195-197, 202
キメラ顔効果　146, 147, 196, 197
客体　xvi
境界拡張　72, 73
共感性　198, 199
頬筋　171, 174
教師あり学習　43, 44
教師なし学習　43, 44
鏡像　164
近刺激　15, 19
筋電図　168
空間周波数　82, 84, 85, 106, 194
空間周波数スペクトル　84, 85
空間認知　92, 94
偶然の見え　28, 30, 33, 38, 49-52, 55-57, 217, 218
楔形文字　99, 100
クラスター分析　10
グリーブル　24
群衆の中の顔効果　180, 181
経験論的認識論　2
計算理論　29, 32, 209, 237
傾斜性　191, 192
形状情報　50

形状知覚　4
形状表現　27, 28, 30, 32, 59
形態失認　213
形態素　108, 113, 114
ゲシュタルト　145
ゲシュタルト心理学　xiii, 4, 241
結合問題　48
言語　xi, xvi, 9, 10, 12, 108, 210, 228
言語ラベル　xvi, 10, 11, 70, 230
顕在的注意　90
検証課題　x, 61
ケンブリッジ顔記憶テスト　150
コアシステム　132, 134, 135
語彙性判断課題　111
行為　xii-xiv, xvi
口角下制筋　171, 174
光学計測　221-223, 227
光学内因性信号計測　209, 221
交感神経系　176
咬筋　171
高次脳機能障害　211
恒常性　13-15, 18, 20, 27, 38, 53, 61, 63
合成情動カテゴリー　184
校正読み　115, 116
構造記述　27-29, 32, 51, 55, 56
構造記述理論　27, 31-33, 37, 38, 50-52, 55,
　56, 59, 63, 228
高速逐次視覚呈示　69, 106, 107
剛体　21
後頭側頭溝　113, 211, 216
後頭葉　44, 210-216, 224, 226
後頭葉顔領域　134
口輪筋　171, 174
心の理論　207
誤再認　2
誤差逆伝播法　43
個人差　97, 136, 150, 169, 202, 230, 231
個人情報ノード　132, 133
個体レベル　20, 57, 59, 224, 237
古典的受容野　221
古典的条件づけ　3
コヒーレンス理論　96
コラム構造　219
混同行列　104, 105, 108
コンピュータ・ビジョン　8, 23, 39, 43, 48, 63,
　172

さ　行

材質感　86, 230
細胞集成体　220
サヴァン症候群　231
作業記憶　xv, 5, 90
サッケード　91
サッケード抑制　91
サッチャー錯視　119, 122, 139, 163
サポートベクターマシン　43
左右対称　38, 55, 56, 232
サル　38, 45, 178, 179, 210, 211, 214, 217-219,
　222-224, 226-228
参照枠　94, 95
散乱単語効果　113
シーン整合性効果　78, 79, 83, 101
ジオン　29-32, 38, 51, 55, 56, 59
ジオン理論　29-31, 59, 60, 222, 231, 232
視覚失認　211-213
視覚性失語　212
視覚走査　102
視覚単語形状領域　113
視覚探索　73, 74, 95, 96, 102, 180
視覚的短期記憶　89, 90
視覚特徴セット　9-11, 59
視覚誘発脳波　112
軸　28-30, 32, 38, 51, 52, 95
次元知覚モデル　181, 185, 186, 188, 190, 201
思考　xii
自己遮蔽　14, 17
事象関連電位　110, 130
システム神経科学　209
ジスト　70-77, 81-85, 87, 88, 90, 91, 95-97,
　233
姿勢　14, 21
視線　xv, 80, 93, 94, 132, 134, 135, 152, 153,
　167, 193, 207, 208, 224, 227, 231
自然画像統計量　84
自然の情景　74, 75, 83
自然物　21
実験美学　239
失読　212
視点　4, 14, 15, 17-19, 25-27, 29-36, 38, 40,
　41, 46, 49, 50, 54, 55, 61, 63, 92-94, 225
視点依存性　19
視点依存性論争　32, 49, 51, 55, 63

視点特異的特徴　56
視点不変性　29, 32, 55, 221, 226
視点不変的特徴　56
自閉症スペクトラム障害　162, 163, 207, 208,
　231
視野　xv, 6, 8, 72, 74, 108, 143, 144, 211, 221
社会的支援　199, 200
社会的信号　198-200, 204, 207
社会的文脈　164, 167, 177, 200, 206
遮蔽　7, 8, 14, 15, 35, 47, 72, 80, 123, 124
集団符号化　220
皺眉筋　171, 174, 176, 198
周辺視　82
主観的好ましさ　239
熟達化　25, 55, 59, 231
主成分分析　44
主体　90, xii
受容野　114, 221
純粋失読　216
順応　215
上位レベル　57, 58, 74, 75
小頬骨筋　171
笑筋　171, 174
情景スキーマ　96
情景文脈　68, 77, 79, 83, 96, 101
象形文字　99, 100
上唇挙筋　171
上唇切歯筋　171
上唇鼻翼挙筋　171, 175
上側頭回　184
上側頭溝　214
上側頭溝後部　132, 134
情動　157, 160, 162, 168, 169, 172, 173, 175-
　178, 180, 181, 183-186, 188, 192, 194, 196-
　202, 204-206, 234, 238
情動価　201
情動カテゴリー　173, 174, 180-186, 190, 196
情動空間　181, 186
情動的評価　160, 161
情動的プロセス　161, 162, 164
情動のシミュレーションモデル　197
情報処理アプローチ　3, 4
情報表現　9, 26, 27, 223, 228
照明　13-15, 25, 41, 46, 60, 80, 221
正面顔　49
初期視覚野　44, 46, 211, 226

触覚　xii, 21, 62, 63
処理不全　108
シルエット　28
事例レベル　233, 234
新奇オブジェクト　12, 23-25, 53-55, 58, 62,
　63, 224, 231, 232
親近性　38, 50-53, 56, 58, 231
神経系の構造による作用の原理　173
神経心理学　211, 212, 217, 226, 227
人工的環境の情景　74, 75, 83, 86
人工物　21, 29
心身問題　209
深層学習　43, 48
身体化された認知　204, 234
心的イメージ　33
心的回転　31, 52
心的表象　xvi, 32
人物同定　124, 125, 134-137, 161, 167
信頼感　158, 160
心理学原理　xi, xvii
心理的判断空間　181, 186, 187
推測　xiv, 16, 18, 72, 90
スキーマ　76
スクランブリング法　136, 137
スクランブル顔　137-139, 147
図と地の分離　xv, 4, 6
ストレス反応　206
素早い信号　169
スペクトル　84
正規化　33, 34, 36, 38, 39, 51, 52, 55
性差　231
生態学的妥当性　23, 85
性別判断　128, 131, 138, 140, 235
制約条件　18, 231, 232
接近　160, 193, 205-207
接近-回避モデル　205
前額並行面　50, 221
前額並行面内の回転　52, 53
線形分離　44
選好注視法　143
潜在的注意　90
全体の処理　195
全体報告　105
選択性　214, 220, 228
選択的視覚処理　131, 132, 135
前頭筋　174

前頭葉 165, 205, 211, 224, 227, 228
相互活性化モデル 111-113
草書 101, 240
相反の原理 172
相貌失認 154, 193, 211, 216
相貌的特徴 xiii
側頭葉 45, 210-212, 214-216, 223, 226-228, 237
ソマティック・マーカー仮説 157

た 行

ダーウィンの3原理 172
大頬骨筋 171, 174, 176, 198
対称性 241
対処反応 173
大脳半球機能差 108
多義図形 157
多次元空間 10, 13, 39, 44
多次元尺度構成法 187
多重信号システム 169
短期記憶 5, 90
単語‐文字効果 109
単語優位効果 109, 112
知覚的体制化 4
知覚的補完 7, 15
知覚の範囲 105
知識構造 9
注意 ix, xv, xvi, 5, 6, 8, 21, 69, 73, 74, 90, 91, 95-97, 107, 132, 143, 152, 154, 212, 217, 231
注意の顕著性モデル 5
注意の瞬き 107, 108
中空の対象 xii
抽象化 4, 28, 33, 36, 51, 52, 71
中心窩 82
中性表情 201
中立表情 180, 198, 201
長期記憶 95
長軸 52, 56
聴衆効果 167, 168
超平面 40, 44
直交空間 187
定義的特性理論 9, 10
手書き文字 240
テクスチャ 5, 85-87, 230
テクスチャ分凝 86, 87

手細胞 221, 223
デュシェンヌ・スマイル 174, 175, 177, 206
電気生理学 214, 227
典型的見え 49, 51, 53, 56, 62, 213, 217
点字 62, 99
テンプレート・マッチング 25, 26, 33, 38
島 132, 157, 159-161, 184, 190, 216
同一性 xi
同音異義語 115
同音擬単語効果 111
統覚型失認 212, 213
動機づけ 13
統計量 240
瞳孔 15, 167
統合型失認 213
同時失認 217
島前部 198
頭頂間溝 132, 217
頭頂葉 212, 213, 217, 226, 228
倒立顔 140, 147
倒立法 136, 139, 140
特徴空間 39-41, 44, 220
特徴選択 39, 41, 44, 87
特徴点 34, 35, 46, 47
特徴統合 6
特徴分析モデル 27, 30, 39, 63
特徴ベクトル 39
特徴量 39, 40, 44, 46, 47
特定物体認識 24
トップダウン 11, 19
トニー・ブレア錯視 153, 154

な 行

内挿 38, 93, 94
内側前頭回 184
内側前頭筋 170, 171
内側前頭前野 190
斜め前からの見え 49, 56
ナビゲーション 227, 234
二重課題 73
二重ルート並行モデル 111
ニューラルネット 42, 43, 48
認識主観 xii, xvi
認知症 164
認知地図 92

ネガ加工法　136
ネガティブバイアス　173, 180, 207
ネッカーキューブ　157
年齢判断　140, 156, 235
脳磁図　130
脳損傷　113, 211
能面　203

は　行

パーキンソン病　177
パーセプトロン　43
背側経路　214, 215, 217, 218, 228
ハイブリッドモデル　189, 190
パターン認識　3, 39, 41, 43, 48, 235
発話情報　132, 135
パブロフの犬　3
般化　3, 110
半側空間無視　143
範疇　9, 10
パンデモニアム　41, 42, 111
美感　97, 239
非偶然的特徴　30, 31
皮質電極　45
尾状核頭　184
微小電極　45, 210, 214, 222
筆記体　101
眉頭下制筋　171, 174
人検出　47
皮膚電気反応　161
眉毛下制筋　171, 174
表意文字　99
表音文字　99, 100
表語文字　99, 100
表情カテゴリー　168, 180-182, 185, 190-193,
　196
表情とは独立の記述　131, 132, 135
表情表出速度　192
表情分析　132, 135, 193
表面特徴　31, 60, 230
不安障害　97
フィードバック　15, 43, 81, 111
フーリエ解析　84, 85
フォント　103
腹側経路　113, 214, 215, 218, 220, 226-228
符号化　xv, 41, 49, 72, 76, 218, 219

２つの視覚経路　214, 215
付着対象　xiii
物質　xvi, 230
物体失認　211, 213, 217
物体方向失認　217
部分報告　105
部分報告法　105
不変項　13, 15
不変性　13, 25, 27, 42, 46, 49, 220-222, 224-
　226, 234
フラッシュバルブ記憶　234
不良設定問題　15, 18, 19, 28, 37, 76
ブレイン・マシン・インターフェース　45
フレーム　76
プロトオブジェクト　xv
プロトタイプ　60, 184
プロトタイプ理論　9, 60
プロト文脈　116
分散表現　45, 220-222, 225
分節　100, 101
分節化　5, 8
吻側前帯状皮質　184, 198
文脈　xiv, 13, 68, 76-80, 91, 95-97, 108, 115,
　117, 164, 165, 185, 186, 201, 205, 227, 233,
　239
文脈効果　77, 80-82, 226, 227, 238
文脈手がかり効果　95, 96
文脈不適合語　116
閉合　xv, 8, 35, 39, 40, 42
並列分散処理　48
変化検出課題　89, 90
変化の見落とし　88, 89, 91, 96, 179, 180
ペンテクニック　206
扁桃体　132, 157, 158, 184, 190, 194, 216
方位スペクトル　85-87
方向オンチ　92
報酬系　132, 158, 160
紡錘状回　113, 132, 134, 211, 213, 215, 216,
　226
紡錘状回顔領域　113, 134
ポーズされた表情　176-178, 205, 206
補完　6, 72
ポップアウト　106, 107
ボトムアップ　11, 12, 19
ホリスティック処理　141, 145, 147, 148, 150,
　151

ホワイトノイズ　84-86

ま 行

まばらな符号化　220
マンガ　214, 240
見え　32-39, 49, 51, 52, 55
見えの主観的な良さ　49
見えの複合体　33, 36-38, 51, 221
ミラー・サイン　164
魅力　158-161
無意識　8, 16, 71, 72, 81
無意識的推論　16
無意味綴り　109
ムーニーフェイス　142, 144
無表情　201-203
命名課題　ix, x, xiii, xv, 11, 12, 61, 233
メタ認知　234
メタ分析　61, 184
目の優位性　154
面　16, 17, 35, 80, 217, 228
網膜　1-3, 10, 20, 25, 26, 44, 82, 211, 214
網膜神経節細胞　44
網膜像　4, 6, 15, 16, 18, 19, 27, 28, 32-34, 41, 43, 44, 50-52
モーフィング　182, 184, 188, 190, 192, 202
文字カテゴリー　103, 105
文字検出　100
文字体系　99
模写課題　213
モジュール　21

や 行

矢印型頂点　30
誘発性　xiii
有用な連合的習慣の原理　172
遊離対象　xiii
ゆっくりした信号　169
翼突筋　171, 174
横顔　49

ら 行

リーチング　218
立体　38

立体形状　15, 17, 18, 20, 27, 28, 30-32, 35, 37, 38, 56
立体視　16, 62, 126
両眼視差　16, 61, 62
輪郭線　xv, 8, 21, 28-31, 34-36, 60, 61, 218
ルビンの壺　142, 145
レイアウト　92-97
連合　2-4, 10
連合学習　14
連合型失認　212, 213

わ 行

歪度　86
湾曲性　191, 192

数字・アルファベット

1/f スペクトル　84
12-PAC モデル　188, 189
1 次処理　141, 147
2 1/2 次元スケッチ　16, 218
2 次元的見えに基づく理論　27, 32, 37, 50-52, 55, 56, 63
2 次処理　141, 148
ABX 課題　182, 183, 190
AD　170
AI　198
AU　170, 172, 174-177, 193
BMI　45
EBA　216, 223
Ebbinghaus 錯視　76, 77
EMG　168, 176, 198, 199
ERP　130
FACS　170, 172, 174, 175, 178, 184, 193
FFA　113, 134, 135, 144, 145, 147, 148, 150, 190, 216, 223-225
fMRI　45, 55, 63, 133, 144, 145, 158-161, 164, 183, 190, 194, 198, 209-211, 213-215, 221-223, 225-227
fMRI 順応　225
fMRI プライミング　225, 226
Haar-like 特徴　45, 46, 48
HOG　46-48
IAPS　97
IFG　184

IPS	132, 211	rACC	184, 198
IT	210, 211, 214, 215, 217-224, 228	RBC 理論	29
IT コラム仮説	219, 221	Reicher-Wheeler 課題	109, 115
LFP	45	RSC	216, 226, 227
LGN	114, 214	RSVP	69, 75, 76, 106
LOC	210, 211, 213, 215, 217, 218, 225, 226	SCR	161
MDS	187, 188	SIFT	46-48
MEG	130	STG	184
MFG	184	Still-face パラダイム	199, 200
Molyneux 問題	62	STS	211, 214, 222, 224
N400	110	SVM	43, 45
NAP	30-32, 56	TE	211, 214
OCR	24, 235	TEO	211, 214
OFA	134, 147, 148, 216	TMS	217
OFC	157-159, 161, 216	TOS	216, 226
OTS	113, 114	V1	44, 114, 211, 213, 214, 218, 221
PD	177	V4	113, 114, 214, 218
PET	209, 210	VWFA	113, 216
PHG	184	Y 型頂点	30, 35, 53
PPA	86, 216, 226, 227		
pSTS	134, 135, 193, 216, 224		

執筆者紹介

新美亮輔（にいみ りょうすけ）　第1-3章，第7章
東京大学大学院人文社会系研究科修了。博士（心理学）（東京大学）。理化学研究所研究員，東京大学大学院人文社会系研究科助教などを経て，2016年より新潟大学人文学部准教授。

上田彩子（うえだ さやこ）　第5章，第6章
日本女子大学大学院人間社会研究科修了。心理学博士（日本女子大学）。東京理科大学非常勤講師などを経て，現在は理研BSI-トヨタ連携センター研究員。著書に『恋顔になりたい！』(2011, 講談社)。

横澤一彦（よこさわ かずひこ）　第2章，第4章，シリーズ監修
東京工業大学大学院総合理工学研究科修了。工学博士（東京工業大学）。ATR視聴覚機構研究所主任研究員，東京大学生産技術研究所客員助教授，南カリフォルニア大学客員研究員，NTT基礎研究所主幹研究員，カリフォルニア大学バークレイ校客員研究員などを経て，現在は東京大学大学院人文社会系研究科教授。著書に『視覚科学』(2010, 勁草書房)。

シリーズ統合的認知 2
オブジェクト認知　統合された表象と理解

2016年2月20日　第1版第1刷発行

著者　新美亮輔
　　　上田彩子
　　　横澤一彦

発行者　井村寿人

発行所　株式会社　勁草書房
112-0005 東京都文京区水道2-1-1　振替 00150-2-175253
（編集）電話 03-3815-5277／FAX 03-3814-6968
（営業）電話 03-3814-6861／FAX 03-3814-6854
本文組版 プログレス・平文社・松岳社

©NIIMI Ryosuke, UEDA Sayako, YOKOSAWA Kazuhiko　2016

Printed in Japan

JCOPY ＜(社)出版者著作権管理機構 委託出版物＞
本書の無断複写は著作権法上での例外を除き禁じられています。
複写される場合は，そのつど事前に，(社)出版者著作権管理機構
（電話 03-3513-6969, FAX 03-3513-6979, e-mail: info@jcopy.or.jp）
の許諾を得てください。

＊落丁本・乱丁本はお取替いたします。
http://www.keisoshobo.co.jp

オブジェクト認知
統合された表象と理解

2024年9月20日　オンデマンド版発行

著者　新　美　亮　輔
　　　上　田　彩　子
　　　横　澤　一　彦

発行者　井　村　寿　人

発行所　株式会社　勁　草　書　房

112-0005 東京都文京区水道2-1-1　振替 00150-2-175253
（編集）電話 03-3815-5277／FAX 03-3814-6968
（営業）電話 03-3814-6861／FAX 03-3814-6854
印刷・製本　（株）デジタルパブリッシングサービス

©︎ NIIMI Ryousuke, UEDA Sayako,
　YOKOSAWA Kazuhiko 2016

AM263

ISBN978-4-326-98604-0　Printed in Japan

JCOPY ＜出版者著作権管理機構 委託出版物＞
本書の無断複写は著作権法上での例外を除き禁じられています。
複写される場合は、そのつど事前に、出版者著作権管理機構
（電話 03-5244-5088、FAX 03-5244-5089、e-mail: info@jcopy.or.jp)
の許諾を得てください。

※落丁本・乱丁本はお取替いたします。
　　　https://www.keisoshobo.co.jp